중국은 어떻게
세계를 흔들고 있는가

중국은 어떻게
세계를 흔들고 있는가

에드워드 체 지음 | 방영호 옮김 | 김상철 감수

CHINA

알키

작가의 말

나는 지난 20여 년 동안 상하이, 베이징, 홍콩 등 중국의 여러 도시에서 일해왔다. 덕분에 세계 최대 인구 국가가 경제 낙후국에서 초강대국으로 탈바꿈하는 모습을 지켜보는 흔치 않은 기회를 가질 수 있었다.

물론 국가는 스스로 변할 수 없다. 국가는 시민의 힘으로 변화한다. 이 책은 그런 변화를 주도하는 사람들에 관한 이야기다. 정치 지도자들도 비즈니스를 개시할 여건을 만드는 일에서 중요한 역할을 하겠지만, 경제성장을 직접 책임지지는 않는다. 널리 퍼진 통념과는 다르게, 중국 국영기업들은 중국 경제의 급격한 쇠퇴기에 그들의 역할이 중요하다는 것을 인식하지 못했다. 그럼에도 중국의 창업가들, 실제로 기업을 설립하여 성장시킨 사람들, 소비자들의 지갑을 열만한 상품과 서비스를 제공한 장본인들이 그 과정에서 일자리를 창출했고, 사람들이 상품과 서비스를 구매할 수 있는 여건을 형성했다.

그래서 이 책에서는 비즈니스를 운영하고 직접 기업을 설립하여 민영부문으로 귀속시킨 주인공들을 소개한다. 다만 중국 경제가 얼마나 민영화되었는지, 혹은 중국에 어떤 사기업이 있는지 이해하는 일은 그리 쉽진 않기에 정확한 사실을 간단히 짚고 넘어가야 한다. 공식적으로 볼 때, 중국에서는 정부 당국이 1988년 관련 법안을 통과시킨 이래 민영기업들이 출현하기 시작했다. 법안은 한 사람 이상의 개인이 운영하고 8명 이상이 고용된 영리기업을 민간기업으로 규정했다.[1] 종업원이 8명 이하고 개인이 소유, 운영하는 기업은 모두 규정에서 제외됐다.[2] 이런 사업체는 개인 사업체 또는 일인 사업체라고 불린다. 중국에는 이런 사업체가 수두룩하다. 또한 규정에서 제외되었지만 실제로 사기업에 해당하는 기업들이 많이 존재한다. 대부분은 '붉은 모자 Red hat'를 쓴 기업들이다. 개인 소유의 개체호(도심의 개인 상공업자)지만 이런 저런 이유로 마을 주민들이 공동 출자하여 운영하거나 국영기업으로 등록한 사업체들이다. 대개 지역의 관료들과 관계를 유지하려는 목적이다. 사업체들은 뒤를 봐주는 대가로 보통 관료들에게 수익의 일부를 '수수료'로 지불한다. 이런 기업들이 변형되어 '임대 공동 사업체'로 나타나기도 한다. 본래 소유주에게서 집단 사업체를 임대하는 형태로 지방 정부가 소유주인 경우가 많다.

 몇 가지 사례를 보면 기업의 지배구조가 얼마나 복잡하게 얽혀 있는지 잘 알 수 있다. 지난 30년 동안 중국에 출현한 기업들 중 가장 기업다운 기업으로 백색가전 제조업체인 하이얼 Haier 을 꼽을 수 있다. 칭다오 Qingdao에 본사를 둔 하이얼은 엄밀히 말해 공동 사업체로 분류된다. 이론상으로 회사는 종업원들의 소유이며 칭다오 정부에 대한 책임이 있다는 의미다. 때에 따라, 특히 하이얼의 창립 초기 지방 정부는 여러 기업을 인수하도록 회사에 압력을 가했다. 한때는 사업을 유지하고 종업원들의 일자리를 보존하기 위해 무너져가는 제약회사를 인수한 적도 있었다.

궁극적으로 정부가 최종 결정권을 가졌을지 몰라도, 하이얼의 성공은 기업의 운영이 독립된 주체에게 넘어갔다는 것을 보여준다. 2000년대 초만 해도 정부는 국가가 운영하는 대규모 공동 사업체가 경영자에게 인수될 가능성을 배제했었다. 지난 30년 동안 하이얼의 운명을 결정한 가장 큰 힘이 이사회 의장이자 회장인 장루이민張瑞敏 Zhang Ruimin이라는 점에는 의심의 여지가 없다. 1984년 하이얼의 수장으로 취임한 이래 회사를 성장시키는 동력으로 작용한 것은 장루이민의 비전과 의지력이었다. 특히 사업과 관련해서 중국에선 합법적인 구조보다 비공식적인 네트워크를 통해 권한과 영향력이 확보되고 유지되는 경우가 많다는 것을 보여주는 사례다.

선전Shenzhen에 소재한 통신장비 전문업체 화웨이Huawei 역시 소유권 구조가 다소 복잡한 기업이다. 회사의 대변인들은 화웨이가 직원들이 소유한 사적 기업이라는 말을 되풀이한다. 그렇지만 하이얼의 사례와 마찬가지로, 별로 신빙성이 없다. 설립자인 런정페이任正非 Ren Zhengfei는 회사 주식을 공식적으로 1.4%만 보유하고 있지만, 수많은 직원들(2018년 기준 해외 9만 명 포함 31만 3,000명)을 이끌고 있다. 전체적으로 하이얼의 모든 점을 고려할 때, 런정페이가 회사를 책임지고 있는 것이다(화웨이는 런정페이가 1.4%의 지분, 노조에 가입한 종업원이 98.6%의 지분을 소유하고 있다. 일각에서는 중국 정부가 화웨이를 통제하고 있다고 말하기도 한다).

그보다 더 복잡한 이야기를 하자면, 중국에서 손꼽히는 기업들 중에 사기업이긴 하지만 중국인들의 소유가 아닌 기업들이 있다. 예를 들어 알리바바Alibaba는 외국 기업들이 주식의 과반수를 보유했는데, 오랫동안 소프트뱅크Softbank가 회사 지분의 34%, 야후Yahoo가 22% (2015년 2월 알리바바의 주식을 분리해 별도의 법인을 신설), 해외 독립 기업체들이 소수 지분을 보유해왔다. 더군다나 이 업체들이 소유한 것은 중국 소재 기업의 지분이 아니라 케이맨제도 소재 법인의 지분이다. 조세회피지역인 케이맨제도에 변동지분실체VIE, Variable Interest Entity를 설립하여 중국 내 자회사들을 편입하는 형태다. 이론적으로 중국 사업체들을 실제로 소유하지는 않고 계약상의 통제력을 해외 기업들에게 제공하는 합법적인 구조다. 이를 통해 해외 기업들은 비중국권 기업들이 인터넷 및 미디어 업체들의 지분을 확보하지 못하도록 하는 법과 규제를 피해갈 수 있다.

중국에서 손꼽히는 인터넷 기업들은 모두 이와 유사한 금융 도구를 사용한다. 이 도구는 구조가 매우 복잡하며 분명히 많은 리스크가 따른다. 만약 중국 정부가 제도를 바꾸기라도 하면, 해당 기업들은 불법 운영을 하는 상황을 맞이할 수도 있다.

이와 같은 기업 지배구조의 모호함에 중국 경제통계에 관한 의문이 더해지면 중국 경제에서 민간부문이 차지하는 규모를 정확히 측정하기 어려워진다. 그럼에도 민간기업들이 중국 경제의 상당 부분을 차지하고 있다는 것은 확실하다. 중국의 민영기업 수는 2017년 말 기준 2,700만 개이며, 개인 자영업자 수는 6,500만 개에 달한다. 민영기업의 GDP 기여도는 60%에 달해 중국 경제의 '반쪽 이상'을 책임지고 있다. 도시 일자리의 80%를 창출하는 등 신규 일자리 창출

기여도가 무려 90%를 초과할 정도다.

어느 기업이 어떠한 소유권 범주에 속하는지는 중요한 문제가 아니다. 이 책에서는 기업이 어떤 일을 어떻게 진행하고 있는지를 눈여겨 볼 것이다. 화웨이, 알리바바, 하이얼, 텐센트 등 혁신기업들이 어떻게 시장의 규칙을 다시 쓰고 있는지, 그 과정에서 어떻게 국가를 변화시키고 있는지, 어떻게 새로운 시장을 창출하여 세계에 막강한 영향력을 미칠지 살펴본다.

다시 말하지만, 이 기업들이 민영기업인지 아닌지를 따지다보면 정작 중요한 사항을 놓친다. 이 책에서는 창의적이고 진취적인 기업들이 위험을 감수하며 조직을 운영하고 혁신과 변화를 수용하는 모습, 경영자들의 탁월한 역량과 리더십에 초점을 맞출 것이다.

무엇보다도 중국 시장에서 맹활약하는 주인공들, 그들을 움직이게 만드는 동기, 그들의 세계관과 활약상을 소개하려고 한다. 중국 정치지도자들이 주변 여건을 조성했겠지만, 국가가 한 단계 더 앞으로 나아가는 것은 기업인들의 판단에 달렸다. 그들이 기업을 설립하는 이유는 단지 부를 쌓기 위해서가 아니다. 1장에서 자세히 살펴보겠지만, 그들은 중국을 새로운 아이디어와 기술, 전략이 창출되는 발원지이자 세계 비즈니스의 중심지로 만들겠다는 한층 더 광범위하고 차원 높은 사명감의 발로로 기업을 설립한다. 더욱이 그런 인물들이 중국을 넘어 세계 에너지 고갈, 식량 안보, 기후변화 등 21세기 세계가 당면한 난제를 해결코자 힘을 보탤 수 있다고 확신한다.

중국에서는 모든 것이 급변하고 있다. 앞으로 확인하겠지만, 하룻밤 사이에 수백 만 달러 규모의 기업인수가 진행되고, 잘 나가던 기업의 시장점유율이 돌연히 하락하며, 뜬금없이 정책과 규제가 바뀐다. 중국 시장은 한치 앞을 알 수 없는 지경에 이르렀다. 사례를 하나들면 이 책의 원고를 진행하던 때인 2014년, 샤오미Xiaomi는 중국 최대 스마트폰 제조사로서 입지를 다지는 동시에 스웨덴 에릭슨Ericsson의 특허권 침해 소송과 인도 판매중지 가처분 신청에 부딪혔다. 또한 최대 부품 공급업체인 미국 퀄컴Qualcomm의 영향력을 억제하려는 정부의 시도에 대응해야 했다. 이 같은 상황에서 샤오미는 중국에서의 지배권을 해외 시장으로 확대하며 한층 더 높이 솟아오를 법 했다. 아니면, 빠르게 확보한 만큼 빠르게 시장 지배력을 잃고 멀리 뒤쳐질지도 모를 일이다.

샤오미의 해외 시장 도전은 여전히 진행 중이다. 경쟁자는 해외보다 국내에 더 많다. 샤오미가 지속적으로 살아남기 위해서라도 중국 내부보다 해외에서 사활을 걸어야 하는 시대가 되고 있는 것이다. 앞으로도 중국에는 제2의 샤오미와 같은 기업이 계속 생겨날 것이며, 글로벌 시장을 향한 이들의 진군이 계속될 것이다. 설사 샤오미가 무너진다 해도 또 다른 기업가적 기업, 레노버Lenovo, 화웨이, 쿨패드Coolpad, 오포Oppo라든가 아니면 이름도 들어보지 못한 신생업체 중 하나가 재빨리 그 자리를 대신할 것이다. 요컨대 앞으로 만나보는 기업들 중 하나가 전혀 예상치 못한 불운을 겪는다 한들 골자가 달라지지 않을 것이라 자신한다. 중국의 미래는 경제적, 사회적으로, 또 궁극적으로 그 기업가들의 손에 달려 있다.

이 책에 등장하는 인물들은 흔한 중국식으로 성 뒤에 이름을 표기했다는 점을 미리 알려둔다.[3] 예컨대, 유강于刚. Yu Gang이라고 하면 성이

'유'이며 이름이 '강'이라는 의미다. 중국 이름으로는 마윈^{马云, Ma Yun}이
지만 영어식으로는 잭마^{Jack Ma}, 중국 이름으로 마화텅^{馬化騰, Ma Huateng}인
텐센트의 포니마^{Pony Ma}처럼 영어식 이름을 사용한 경우에는 일반 영
어식 표현을 사용했다.

　그들이 영어식 이름을 사용하는 것에 상관없이 나는 하나를 확신
한다. 향후 몇 년 안에 그들보다 더 많은 인물들이 잭마와 알리바바
의 뒤를 이어 유럽과 미국 사람들에게도 익숙한 이름이 될 것이다.
기민한 사업수완, 중국에서 세계로 전달하는 상품과 서비스로 세상
사람들에게 인정받을 것이다.

들어가는 글

중국의 기업들

중국에서 장루이민을 모르면 간첩 소리를 듣는다. 정부 당국이 그를 해안도시 칭다오로 보내 쓰레기 처리장이나 다름없는 싸구려 냉장고 공장의 운영을 맡긴 게 어느덧 35년 전이다. 그 공장은 지금 세탁기와 에어컨 같은 필수 가전제품을 만드는 세계 최대 가전기업 하이얼로 더 잘 알려져 있다. 그리고 장루이민이 여전히 회장이다. 하이얼의 매출 295억 달러와 영업이익 18억 달러는 세계 최대 경쟁업체인 미국의 월풀^{Whirlpool}이나 유럽의 일렉트로룩스^{Electrolux}의 실적을 가뿐히 넘어섰다.[1]

쓰러져 가는 집단 소공장을 맡아 세계 최고의 가전기업으로 성장시킨 장루이민의 업적은 중국 개혁의 시대를 수놓은 비즈니스 성공 신화로 꼽힌다. 장루이민은 중화인민공화국이 수립되기 불과 몇 달 전인 1949년 초에 태어났다. 당시 그의 부모는 중국 산둥 지역 북부에 소재한 봉제공장에서 일했다. 모든 게 불안정했던 시기였다. 1958년부터 1961년까지 진행된 경제건설운동인 대약진정책^{Great leap}

forward은 실패로 돌아갔으며, 1960년대 초반까지 대기근이 이어졌다. 그 이후 마오쩌둥毛澤東, Mao Zedong은 사회주의 계급투쟁을 강조하는 대중운동인 문화혁명을 주도하여 공산당 내 반대파를 제거함으로써 혁명 정신을 확립, 권력을 장악했다. 중국 전역에서 무수한 젊은이들이 계급투쟁에 뛰어들어 오랜 기간 나라가 혼란과 격변에 시달리며 어두운 상처로 얼룩졌다.

장루이민이 건설자재 공장에서 첫 일자리를 구한 것은 문화혁명의 투쟁 열기가 가라앉은 후였다. 이후 1970년대에서 1980년대 초반까지 승진을 거듭하여 경영이사회의 구성원이 되기에 이르렀다. 공업학교를 다닌 것을 빼고 17세 이후 별다른 정규교육을 받지 못한 그는 경영 관련 책을 손에 달고 살았다. 그러니 독학으로 배운 솜씨가 대단하다는 평판이 자자할 수밖에 없었다. 그러다 1984년 장루이민은 자신의 삶에서 매우 중대한 기회의 순간을 맞이했다. 당시에는 그렇게 보이지 않았을지 몰라도 말이다. 그는 칭다오에 파견되어 냉장고 공장의 운영을 맡게 되었다. 그때까지 임원 세 사람이 연달아 1년도 채우지 못하고 공장을 나간 상황이었다. 그는 현장에 도착하고 나서야 지불불능의 빚더미 공장을 관리하게 되었다는 사실을 알아챘다. 세월이 흐른 후 장루이민은 과거를 회상했다. "당시 공장에는 창문 하나 없었답니다.[2] 겨울에는 살을 에는 듯이 추웠고, 석탄 한 조각이 없어서 몸을 데울 수가 없었습니다. 어쩔 수 없이 창틀 나무를 떼어다 땔감으로 썼어요."

그럼에도 한 가지 다행스러운 점이 있었다. 사람들이 원하는 상품을 만든다는 사실이었다. 칭다오 공장의 냉장고는 디자인이 볼품없었고 자주 고장났다. 그렇지만 중국에서는 소비재 부족 현상이 극심했던 탓에 형편이 좋은 소수의 사람들이 결함 있는 제품이라도 구할 수 있는 것이라면 다 사들이던 터였다. 물론 새로 구입한 냉장고가 잘 작동하지 않아도 소비자들이 만족했다는 말은 아니다. 그래도 많은 기업들이 그런 문제를 그다지 중요하게 생각하지 않았다. 당시 시골 지역에서는 농부들이 여러 개혁조치를 이용해 적정한 가격에 잉여농산물을 팔 수 있었다. 특히 그와 같은 시골 지역에서 수요가 빠르게 상승했기에 가전제품 및 주방용품 제조업체들은 물량을 다 소화할 수 있다고 장담하며 너도나도 생산능력을 확대했다.

그렇지만 장루이민은 그런 상황이 오래 지속되지 않을 것이라고 확신했다. 공급이 늘어나 수요를 따라잡으면 소비자들이 더욱 까다로워지는 법이었다. 장기간 사업을 성장시키려면 품질과 신뢰도에 대한 평판을 쌓아야 한다고 생각했다.

바로 다음 해, 장루이민은 문제를 정면 돌파했다. 중국 비즈니스 역사에서 여전히 전설로 회자되는 내용이다. 어느 날 회사의 한 공장에서 그는 이런 저런 결함으로 생산라인에서 떨어져 나온 냉장고 76개를 줄지어 세웠다. 그러더니 불량 냉장고들을 어떻게 처리하면 좋겠냐고 직원들에게 물었다. 직원 한 명이 할인판매를 제안했다. 직원들에게 나눠주자는 의견도 나왔다. 장루이민은 직원들의 의견에 반대하며 우선 불량 냉장고를 만들지 않는 일이 가장 시급하다고 말했다. 그러면서 그는 곧장 큰 망치를 집어 들고는 불량 냉장고 하나를 부숴버렸다. 그리고 직원들에게 나머지 냉장고 75개도 다 부수라고 지시했다.

그의 말에서 그 어느 때보다도 단호한 결기가 느껴졌다. 바로 직후 '하이얼'로 상호도 바꿨다. 그때부터 칭다오 냉장고 공장은 품질에 대한 평판을 쌓는 초석을 마련했다. 그 일환으로 장루이민은 모든 공장의 목표 생산량을 엄격히 설정했다. 또한 한층 발전된 기술에 접근하기 위해 독일의 냉동고 전문회사 리페르Liebherr와 합작투자를 추진했다. 뿐만 아니라 일본 경영책에서 영감을 얻어 작업장의 기강을 바로 세우는 일에 집중했다. 작업 프로세스를 개선했고, 모든 직원의 성과를 하루 단위로 평가했다. 중국 현지 기업들이 대부분 어떤 제품을 생산하든 팔아치우는 일에 전념했던 당시, 하이얼은 고품질의 제품을 생산하여 자국 내 최고 가전제품 브랜드로 자리매김하려고 애썼다. 그러한 의지는 곧 열매를 맺었다.

1980년대 후반 하이얼의 여러 공장에 유사한 기준을 적용할 수 있겠다고 판단한 장루이민은 회사를 발전시키는 두 번째 단계로 넘어갔다. 중국 시장을 선도할 수 있을 정도로 규모를 확대하는 일이었다. 그에 따라 하이얼은 보일러, 에어컨, 세탁기를 비롯한 가전제품 상품군을 확대해나갔다. 또한 연간 영업이익이 1,000만 달러에 못 미치는 상황에도 냉장고 부문을 상하이증권거래소에 상장하여 4억 달러의 자금을 조성했다. 장루이민은 이 자금을 활용하여 칭다오에 공장을 여럿 짓고 소위 여러 '기절한 물고기Stunned fish'를 인수했다. 장루이민이 '기절한 물고기'라고 부른 기업들은 중국 시장의 늘어난 수요를 맞추려고 생산량을 늘렸지만 품질관리에 투자하지 못해 하이얼 같은 업체와의 경쟁에서 무너진 업체들이었다. 하이얼은 그런 기업을 18개나 인수한 다음 자체 품질관리체제를 도입하고 신제품을 생산하는 방법으로 소생시켰다.

1990년대 후반 장루이민은 다음 단계로 넘어갔다. 이번에는 하이얼을 세계적인 기업으로 발돋움시키는 일이었다. 중국이 세계무역기구^{WTO, World Trade Organization} 가입을 준비하던 시기였고, 중국으로 생산시설을 이전하는 다국적기업들이 늘어나던 시점에서 장루이민은 다른 방향으로 나아갔다. 먼저 동남아시아 각지에 공장을 지었으며, 4,000만 달러를 투자해 사우스캐롤라이나에 냉장고 공장을 지었다. 이어서 이란, 이탈리아, 우크라이나, 튀니지, 파키스탄, 방글라데시, 나이지리아 등지에 공장을 열었다.

하이얼은 텔레비전, 컴퓨터, 태블릿, 휴대전화 등 포트폴리오에 제품군을 확대해나갔다. 특히 특정한 지역의 필요를 충족하는 제품을 출시하면서 혁신기업이라는 평판을 얻기 시작했다. 예를 들어 쥐가 갉아먹을 수 없는 전선이 설치된 냉장고, 100시간 동안 전기가 공급되지 않아도 냉동이 유지되는 냉동고 등을 출시했다.

2000년대를 거치는 동안 중국은 주택을 소유하는 도시 중산층이 늘어나며 강한 성장세를 보였다. 세계적으로는 해외 전 분야에서 성장세가 뚜렷해졌다. 이런 영향에 힘입어 하이얼은 세계적인 경쟁자들을 따라잡으며 2009년 세계 가정용 전기제품 판매 1위에 올랐다. 또한 2012년 산요 백색가전^{Sanyo Electric's home appliances}, 2013년 뉴질랜드 피셔앤페이켈^{Fisher&Paykel} 등 해외 주요 기업들을 인수한 덕에 이후로 줄곧 정상 자리를 유지했다.[3] 그러면서 하이얼은 2014년 해당 부문에서 가장 빠르게 성장한 기업으로 인정받았다. 그럼에도 중국 창업가 정신의 세계에서는 어떠한 위치도 당연시될 수 없다. "여러분이 누구이며, 혹은 여러분이 회사에 얼마나 기여했는가는 별로 중요하지 않습니다." 장루이민은 이렇게 말한다. "지금의 새로운 시대에서는… 성공한 기업이란 존재하지 않습니다. 우리 시대의 기업만이 존재할 뿐입니다."

2015년에 장루이민은 66세가 되었다. 그간에 기업가로서 괄목할 만한 성과를 거두었기에 은퇴를 준비할 법도 했다. 하지만 그는 그럴 생각이 전혀 없었다. 대신에 하이얼을 잇따른 변혁의 길에 올려두었다. 인터넷, 특히 모바일 인터넷에 의해 완전히 뒤바뀐 경제적 수요에 발맞춰 나간다는 목표였다. "모든 것이 너무 빠르게 변하는 시대입니다."[4] 그는 이렇게 말한다. "예부터 매출을 결정하는 요인은 위치였습니다. 어느 도시에서나 입지 좋은 가게를 가지면 굉장히 유리했습니다. 그러다 PC-인터넷 시대를 거치면서 통신이 중요해졌습니다. 최고의 통신기술을 가진 자가 승자가 됩니다. 모바일 인터넷 시대인 지금은 시간이 핵심입니다. 그래서 제가 운용하는 사업체들은 좋은 입지를 찾는 쪽에서 고객의 시간을 아껴주는 쪽으로 방향을 전환하고 있습니다."

중국 신흥 기업가들을 대표하는 장루이민은 비즈니스의 근본을 다시 짜고 있다. 중국뿐 아니라 전 세계가 대상이다. 회사를 시대의 흐름에 맞추려는 그의 끊임없는 노력은 중국 창업가들 사이에서 완전히 새로운 물결로 일고 있다. 그것은 정부가 주도하는 변화가 아니다. 오히려 표면에 드러나지 않아 정부가 전혀 통제할 수 없는 흐름이라고 할 수 있다. 사실 정부가 그것을 얼마나 통제하려 하는지 확실히 알 수 없다. 하이얼은 세계를 무대로 활동하기 시작한 최초의 중국 기업이라고 할 수 있다. 갈수록 많은 기업들이 뒤를 쫓고 있지만 말이다. 또한 중국 신흥 재벌로 떠오른 창업가들은 새로운 성장의 흐름을 타며 그 흐름을 자신들의 목적에 부합시킬 방법을 모색하고 있다. 실제로 그들은 세계를 제패하는 기업을 세워 국가 경제의 부흥을 주도하겠다는 야망을 품고 있다.

파괴의 새로운 원천

1990년대 초반 이래 중국은 초고속 경제성장의 신화를 거듭 창조했다. 또한 중국 뿐 아니라 어느 국가에서도 유례없는 속도로 성공을 구가하며 외부 세계에 경제와 문호를 개방했다.

그 과정에서 중국은 수많은 비평가들이 주목하는 국가가 되었다. 특히 미국 비평가들이 중국에 관심이 아주 많았다. 비평가들 중에는 오바마 행정부의 관료들, 공화당과 민주당의 핵심인사 등 정치인들이 대거 포함되어 있었다. 노벨 경제학상을 수상한 폴 크루그먼Paul Krugman, 어빈캘리포니아대학의 피터 나바로Peter Navarro 교수 같은 세계적인 경제학자는 말할 것도 없고, 2011년《중국의 몰락The Coming Collapse of China》을 집필한 고든 G. 창Gordon G. Chang 같은 분석가들이 포함되어 있었다. 비평가들은 중국의 경제적 성공은 상당 부분 정부의 불공정한 행태에서 기인했다고 주장한다. 요컨대 중국의 중상주의 무역체제, 위안화 가치를 인위적으로 절하시키는 통화정책, 현지 기업들에게 대외시장을 개방하려는 압박공세, 제조업체들에 대한 지원금

수여, 해외 상품과 기술을 모방한 '짝퉁제품' 횡행 현상 등이 원인으로 작용했다고 주장한다. 또한 주로 현지 수출 제조업체들이 정부 정책의 수혜를 입었다고 말한다. 스마트폰과 컴퓨터, 장난감, 의복 등 값싼 소비재를 생산하는 업체들, 그들이 전 세계로부터 일자리를 빼앗고 미국과 유럽에 그들의 제품을 헐값에 팔아치우며 경쟁업체들을 무너지게 만든다는 주장이다.

한편으로, 해외 비평가들은 대개 국영기업의 확산과 그 영향력을 중국 경제성장의 또 다른 요인으로 꼽는다. 중국에서는 대규모 기업들을 정부가 소유하거나 관리하고 있다. 은행 및 보험회사, 석유 및 에너지기업, 이동통신업체, 항공사, 주요 철강업체, 자동차업체, 건설업체 등이 정부 소유다. 매출액 순위 세계 최대 기업 500개인 '포천 글로벌 500'[5]에 속하는 중국 기업들을 보면, 비평가들의 관점이 확실시되는 것 같다. 2018년에는 중국 기업이 120개 포함돼 미국과는 불과 6개 차이였고 조만간 역전될 가능성도 있다. 이 중 국유기업 수는 83개며, 민영기업은 37개다. 1998년 처음으로 6개 기업이 진입한 이후 무려 20배나 증가했다. 3위인 일본 기업의 수는 고작 52개다. 명단에 들어간 기업들 중 다수는 한때 4조 달러의 외환보유고(2018년 기준 3조 870억 달러)를 활용하여 해외에 막대한 투자를 했다. 다양한 책의 제목, 신문의 헤드라인이 암시하듯 그들은 '세계를 사고Buying' 있다.[6] 중국의 국영기업들은 2000년대 초반부터 국영은행의 지원을 받아 아프리카, 남아메리카 등지에서 수백만 달러 대의 괄목할만한 거래를 체결했다. 그들은 에너지 공급원, 원자재, 심지어 농경지에까지 손길을 뻗쳤다. 그들이 어느 지역에 진출하든지 간에 중국 정부 소유의 건설업체들이 뒤따라가 항만과 도로 등의 기반시설을 구축했다. 그래서 해당 지역의 생산품들이 중국으로 수송될 수 있었고 해당 국가의 발전에 보탬이 될 수 있었다.

그런데 이처럼 중국 경제를 외골수의 정부가 주도하는 거대한 중상주의 구조로 보는 시각에서는 중국의 비즈니스 역사상 가장 극적인 부분, 즉 전 세계에 미칠 엄청난 잠재적 영향력에 대한 부분을 논의하지 못한다. 기업가적 비즈니스 리더들이 출현했으며, 그와 관련된 모든 것이 민간부문에 기인한다는 점, 그들의 대부분이 정부의 직접적인 영향력이나 지원을 별로 받지 않고 사업을 운영하고 있으며, 하나같이 업계를 재편하고 있다는 사실을 제대로 다루기 어렵다는 말이다. 이러한 파괴적 기업가들은 오늘날 중국에서 가장 성공하고 영향력 있는 인물들로 꼽힌다. 그들은 중국에서 엄청난 부자로 통하며, 일부는 세계 최고의 갑부로 손꼽힌다. 중국이 세계에서 미국 다음으로 부자가 많은 나라가 된 것도 다 그런 이유 때문이다. 2018년 기준 포브스가 발표한 자산 10억 달러 이상의 억만장자 총 2,754명 중 미국인은 68명, 중국인은 152명이다.

중국의 비즈니스 판도를 바꾼 힘 있고 영향력 있으며 창조적인 기업가들 중에서 하이얼의 장루이민을 빼놓을 수 없다. 앞으로 다음과 같이 장루이민에 버금가는 인물들을 만나볼 것이다.

★ 잭마(马云, Jack Ma, 마윈)-알리바바그룹 회장

잭마의 온라인 제국인 알리바바그룹은 중국의 전자상거래e-commerce 및 전자결제시장의 기둥으로 우뚝 섰다. 알리바바의 2014년 기업공개IPO 규

모는 250억 달러로 세계 증시 사상 최대치를 기록했다.

★ 포니마(馬化騰, Pony Ma, 마화텅)-텐센트 창업자 겸 최고경영자
선전에 소재한 텐센트는 중국의 온라인 게임 및 메시징 시장을 지배하고
있다. 또한 전자상거래 시장에서 알라바바의 최대 경쟁자로 떠올랐다.

★ 로빈리(李彦宏, Lobin Li, 리옌홍)-바이두 설립자 겸 최고경영자
중국 최대 검색 엔진 및 소셜네트워크 서비스 기업인 바이두는 중국 내
검색 점유율 60% 이상을 차지하고 있다. 언론에서 중국의 3대 인터넷 기
업을 'BATs'로 자주 언급하는 것을 보면 알리바바와 텐센트와 더불어 바
이두의 영향력을 짐작할 수 있다.

★ 런정페이(任正非, Ren Zhengfei)-화웨이 설립자 겸 최고경영자
중국 최대 사기업이자 세계 최대 이동통신장비 제조업체인 화웨이는 현
재 글로벌화를 가속화하고 있다.

★ 양위안칭(楊元慶, Yang Yuanqing)-레노버 회장 겸 최고경영자
양위안칭은 레노버를 전 세계 1위 PC 회사이자 인기 스마트폰 기업으로
성장시켰다.

★ 레이쥔(雷軍, Lei Jun)-샤오미 회장 겸 최고경영자
소프트웨어 전문가 레이쥔이 2010년 설립한 샤오미는 스마트폰 시장의
판도를 바꾸며 삼성Samsung의 세계적 경쟁업체로 등극했다. 레이쥔은 혁

신적인 크라우드소싱Crowdsourcing(기업의 제품이나 서비스를 개발하는 데 외부 전문가나 일반 대중을 참여시키는 방법) 기술을 활용하여 제품개발 방향을 설정하며 마케팅 비용을 거의 들이지 않고 제품을 판매하고 있다.

★ 유강(于剛, Yu Gang)-이하오디엔 공동창립자 겸 전 회장
델컴퓨터Dell 중국 본부 구매 부사장 출신으로 이하오디엔을 5년 만에 연매출액 20억 달러 규모의 온라인 슈퍼마켓으로 성장시킨 유강은 중국 도시민들의 일용품 구매방식을 바꿨다.

★ 리슈푸(李书福, Li Shufu)-지리자동차 설립자 겸 회장
중국 최대의 민영자동차 제조업체인 지리자동차Geely Auto는 2011년 볼보자동차Volvo Car Corporation를 인수한 이래 세계 자동차 시장에서 가장 주목받는 기업이 되었다.

★ 쉬롄제(許連捷, Xu Lianjie)-헝안국제그룹 최고경영자이자 최대 주주
농부 출신인 쉬롄제 회장은 프록터앤갬블Procter&Gamble, 킴벌리-클라크Kimberly-Clark 등 다국적 생필품업체들과의 경쟁을 이겨내고 헝안국제그룹Hengan International을 개인 가정용 티슈, 유아 기저귀, 개인 위생용품 분야에서 시장 점유율 1위 업체로 등극시켰다.

★ 다이앤 왕(Diane Wang)-디에이치게이트 설립자
마이크로소프트Microsoft와 시스코Cisco에서 일한 다이앤 왕은 샤오미의 레이쥔이 설립한 온라인 서점 조이닷컴의 CEO를 지낸 뒤 B2BBusiness to

Busines 웹사이트 디에이치게이트DHgate.com를 설립했다. 조이닷컴이 아마존Amazon에 매각되고 나서 디에이치게이트를 설립했다.

★ 천하이빈(陈海斌, Chen Haibin)-디안진단 회장

디안진단DIAN Diagnosis Technology은 중국 최대 진단기관으로 중국 공영 의료 서비스가 민간에 확대·개방된다는 발표에 따라 진단검사를 포함해 예방의학 분야에서 가장 주목받고 있다.

★ 왕징보(汪靜波, Wang Jingbo)-노아자산운용 설립자 겸 최고경영자

왕징보는 2005년 노아자산운용Noah Wealth Management을 설립한 이래 중국의 고액 자산가 5만 명 이상과 가입계약을 체결하여 중국 최대 독립 자산관리기구로 부상했다.

★ 장유에(张越, Zhang Yue)-브로드그룹 회장

중국 남동부 후난 지방의 독보적 인물인 장유에는 세계 최대 흡수식 냉난방기 제조업체를 설립했으며, 지금은 조립식 건축물을 이용한 친환경 도시를 건설하려고 하고 있다. 그는 또한 브로드그룹 제품 및 아이디어의 실현가능성을 설파하며 후난성의 성도 창사Changsha에 세계 최고층 건물을 세우기 위한 허가를 구한 바 있다.

물론, 중국 기업가들이 다 성공을 이룩했다는 말이 아니다. 그들은 여느 기업 소유주들처럼 자신의 사업과 삶에서 위험을 감수해왔다. 그들 중 일부는 실패했지만, 대부분은 과거의 실수에서 깨달음을 얻

어 다시 사업에 뛰어들었다. 몇몇은 법적인 문제에 휘말렸다. 러시아 같은 국가에서 일어날 법한 정치적 경쟁이 아니라 개인의 실수 때문이었다.

일례로 10여 년 전으로 거슬러 올라가서, 중국에서 꽤나 유명세를 떨쳤던 사기업 더룽D'Long그룹의 이야기를 해보자. 중국 서부 끝자락 신장Xinjiang 지역에 소재했던 거대 사기업 더룽은 토마토즙에서 자동차부품, 시멘트까지 생산하는 계열사들을 거느리고 연간 40억 달러에 달하는 매출을 기록했다. 더룽의 설립자인 탕완신唐萬新, Tang Wanxin이 중국 최대 자산가로 이름을 날린 것은 주가 조작으로 구속되기 전까지 잠시 뿐이었다. 더 최근인 2010년에는 중국 최대 가전제품 유통업체 국미전기Gome Electric Appliances의 설립자이자 한동안 중국 최대 갑부로 알려졌던 황광위黃光裕, Huang Guangyu가 내부거래와 뇌물수수로 14년 징역형을 선고받았다. 더룽그룹이 탕완신의 구속과 더불어 세상에서 사라진 것과 달리 국미전기는 오르막과 내리막을 번갈아 겪긴 했어도 황광위가 구속된 후 5년 동안 중국 최대의 유통업체로 지위를 유지했다.[7]

두 사람을 제외한 중국 기업가들은 대부분 훨씬 나은 길을 걸었다. 일찍이 실패를 겪더라도 경이로운 추진력과 능력으로 중국과 중국 경제에 닥친 변화를 잘 타고 나갔다. 그와 같은 파괴적 기업가들의 부상에 더더욱 주목해야 한다. 마오쩌둥이 사망한 1976년에만 해도 사기업은 하나도 존재하지 않았기 때문이다. 농업을 포함한 모든 산업이 국가 소유로 중앙 정부나 지방 정부 또는 공동체가 운영했다. 지금은 지난 35년간의 경제개혁 덕분에 민간부분이 중국 경제생산

량의 75% 이상을 창출하고 있다.[8]

중국 정부는 중앙계획체제에서 손을 뗀 지 오래되었음에도 중국 경제의 전반적 방향을 설정하는 면에서 주도적인 역할을 자처하고 있다. 중국은 여전히 약 230만 개의 국영기업을 보유하고 있다. 많아 보이지만 다른 통계를 보면 대단한 것도 아니다. 2004년 초 중국에서는 사기업 수가 330만 개(공공 거래되는 주식을 가진 투자자들이 대부분 소유), 소유권 수가 2,400만 개(개인 또는 가족 운영)에 이르렀다. 그러다 2013년에는 사기업 수가 거의 1,200만 개, 소유권 수가 4,200만 개를 넘어섰다. 게다가 중국 정부는 수를 늘리려고 애쓰고 있다. 2014년 첫 7개월 동안 등록자본금 최소 요건이 폐지되는 규제개혁이 실시된 덕분에 사기업이 150만 개나 탄생했다.[9] 2013년의 같은 기간에 비해 2배나 늘어난 수치다.

반면에 국영기업의 수는 2004년 이래 거의 절반으로 떨어졌다. 10년 전에 비해 생산성을 훨씬 더 발휘했지만, 그들의 생산량 증가분은 민간부문의 극히 일부분에 지나지 않았다. 2000년에는 국영기업과 비국영기업의 총 매출액이 각각 4조 위안으로 거의 동일한 수준에 달했다. 그러다 2013년 국영기업의 총 매출액이 6배가량 치솟은 반면, 비국영 부문의 매출은 18배 넘게 상승했다. 같은 기간에 영업이익은 국영기업의 경우 거의 7배, 비국영 기업의 경우 거의 23배로 총 매출액 상승률도 훨씬 더 높은 수치를 기록했다.[10]

중국 기업가들은 어느 정도 번영을 이루었다. 중국의 변화를 따라잡는 기업을 세웠기 때문이다. 기업가들의 상당수는 국가가 여전히 경제를 통제하던 시기에 맨 먼저 창업에 뛰어들었다. 국가가 상품의

표1 소유권 기준 중국 기업의 수, 2003년과 2013년 비교

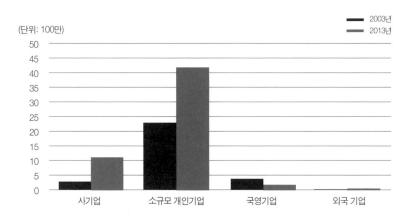

출처: 중국 공상행정관리국(State Administration of Industry and Commerce)

표2 기업 유형별 총매출 비교, 1998~2013년

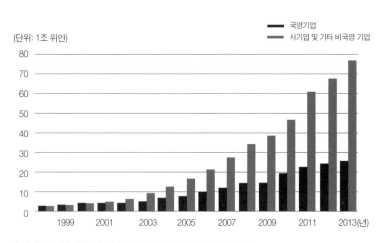

출처: 중국 국립통계청 발간 '월간산업통계조사(Monthly Industrial Survey)'

가격을 거의 다 설정하고 경영자를 임명하던 시절이었다. 그리고 그들은 1990년대 말의 아시아 금융위기를 잘 극복해냈다. 2000년대 중국이 WTO에 가입한 이후 중국에 물밀듯이 들어온 외국 기업들과 경쟁하여 이겼다. 또한 2000년대 후반과 2010년대 초반 글로벌 금융위기 이후 닥친 전 세계적인 경기침체를 잘 이겨냈다. 이 모든 점을 볼 때, 중국 기업가들은 대체로 정부의 직접적인 통제 범위 밖에서 하나의 경제를 창출했다. 그들은 상품과 서비스를 창출하고 그것을 소비하는 고객들에게 책임을 다한다. 세계 각국의 기업가들이 그러하겠지만, 중국 기업가들은 대체로 에너지가 넘치고 상상력이 풍부하며 대부분 독특한 면모를 지니고 있다. 그들은 각기 개인 자체로도 보통 수준을 뛰어넘는 사람들이다. 무엇보다도 예부터 권위와 순응을 중시하고 위험을 기피하는 문화에서 공공의 지원을 제대로 받지 않고 사업을 성공시킨 점을 고려하면 특히 그런 생각이 강해진다.

중국 기업가들은 온갖 다양한 면모를 가지고 있다. 학력과 연령층도 다양하다. 고등학교 밖에 나오지 못한 사람들이 있는 반면에 박사 학위를 가진 사람들도 있다. 중국에서 가장 크고 부유한 도시에서 태어난 사람들도 있고, 조그만 시골 마을에서 태어난 사람들도 있다. 물론 그들은 대부분 소규모 사업체를 운영하지만, 직원을 수만 명이나 거느리고 대기업을 운영하는 사람들도 있다. 일부는 정부 고위 관료들과 연줄이 있어 굉장한 영향력을 자랑한다. 반면에 일부는 국영기업을 선호하는 관료들의 지속된 편견 탓에 은행 대출 같은 일상적인 사업활동에서도 악몽 같은 일을 겪는다.

오늘날 중국의 성공한 기업가들의 상당수는 현재 대부분 40대에서 60대다. 그들은 아무 경험 없이 창업에 뛰어들었다. 계속되는 시행착오의 과정을 겪으며 하나씩 배워나갈 수밖에 없었다. 1978년부터 1997년까지 집권한 중국 최고의 지도자 덩샤오핑鄧小平, Deng Xiaoping이 중국의 경제개혁에 접근했던 방식처럼 그들은 '돌을 더듬으며 강을 건너고' 있었다(1978년 개혁개방에 나선 덩샤오핑은 '돌을 더듬으며 강을 건넌다摸着石頭過河'는 말을 남겼다).

1980년대를 거쳐 2000년 초반에 이르는 사이 창업한 사람들 중에 지금의 중국을 예상한 사람은 아무도 없었다. 그럼에도 그들이야말로 오늘날 부유한 중국을 만들기까지 가장 큰 역할을 한 주인공들이다. 워싱턴 소재 싱크탱크 피터슨국제경제연구소Peterson Institute for International Economics 선임 연구원이자 세계 최고의 중국 경제 전문가인 니콜라스 라디Nicholas Lardy[11]가 분석한 바에 따르면, 현재 사기업들이 전체 도시 고용의 80% 이상을 책임지고 있다고 한다. 1978년 이래 도시 고용성장의 대부분이 민간부문에서 이루어졌다는 의미다.

중국 기업가들은 종종 2000년대 초반의 러시아 신흥재벌Oligarchs, 올리가르히과 비교된다. 하지만 올리가르히들은 소비에트연방이 붕괴되고 국유산업이 민영화되는 과정에서 정경유착으로 재산을 축적했다. 그들은 대개 자신들의 연줄과 지위를 이용해 자원회사의 막대한 지분을 차지했다. 그와 대조적으로 우리가 이 책에서 만나는 중국 기업가들은 대부분 밑바닥에서 시작해 사업을 성장시켰다. 다수의 사례에서 보더라도 많은 사람들이 집을 사무실로 사용하거나 가판을 차렸으며, 친척과 친구들에게 몇 천 달러를 빌려서 사업을 시작했다. 대부분 누가 봐도 실현 불가능한 일에서 고객의 필요를 충족시키며 사업의 발판을 마련했다.

　중국의 비즈니스 리더들은 스스로가 경제활동이라는 역사의 흐름을 타고 그에 기여한다는 점을 알고 있다. 빠르게 성장하는 세계 경제에서 초고속 성장 기업을 일궈낸 그들은 스스로 무한한 잠재력을 가지고 있다는 점을 알고 있다. 또한 그들은 중국 경제보다 훨씬 더 빨리 성장한 기업을 운영하면서 중국의 모든 기업들이 따라야 할 규칙을 정립하고 있다. 뿐만 아니라 그들은 대부분 정규 비즈니스 교육을 받지 않았음에도 불과 몇 년 전 중국은 물론 해외에서 본보기로 삼고 영감을 얻었던 기업들과 경쟁하는 위치에 빠르게 근접하고 있다. 그 과정에서 그들은 글로벌 경영의 규칙을 다시 쓰고 있다.

시장의 규모와 변화, 복잡성

　중국 기업가들의 업적을 이해하려면, 먼저 중국의 비즈니스 환경을 들여다봐야 한다. 경제규모가 엄청나고 기업활동이 활발하다는 점에서 중국은 미국과 대등한 수준에 있는 유일한 국가다. 그렇지만 미국과 달리 상대적으로 경제발전 초기 단계에 머물러 있다. 지금까지 중국 시장은 꾸준히 개방되고 확대되었으며 기반시설이 대대적으로 확충됐다. 이처럼 규모와 속도 면에서 유일하게 실리콘벨리와 비교할만하지만, 비즈니스 환경은 여전히 척박하고 변화무쌍한 상태다.

　중국은 엄청난 시장 규모 덕분에 구글Google과 페이스북Facebook, 트위터Twitter에 비등한 기업도 배출하고 있다. 미국의 왓츠앱WhatsApp(일대

일 모바일 전용 메시징 서비스)과 유사한 텐센트의 소셜 네트워킹 툴 위챗^{WeChat12)}은 2014년 중반 4억 4,000만 명에 달하는 사용자를 확보했다. 바로 1년 전인 2013년, 위챗의 사용자는 2억 4,000만 명에 달했었다. 이런 추세라면 수많은 사용자 수를 자랑하는 왓츠앱을 따라잡을 날이 얼마 남지 않았다(2018년 기준 위챗 사용자 10억 명, 왓츠앱 15억 명). 마찬가지로 알리바바는 2013년 여러 자체 웹사이트에서 진행한 2억 5,000만 달러 규모의 사업[13] 덕분에 비미국계로서 세계 최대 전자상거래 기업으로 입지를 다졌다.

한편, 중국은 물리적 상품은 물론 가상의 상품을 가지고 전 세계 트렌드를 주도해나갈 것으로 보인다. 중국이 2010년 미국을 제치고 세계 최대 제조국으로 떠오른 것도 같은 맥락에서 볼 수 있다. 중국산 생산품의 수준이 갈수록 높아지고 현지 개발된 기술이 기업들 사이에 확산됨에 따라 중국산 생산품을 소비하는 소비자들이 점차 글로벌 기준과 선호도를 설정해나갈 것이다. 가까운 미래에 일어날 법한 일인데, 중국 기업가들이 단돈 50달러짜리 스마트폰을 만들거나 비용 면에서 효율이 좋은 태양 에너지 기술을 개발한다면, 혹은 대량 생산이 가능한 전기자동차를 개발한다면, 이런 제품들은 급속히 전 세계로 퍼져나갈 것이다.

변화의 규모와 속도가 정점을 찍은 상황에서 중국 시장은 변화무쌍한 특성을 보인다. 중국 기업가들은 시장이 광범위하고 급속한 성장세에 있는 지역에서 적응해나가야 한다. 또한 지역마다 다른 발전 단계, 대개는 동일한 지역 안에서 나타나는 다양한 발전의 단계에 대처해나가야 한다. 중국의 구매력이 상승하고 있는 상황을 고려한다면, 중국의 상품과 기술, 비즈니스 모델의 수준은 발전의 단계 전체를 뛰어넘을지 모른다. 예컨대 부유하지 않은 지역에서 주로 시장에서 장을 보거나 가족 소유의 소규모 점포에서 물건을 구매하던 시민들이 어느 날부터 중간 단계 없이 스마트폰으로 장을 볼지 모른다.

중국과 아시아 국가들의 브랜드는 물론 다국적 브랜드 등 뭘 골라야할지 모를 정도로 온갖 제품을 제공받는 중국 소비자들은 한편으로 세상에서 제일 변덕스러운 고객들이다. 소비자 행동에 관한 연구에서 거듭 확인되었듯이, 중국 소비자들은 일상용품을 구매하든 고가의 물품을 구매하든 브랜드 충성도가 매우 낮다. 2004년 보스턴컨설팅그룹Boston Consulting Group이 2,400명의 운전자들을 대상으로 실시한 여론조사에서 운전자의 74%가 나중에 차를 바꿀 때 종전과 다른 브랜드를 선택하겠다고 밝혔다.[14]

그런데 역으로 중국이 규모가 크고 복잡한 유일무이한 시장이라는 점에서, 여러모로 세계 비즈니스 환경의 진화 향방을 짐작할 수 있는 곳이기도 하다. 주된 이유는 첨단기술, 특히 인터넷이 산업 간 장벽을 허물어뜨리고 분야 간 경쟁을 강화시키는 과정에 있다는 점이다. 이런 상황에서 생존하기 위해 기업들은 어떻게든 새로운 기회의 원천을 찾아야 한다. 만약 고유한 전문영역을 넘어서야 해도 말이다.

중국은 일본이나 미국, 유럽 국가들과 비교했을 때 아직까지 개발이 덜 됐다고 할 수 있다. 그와 같은 경제적 속성 때문에 중국의 경쟁적 전망은 여타 국가들에 비해 유동적이다. 중국에 전자상거래가 확산되며 소매부문의 판도가 뒤바뀌는 현상을 예로 들 수 있다. 재래식 소매점이 생기려면 한참 멀어 보이는 아주 외딴 지역에서조차 소비자들이 자유롭게 쇼핑을 하게 되었으니 말이다. 지금 중국의 거대 전자상거래 기업들은 은행보다 고금리로 단기 금융상품을 제공하는 등 금융 분야까지 진출하고 있다. 중국 기업들은 고유의 영역을 넘어 끊임없이 새로운 분야로 영역을 확장하고 있다. 거대 컴퓨터 기업 레노버와 세계 1위 통신장비업체 화웨이는 전 세계 스마트폰 시장에서 선발주자인 애플과 삼성의 뒤를 바짝 쫓고 있다. 또한 공업 및 상업용 냉난방기 제조업체인 브로드그룹은 현재 조립식 모듈을 사용해 건물을 올리고 있다. 휴대전화 배터리 제조업체로 세계 2위 자리까지 올라섰던 비야디BYD는 현재 세계 1위의 전기자동차 회사로 등극했다.

어떤 형태의 경쟁우위든, 가만히 제자리에만 있으면 기업이 수익을 유지하거나 장기적인 수익원을 찾기 어렵다. 장루이민이 자주 지적하듯, 기업들은 더 이상 자신과 제품에 대한 입지를 공고히 하겠다는 생각에 치우칠 수 없게 되었다. 몇 번이고 스스로를 변화시킬 수단을 창출할 생각을 해야 한다는 말이다.

1990년대와 2000년대를 지나며 수많은 중국 기업들이 다국적 기업들을 따라잡겠다는 목표를 설정하고 그들이 본 서구의 '모범 사례'를 기준점으로 삼았다. 오늘날 그 간극을 메운 기업들은 스스로 나아갈 길을 찾아야 한다고 깨달았다. 이런 현상은 특히 비즈니스 전략의 영역에서 수많은 실험으로 이어지고 있다. 복잡다단하고 변화무쌍한, 대개는 모호한 비즈니스 환경에서 미래를 어떻게 계획해야 할지 재고하게 되었기 때문이다. 이에 기업들은 목표나 표적을 설정하는 일에서 한 단계 더 나아가고 있다. 임박한 도전과 기회에 직면했을 때 대응책을 마련하고 혁신을 구가할 수 있도록 역량 강화에 집중하고 있는 것이다.

　성공을 원하는 기업가들은 시장의 규모와 역동성이라는 이점을 잘 활용하여 빨리 성장하는 조직, 영향력 있고 유연한 조직을 만들어야 한다. 또한 스스로를 재차 변화시키기 위한 아이디어를 중심으로 조직을 이끌어가야 한다. 앞으로 만날 중국 기업가들은 보기 드물게 외부 아이디어에 열린 태도를 견지하고 있다. 중국 밖에서 자원을 끌어오려는 의지도 만만치 않은데, 무엇보다 전문성이 우수한 인재를 영입하는 일에 속도를 내고 있다.

중국에 대한 인식변화

　영향력 있는 신흥 기업가들이 부상하는 모습에 많은 사람들이 놀라움을 표할 것이다. 2014년 초 허난성에 본사를 둔 사기업이자 중국 최대 돈육 가공업체 WH그룹이 버지니아에 본사에 둔 미국 최대 돈육 가공업체인 스미스필드식품을 71억 달러에 인수했다.[15] 거래가 성사되고 스미스필드의 최고경영자인 래리 포프Larry Pope는 미국인 친구들의 성난 반응을 보고 깜짝 놀랐다.[16] 그의 어머니조차도 '어떻게 공산주의자들에게 회사를 팔수 있냐고' 물었다고 한다.

　중국 외부, 특히 미국에서는 중국에 대한 고정관념이 여전히 팽배하다. 미국과 유럽의 미디어가 중국의 경제성장과 정치적 영향력을 전략적 위협으로 줄기차게 묘사한 것이 주요한 요인이다. 예컨대 중국이 북미와 유럽에서 수백만 개의 생산직 일자리를 뺏어간 이후 다른 분야에서도 같은 일이 벌어질 수 있고, 더욱이 막대한 외환 보유고를 이용해 세계 각지의 사업체를 계속 사들인다면 문제가 더욱 심각해질 수 있다며 언론은 연일 우려를 표한다.

중국이 신흥 경제강국으로 재부상하여 일으킬 혼란에 대해 폄하해서는 안 된다고 생각하지만, 이러한 관점은 중국의 경쟁력을 매우 잘못 인식하고 있다는 점을 보여준다. 전 세계 기업들은 중국에 일어난 변화의 본질을 정확히 파악해야 한다. 그래야 현실에 맞게 전략을 수정하고 유용한 기회를 찾아낼 수 있다. 향후 몇 년간 중국의 기업가적 기업들은 신규 시장에 진입하고 인수활동을 벌이며 우수한 경영자를 영입하는 등 해외 활동에 더욱 박차를 가할 것이다. 또한 그들은 이미 입지를 다진 다양한 업종의 기업들에게 엄청난 위협이 될 것이다. 더욱이 가까운 미래에 중국 정부는 공산당의 지배력을 강화하는 것은 물론 공산당 체제에 대한 정치적 반대를 무릅쓰고 단일 정당의 권위주의 정치체제를 유지할 것이 거의 분명하다.

그러나 냉전Cold war의 렌즈로 중국을 경쟁상대로 바라보다 보면, 중국의 저력이 얼마나 대단한지, 중국이 경제가 발전하고 사회가 진화하면서 어디로 나아갈지 그 방향을 놓치는 꼴이 된다. 중국은 권위주의 지배체제에 있긴 하지만, 한편으로 엄청나게 풍부한 다양성이 존재하고 그것이 계속 확대되고 있는 곳이다. 사회와 문화, 경제의 측면에서도 국가의 통제가 약해져 14억 명 중국 시민들이 1990년대에만 해도 상상할 수조차 없었던 방식으로 삶을 형성하고 지휘할 수 있게 되었다. 정치 역시 계속 진화하고 있다. 중산층의 출현으로 정치개혁에 대한 요구가 거세진다는 개념은 너무 단순화된 것이고 지금까지 근거가 없는 것으로 밝혀졌다. 그럼에도 지금까지 그랬던 것처럼 중국은 변화를 거듭할 것이다. 모든 것이 점차 여론에 귀를 기울이는 국가 지도자들, 지난 40년 간 경제개혁의 수혜를 입은 시민들, 그들 사이에 실용주의가 확산되어 생긴 결과다.

중국이 세계 강대국으로 부상했다고 한다면, 여타 국가들은 세계 경제를 주도할 주역이 나타났다는 사실에 적응해야 한다. 몇 십 년 전만 해도 중국은 지정학적으로나 주목받는 수준이었다. 그렇지만 지금은 규모에 상응하는 국제적 역할을 이미 수행하고 있다. 중국의 영향력을 인정한다는 것이 제2차 세계대전 이후 세계 의사결정을 주도해온 유럽과 북미권 국가들에게는 매우 어려운 일이 될지도 모른다. 그러나 지나온 역사를 되돌아보더라도 국가의 영향력은 상승했다가 떨어지는 법이다. 중국은 세계 초일류 국가들 틈에 발을 들여놓았다. 향후 어떤 일이 벌어지더라도 세계를 주도하는 경제대국 중 하나로 재부상하고 전 세계 경제와 정치에 영향력을 발휘할 것이다.

중국이 세계 각국과 활발히 이해관계를 만들어갈 것으로 예상하지만, 세계 패권국인 미국과 경쟁하거나 미국의 명성을 빼앗으려 든다고 보지는 않는다. 그보다 더 중요하게 바라봐야 할 사항이 있다. 국가, 기업, 사람 간의 연결이 확대되고 있기에 세계는 중국이 포함된 다수의 이해관계에 더욱 적응해야 한다.

중국 신흥 기업가들이 매번 해법을 사전에 준비해 문제를 해결하는 건 아니다. 이 점에 유념해야 한다. 전략-무엇을 할 것인가와 실행-어떻게 할 것인가, 양쪽에 능숙히 적응하는 능력이야 말로 그들의 강점이다. 그들은 위험을 감수하고 필요한 조치를 과감히 실행하며 다양한 기회에 민첩히 대응해야 성공한다고 확신한다. 그런 일환으로 눈앞의 경쟁자들보다 앞서 나가기 위해 사소한 이점이라도 끊임없이 찾아내고, 새로운 비즈니스 영역을 발굴하기 위해 쉴 새 없이 이점을 모색한다. 그리고 조직의 규모를 키워 경쟁업체들이 근접하지 못할 정도의 독보적 비용기반을 마련하는 한편, 신규 시장을 발굴하여 국내와 해외에서 소비 중심지를 출현시키고 있다.

중국 기업가들은 선택과 기회의 홍수 속에 있다. 때문에 어떤 업종에 진출할지, 어떤 기업을 인수할지, 어떤 기술을 개발할지 적절히 판단해야 한다. 이런 점에서 중국 시장에 노력을 집중하는 기업가들이 있는 반면, 미개척 시장을 찾아 해외로 눈을 돌리는 기업가들도 있다. 해외 시장에서 성공을 찾는 경우, 중국산 기술이 해당 시장에 제대로 적용될지, 다른 국가의 지식과 기술에 무엇이 강화되어야 할지 확실히 판단하기 어렵다.

그에 관한 결론을 말하자면, 해외 시장을 개척하는 기업가들의 상당수는 자신들이 발휘할 수 있는 영향력에 대한 감각을 가지고 있어도 어떻게 해야 그것을 최대한 끌어올릴 수 있는지 여전히 확신하지 못하고 있다. 기존의 상품과 서비스를 다양화하고 끊임없이 새로운 기회와 전략을 모색해야 한다고 인식은 한다. 그런데 한편으로는 세력을 확대하고 발전을 거듭할수록 더욱 혼란을 야기한다는 점도 알고 있다. 중국과 해외 시장에 혼란이 일어나게 되는 것이다.

이런 점에서 세계 여러 국가의 기업들에게 난제가 주어진다. 중국의 진취적인 기업들이 내뿜는 파괴적인 힘에 대처해야 하는 것이다. 그렇지만 중국의 도전을 심각하게만 바라볼 필요는 없다. 중국이 경제력을 키우고 번영을 이끌어낼수록 엄청난 기회가 생길 테니까 말이다. 중국이 날이 갈수록 매력적인 시장이 되고 있다는 점에도 어느 정도 이유가 있다. 한편으로 중국은 혁신과 지식의 풍부한 발원지로 성장할 것이다. 더불어 기후변화, 새로운 에너지 공급원 확보, 음식과 식수의 안정적 공급 등 전 세계적 문제를 해결하기 위한 활동에 점차 참여할 것이다.

중국에서 활동하는 비즈니스 리더로서 나는 중국 기업가들이 이룬 업적에 깊은 영향을 받았다. 내 지난 20년의 활동은 보스턴컨설팅그룹 중국 지부를 맡으면서 시작됐다. 당시만 해도 중국에서 공식 허가를 받아 사무실을 차린 경영전략 컨설팅 기업은 보스턴컨설팅그룹 하나 밖에 없었다. 이후 나는 다국적 컨설팅 전문회사 부즈앤컴퍼니^{Booz&Company}의 '대 중국^{Greater China}' 지사장을 지냈으며, 지금은 내 전략컨설팅 회사인 가오펑전략자문^{Gao Feng Advisiory Company}을 운영하고 있다. 지금까지 다양한 기업에 자문을 하면서 이 책의 주요 인물들을 모두 만나봤다. 그들 중에는 긴밀히 협력하며 전략을 개발, 적용하도록 도와준 사람들도 있고, 비즈니스 포럼과 콘퍼런스에 참여했다가 인연을 맺은 사람들도 있다.

그들은 중국이 성공을 갈망하는 분야의 최전선에서 활약하고 있다. 그들이 어떻게 중국 시장에 관한 지식과 기회를 활용했는지, 어떻게 중국 및 외국 기업들과의 경쟁에서 앞서 나갔는지 가까이서 지켜봤다. 또한 그들이 어떻게 규제와 자원배분을 두고 정부 당국과 협상했는지, 어떻게 직원들의 열정과 포부를 활용했는지 살펴봤다.

그들과 자주 대화를 나누다보니 대부분이 열정이 넘치고 참된 세계관을 가진 중국인이라는 것을 알게 되었다. 그들은 자신들의 조직이 어느 국가의 기업에게도 뒤지지 않는다는 것을 전 세계에 증명하려 한다. 그러면서도 목표를 실현하려면 자신이 어느 지역 출신이든 사업에 글로벌 모범사례를 적용하고 최고의 인재를 고용해야 한다는 것도 잊지 않고 있다.

그런데 중국 외부에서는 중국 기업가들의 경영방식과 성과를 잘못 이해하는 경우가 많다. 그에 관해 살펴보니 보호무역주의 강화, 상품 모방, 통화가치의 저평가, 불공평한 이득 수취 등이 오해의 원인이었다. 그래서 분명히 밝히고 싶다. 중국 기업들이 글로벌 시장에서 영향력을 확대한 것은 경쟁력 있는 상품과 서비스를 창출하여 중국 소비자들은 물론 전 세계 소비자들의 주머니 사정을 해결하고 그들의 필요를 충족시키는 일에 집요히 초점을 맞춘 결과다.

이제 그들의 비즈니스 스토리를 상세히 전하려고 한다. 중국 기업의 성장사, 기업가들 개개인의 면모, 사업 성공과 영향력에 관한 이야기를 풀어나간다. 중국 기업가들은 단 35년 만에 국가통제 경제를 시장주도 경제로 이끌어가며 중국의 경제변혁 과정에서 괄목할만한 역할을 수행했다. '중국의 파괴자들Disruptors'은 장차 2010년대를 거쳐 이후에도 세계 경제에 더욱 더 놀라운 일을 벌일 것이다.

시장의 파괴자가 되는 길

앞으로 중국 신흥 기업가들의 부상, 그들이 쟁취한 성공은 물론 기존의 해외 기업들에게 가하는 도전의 본질, 그들이 만들어내는 기회들에 관해 고찰할 것이다. 이러한 화제들을 다음 순서에 따라 살펴보려고 한다.

성공을 거둔 사업가라면 다 그렇겠지만, 중국 신흥 기업가들은 일반적인 경계를 훌쩍 뛰어넘었다. 이에 1장에서는 무엇이 그들을 움직이게 했는지 살펴보려고 한다. 덩샤오핑이 경제개혁 조치를 단행한 1970년대 말 이래 다양한 분야에서 펼쳐진 기업활동의 흐름을 살펴보고, 중국 기업가들의 사업방식에서 특이할만한 내용들을 짚어본다. 중국의 공산주의식 중앙계획경제는 불과 30년 만에 민영화되었다. 이런 점에서 중국의 최근 역사를 이해해야 중국이 세계 최강대국이 된 과정을 파악할 수 있다. 그와 관련한 밑그림을 그려보려고 한다.

2장에서는 그처럼 진취적인 기업가를 육성하고 배출하는 환경이 어떠한지 분석한다. 주로 중국의 규모, 시장 개방성, 정부의 역할, 가장 중요하게는 인터넷 같은 첨단기술의 기능에 관해 다루고, 이 네 가지 요인으로 초고속 성장을 구가하는 기업은 물론 공격적이고 적응력 강한 기업이 출현하는 과정을 들여다본다.

3장에서는 방향을 돌려 중국의 시장 환경에서 기업들이 어떻게 조직을 운영하는지, 세계 각지의 기업들과 어떤 점에서 차별화되는지 면밀히 고찰한다. 주로 눈앞에 놓인 수많은 난제를 해결하기 위해 끊임없이 혁신적인 대안을 찾아나가야 하는 과정에 초점을 맞춘다. 중국 정부는 교육과 과학, 공학기술 개발에 대대적인 투자를 단행했다. 이를 통해 중국이 향후 20년 내 세계 최대 혁신국가로 발돋움하기 위한 기초 다지기를 이미 끝냈다는 것을 보여주려 한다.

4장에서는 중국 외부로 눈을 돌려 중국 기업가들이 전 세계에 얼마나 영향력을 발휘할지 살펴본다. 지금까지 중국 국영기업들은 지속적인 경제성장에 필요한 에너지와 자원을 확보해왔다. 해외 투자는 대부분 거대 국영기업들의 몫이었다. 그런데 최근 모험을 두려워하지 않는 민영기업들이 해외 투자 지분을 확대했다. 그들의 지분은 계속 늘어날 것이고, 나아가 예상보다 훨씬 더 빨리 중국의 해외 투자는 자국 내 외국인 투자를 넘어설 것으로 보인다. 이런 일이 현실이 될 경우, 중국 기업가들은 새로운 시장을 창출하고 전 세계 기업들을 인수하는 등 중국을 세계 경제대국으로 이끌어가게 된다.

5장에서는 다시 중국으로 눈을 돌려 중국이 겪고 있는 변화를 고찰한다. 또한 그러한 변화를 실현하는 일에서 중국 기업가들의 역할을 살펴본다. 이런 관점에서 도시화로 인해 20년, 30년 전과 확연히 다른 사회적, 경제적, 문화적 구조가 형성된 과정을 분석한다. 또한 국가가 효율적이고 효과적으로 기능하기 위해 필요한 제도적 변화에 대해 설명한다.

6장에서는 외국 기업들에게 중요한 물음을 고찰한다. 외국 기업들은 어떻게 중국 기업과 신흥 기업가들의 부상에 대응하고 적응해야 하는가? 앞으로 중국은 물론 세계 각지의 기업들은 사업운영 면에서 보다 '중국화'되어야 하는 상황에 놓일 수밖에 없다. 이런 점에서 어느 정도는 중국 현지의 사업부문을 글로벌 사업부문과 통합시켜야 한다. 실제로 글로벌 사업부문의 핵심 부분으로 만드는 것이다. 조직적, 개념적 구조를 재정립해야 현재 중국에서 구체화되고 있는 경영 실례를 보완할 수 있다.

마지막 7장에서는 비즈니스를 넘어 정치적, 사회적 파괴의 범위에서 중국의 창업가 정신에 담긴 폭넓은 의미를 들여다보고 이 책을 끝맺고자 한다. 1970년대 말 덩샤오핑이 경제개혁 조치를 단행한 이후로 줄곧, 또 그가 1992년 또 다시 개혁개방을 외친 이후 더욱 그러했듯이, 중국 전역에 위험을 감수하는 도전과 혁신의 바람이 불었다. 그 결과, 중국은 역사상 가장 위대했던 시대였던 7세기에서 10세기 당 왕조에 필적할만한 부흥기를 열었을 뿐만 아니라 한 발 더 나아가 '글로벌 거버넌스Global governance(세계적 규모의 문제들을 해결하기 위해 국제사회가 전개하는 활동)'를 형성하는 중대한 역할을 하게 되었다. 경제, 인구 규모, 특히 시민들의 열망을 보더라도 중국은 21세기 세계의 핵심 당면과제를 해결할 선도적인 국가가 되어야 한다. 기후변화, 식량과 에너지, 자원 확보 등의 이슈들을 다루어야 하는 것이다. 이런 영역의 문제를 해결하려는 움직임이 거세져야 수 세기 동안 자리 잡고 있던 전 세계적 기준이 재정립되고 세계 정치에서 미국과 유럽 중심의 판세가 바뀔 수 있다. 결과적으로 국제적 책임International responsibilities을 공유하려는 큰 움직임이 형성돼야 한다.

중국에서는 다가오는 수십 년 동안 정부와 시민들이 '글로벌 개발 Global development' 실현에 기여하는 강건한 사회가 형성돼야 한다. 그러기 위해 역동적 경제를 형성하는 일이 필수인데 중국 기업가들이 중추적 역할을 할 것이다. 이런 예상이 적중할까? 답을 찾기 위해 중국 기업가들에게 영감과 동기를 부여하는 힘, 즉 그들의 정신을 들여다볼 때가 되었다.

차례

1장 가능성의 땅
: 세계적인 기업을 탄생시킨 중국

2장 압도적인 성장
: 중국은 어떻게 빠르게 경제대국이 되었는가?

가능성의 땅

CHINA

세계적인 기업을
탄생시킨 중국

떠오르는 기업 알리바바

알라바바의 잭마에게 불가능한 일이 있을까? 2014년 9월 잭마는 뉴욕증권거래소에 알리바바를 상장했다. 수익은 250억 달러로 전 세계 IPO 시장에서 유례가 없을 정도로 많았다. 그에 따라 알리바바는 시가총액 순위 세계 4위 IT기업[1]이 되었다. 잭마는 순자산 270억 달러의 규모를 자랑하며 중국 최대[2] 재벌의 위치를 공고히 했다. 2018년 10월 기준 알리바바는 시가총액 42조 80억 달러로 세계 6위 기업인 상황이며, 마윈은 순자산 440억 달러로 중국은 물론 세계적인 부자의 반열에 서있다.

알리바바는 현재 중국 온라인 쇼핑 시장을 지배하고 있다. 다양한 웹사이트에서 발생하는 매출은 중국 전자상거래 부문 전체 매출의 80%에 이른다. 그 규모는 이베이eBaY와 아마존을 합한 것보다 훨씬 많다. 2018년 회계연도 알리바바의 매출액은 2,502억 6,600만 위안으로 매출 규모에서 페이스북에 버금가며, 글로벌 전자상거래 양대 산맥인 아마존과 비교하면 매출에서는 뒤지지만 수익은 더 많다.

혁신의 속도 측면에서는 알리바바가 아마존을 따라가기에는 아직 힘에 부친다는 평가도 있지만 시장과 수익 혹은 성장성, 규모 측면에서는 알리바바가 더 유리한 조건에 있다는 평도 있다. '독신자의 날 (Singles' day, 싱글데이로 중국에서 광군제光棍節라고 한다. 독신들을 위한 날이자 중국 최대 규모의 온라인 쇼핑이 이루어지는 날)'이었던 2017년 11월 11일, 알리바바는 여러 사이트를 이용해 1,682억 위안, 한화로 약 28조 원 가량의 매출을 달성했다. 이는 3주 이후 미국 사이버먼데이Cyber monday (미국 추수감사절 연휴 후 첫 월요일)에 발생한 온라인 판매 매출의 3배가 넘는 규모였다.

물론 알리바바의 부상에는 다수의 요인이 작용했다. 중국이 경이로운 경제성장을 한 덕에 수많은 기회가 창출된 것도 하나의 성공요인이었다. 그럼에도 잭마를 보면 뭔가 특별한 점을 발견할 수 있다. 그가 어떤 환경에서도 성공했을 것이라는 확신이 든다. 이 대목에서 알리바바의 성장 궤적이 한눈에 들어오는 중요한 사건 하나가 떠오른다. 성장의 터닝포인트로 주목할 만하며, 잭마의 조직 운영방식이 드러나는 사건이기에 더욱 눈여겨볼 만하다.

잭마의 독창적 기업, 중국 중소 제조업체들을 전 세계 잠재 구매자들과 연결시킨 B2B 웹사이트인 알리바바닷컴Alibaba.com은 2004년 창립 이후 5년 만에 불길한 기운에 휩싸였다. 중국 진출이 임박했던 이베이가 알리바바에겐 큰 위협요인이었다. 이베이는 알리바바 사용자들을 대거 흡수하여 결국 수익을 앗아갈 터였다.

이베이와 경쟁하기로 결심한 잭마는 이렇게 선포했다. "이베이는 바다의 상어일지 모릅니다. 하지만 저는 양쯔강의 악어입니다. 바다에서 싸운다면 이베이가 이기겠지만, 강에서 싸운다면 우리가 이깁니다." 미국계 경쟁업체 이베이와 전투를 치루기 위해 잭마와 그의 팀은 타오바오^{Taobao}('보물찾기'라는 뜻)라는 개인 간 거래사이트^{C2C}를 개설했다. 타오바오는 이베이를 본떠서 만든 사이트였지만 큰 차이가 있었다. 모든 거래에 대해 수수료를 물리는 이베이와 달리 타오바오는 구매자와 판매자 모두에게 수수료를 물리지 않았다.

타오바오의 시장 진출은 비교적 수월했다. 그런데 중국에 온라인 결제 시스템이 전적으로 부족한 현실이 타오바오의 앞길에 큰 걸림돌이었다. 중국의 여느 C2C 기업이라도 겪었던 문제다. 당시 중국 인구의 겨우 1%만이 신용카드를 사용했던 점을 고려하면, 전자상거래 소비자가 존재하지 않았던 셈이다.

당시 잭마는 비즈니스 인생에서 딱 한 번 얻을까 말까 한 최고의 영감에 휩싸였다. '중국에 결제 시스템이 없다면, 왜 그것을 만들지 않지?' 잭마는 즉시 직원들에게 지시를 내렸다. 그의 지시에 따라 타오바오는 중국 내 모든 은행 지점에 계정을 등록했다.[3] 개설한 은행에 충분한 자금을 이체해두면 거래 시 물품대금이 결제되는 시스템이었다. 당시 무대 뒤에서 수고한 사람들이 있었는데, 프로그래머들이 필수적인 거래를 기록, 추적하는 시스템을 구축했다. 타오바오 계좌에 자금을 이체해둔 구매자가 물품을 구매하면, 타오바오가 판매자에게 구매정보를 알려주고, 판매자가 구매자에게 물품을 보낸다. 이때 구매자가 물품을 확실히 배송 받은 경우에만 판매자에게 물품대금이 결제된다.

잭마가 타오바오의 출범을 발표하고 불과 몇 주도 안 돼서 중국은 처음으로 안정적인 온라인 결제 시스템을 보유하게 됐다. 그러고 거의 즉시 중국 문화에 변화가 일어나기 시작했다. 타오바오는 프로세스의 핵심에 에스크로 방식(특정물을 제3자에게 기탁하고 일정한 조건이 충족되는 경우에만 상대에게 교부할 것을 약속하는 조건부 날인증서)을 적용하였고, 그렇게 고객의 지불의뢰를 이행할 수 있게 됐다. 이로써 타오바오는 전자상거래라는 개념 자체에 대한 신뢰를 형성했다. 전국적인 광고 캠페인에 힘입어 타오바오의 시작은 순풍에 돛 단 듯 순조로웠다. 중국인들의 필요와 취향에 미국산 웹사이트를 적용하지 않겠다는 이베이의 결정도 한몫을 했다.

2006년 말 타오바오의 중국 C2C 시장 점유율은 8%에서 거의 70%까지 상승했다. 그 영향으로 이베이는 중국 시장에서 철수했다. 자국의 영역을 지킨 양쯔강의 악어는 미국의 상어를 고향으로 완전히 돌려보냈다. 잭마는 중국의 모든 사람들이 인터넷에 접속할 수 있는 제국을 건설하고 있었다.

오늘날 알리페이Alipay로 알려진 잭마의 결제 시스템은 2017년 말 기준 중국 온라인 거래의 절반 이상(54%)을 점유하고 있다.[4] 2위인 위챗페이는 38%를 차지하고 있는데 최근 4~5년 사이 알리페이의 증가세가 주춤한 반면 위챗페이WeChat Pay가 무섭게 치고 올라오고 있는 것이 특징이다. 알리페이의 2017년도 모바일 결제 거래액은 65조 위안, 약 9조 4,000억 달러에 달한다. 이는 중국 은행거래 카드를 독점하고 있는 유니온페이^{UnionPay} 보다 무려 20배가 넘는 규모다. 잭마의 독창적 기업 알리바바닷컴은 현재 세계 최대 B2B 전자상거래 플랫폼으로 자리를 잡아 세계 240개국 수백 만 중소업체들 간의 거래를 활성화시키고 있다.

그럼에도 타오바오와 티몰^{Tmall}이 벌어들이는 광고수익과 수수료 매출을 생각하면, 그 규모는 그리 대단해보이지 않는다. 잭마가 2008년 설립한 소비자 지향적 웹사이트이자 중국 최대 온라인 쇼핑몰 티몰에는 다양한 소매업체와 브랜드들이 입점해 소비자들에게 온갖 다양한 상품을 제공하고 있다.

중국을 넘어 세계적 기업으로

잭마의 성공비결은 무엇일까? 어찌 되었건 잭마는 사업적 배경이 전혀 없는 가정에서 자랐을 뿐만 아니라 서른다섯 살에 아내에게 보여준 것이라곤 실패한 웹사이트 하나밖에 없었다. 잭마는 1964년 중국 동부 항저우^{Hanzhou}에서 태어났다. 부모님은 둘 다 '핑탄^{Pingtan}(항저우 지방의 경극. 노래와 이야기를 섞어 역사고사를 전해주는 공연) 배우였다. 어린 시절 겪었던 고난이라고 한다면 세 차례 낙방 끝에 대학에 들어간 일이었다. 항저우 사범대학에 들어가고 1988년 영어교육학과를 졸업했다. 대학을 졸업한 후에는 1990년대 중반까지 몇 년간 영어교사

생활을 하는 등 여러 일을 벌였다가 통역사로 일자리를 구했다. 그러다 1995년 시애틀에 무역대표로 출장을 갔다가 처음으로 인터넷을 접하게 됐다. 당시 접했던 웹사이트는 생긴지 3년 밖에 안 된 것이었다. 아직 구글도 없던 때였다. 웹 검색엔진이라고는 문서 제목과 색인 표제어만 보여주는 수준이었다. 잭마는 웹에서 중국을 검색했다가 거의 아무 것도 건지지 못했다. 거기서 기회를 감지한 그는 곧바로 2,000달러를 빌려 중국 최초의 비즈니스 정보 웹사이트인 차이나페이지China Pages를 개설하기에 이르렀다. 차이나페이지에는 해외 구매자를 찾던 중국 기업들의 색인 목록이 포함되어 있었다. 중국의 인터넷 사용자층이 총 100만 명도 되지 않았던 시절이라 차이나페이지가 별다른 관심을 받지 못한 것은 그리 놀랄 일이 아니었다. 차이나페이지는 2년도 안 돼서 폐쇄되었다.

그럼에도 잭마는 인터넷으로 대단한 일을 벌일 수 있다고 확신했다. 1999년 초 그는 항저우 소재 자신의 아파트에 부인, 친구, 동료 등 18명을 불러 모아 전자상거래 사업에 대한 아이디어를 펼쳐보였다. 인터넷을 이용하여 중국 제조업체들, 무엇보다도 소규모 업체들과 전 세계 잠재 구매자들을 연결시키는 그림이었다. 잭마는 지금과 다름없이 전설적인 사업수완을 발휘했다. 지인들을 설득하여 벤처자금 6만 달러를 투자받기까지 단 두 시간 밖에 걸리지 않았다. 알리바바의 탄생을 알리는 순간이었다.

잭마는 지체하지 않고 자신의 비전을 어떻게 실현할지 지인들에게 설명했다. 그로부터 몇 달 후 스무 명도 안 되는 직원을 거느린 잭마는 홍콩 〈사우스차이나 모닝포스트South China Morning Post〉에 이렇게 말했다. "우리는 중국에서 최고가 되려고 하지 않습니다. 우리는 세계에서 최고가 되려고 합니다."[5] 그로부터 1년도 안 돼서 그는 사업에 결정적인 자원들을 획득해나갔다. 먼저 투자 쪽 경험이 풍부한 대만계 변호사 조 차이Joe Tsai를 이사회에 영입했다. 이어서 조 차이와의 인맥을 활용하여 골드만삭스로부터 500만 달러(회사 지분 23%), 일본의 소프트뱅크Softbank로부터 2,000만 달러(회사 지분 31%)의 투자금을 유치했다.[6] 자금을 충분히 확보한 잭마는 닷컴버블 붕괴의 시련기를 헤쳐 나갈 수 있었다. 또한 2001년 중국이 WTO에 가입한 이래 중국산 상품이 전 세계 구매자들에게 인기를 끌기 시작했다. 더불어 잭마의 사업은 흑자로 돌아섰다.

잭마는 타오바오를 개설하고 알리페이를 도입한지 4년 만인 2007년 말 알리바바닷컴을 홍콩 증권거래소에 상장하여 15억 달러의 자금을 확보하고 단숨에 시가총액 260억 달러를 달성했다. 하지만 당시 세계 금융위기의 여파로 전 세계적인 경기침체가 지속되고 교역량이 줄어들면서 알리바바에 쇠락의 운이 닥쳤다.

그럼에도 알리바바의 원조 B2B가 소비자지향 전자상거래 시장의 구동력으로 자리를 잡았다는 사실에는 변함이 없었다. 알리바바는 이베이를 철수시키자마자 타오바오와 티몰을 비롯한 여러 소규모 전자상거래 업체에 자원을 쏟아 부었다. 그러다가 2009년 그룹 전반의 수익성이 향상되었으며, 순이익이 급증했다. 미국 시장조사기관 포레스터Forrester는 오는 2022년 중국의 전자상거래 규모가 1조 8,000억 달러, 한화로 약 2,016조 9,000억 원에 달할 것으로 전망하고 있다. 이는 같은 해 미국의 전망치인 7,130억 달러의 2.5배에 달한다. 2018년 중국 전자상거래 규모는 약 1조 달러에 달하는 것으로 추정된다. 이러한 추세에 편승하여 향후 알리바바의 매출과 수익 상승이 가속화될 것으로 보인다.

금융업까지 넘보는 알리바바

중국 전자상거래 시장의 지배권을 획득한 잭마는 그때부터 글로벌 시장 공략에 주력했다. 2014년 회사를 뉴욕증시에 상장시키기에 앞서 알리바바는 중국뿐 아니라 해외의 기업들을 사들이는 등 공격적인 인수합병을 주도했다. 인수합병의 목적은 물류협력체계 구축에 투자할 때처럼 대개 기존 사업의 확대에 뿌리를 두고 있었다. 알리바바 웹사이트를 거쳐 들어오는 주문 건은 중국 내 택배 물량의 70% 가량을 차지했다.[7] 그럼에도 잭마가 금융업까지 진출한 과정은 알리바바가 무한한 잠재력을 드러냈다는 점에서 주목할 만하다.

중국 국영은행들이 중소 규모 민영기업들을 지원하지 못하는 모습에 실망한 잭마는 2008년 이렇게 선언했다. "은행이 변하지 않는다면, 우리가 은행을 변화시키겠습니다." 다음 해, 잭마는 알리페이의 성공을 기반으로 알리바바닷컴 사용자들에게 소액 대출을 해주는 금융 관련 사업부를 설치했다. 대출자의 신용은 두 가지 핵심 매트릭스로 평가되었다. 하나는 알리바바를 거쳐 진행하는 사업의 총 가치, 다른 하나는 구매고객들의 평가였다. 2014년 초까지 알리바바가 제공한 대출의 평균 액수는 1만 달러도 안됐지만, 총 대출 액수는 20억 달러에 달했다.[8] 계약 불이행 비율은 20%에 못 미쳤다.

이처럼 전자상거래 웹사이트는 물론이고 B2B를 이용한 실험 이후로 소비자 지향적 활동이 이어졌다. 타오바오가 급속히 발전하여 알리바바닷컴의 몇 배 규모로 성장했던 것처럼 알리바바의 소비자 금융 사업부는 알리바바닷컴의 소규모 대출 규모를 추월했다. 그것이 더 빠르고 더 극적이었다는 점을 예외로 하더라도 말이다.

알리바바는 2013년 중반 위어바오^{Yu'e Bao}(잔액보물)라는 투자상품을 출시하면서 소비자 금융업에 진출하게 된다. 알리페이 계좌만 있으면 위어바오 계좌를 개설할 수 있다. 그리고 계좌를 한 번 개설해두면, 언제라도 자유롭게 돈을 예치하고 인출할 수 있다. 소비자들이 위어바오에 매력을 느낀 이유는 악명 높은 중국 은행들보다 확연히 높은 금리를 보장했기 때문이다.[9]

위어바오가 출시된 지 1년이 되자 계좌 개설 수가 1억 건에 달했고 930억 달러에 상당하는 금액이 예치됐다. 로이터 통신에 따르면, 위어바오가 출시된 직후 두 거대 인터넷 기업인 바이두와 텐센트가 잇달아 유사상품을 출시했다.[10] 결과적으로 중국 대형 은행들의 계좌에 예치된 개인예금 총액이 1조 위안, 즉 1,600억 달러 훨씬 아래로 떨어졌다.

잭마가 막강한 국영은행들을 밀어내고 전자상거래를 지배하듯 금융업을 지배한다는 것이 상상할 수도 없는 일일지 모른다. 그럼에도 분명한 사실이 하나 있다. 중국의 금융 시스템을 지금보다 훨씬 더 시장 지향적으로 변화시키는데 잭마가 중요한 역할을 수행한다는 것이다. 개인 금융 서비스가 정부의 강도 높은 통제를 받을 수 있다. 그렇지만 현실적으로 그 부분은 정부의 규제 강도의 측면에서 애매한 영역이다. 금융 당국은 알리바바가 위어바오를 운영하도록 내버려두었다. 이는 은행 간 경쟁 효과로 양쪽에게 다 나쁠 게 없다는 점을 시사한다. 중국 정부의 오래된 목표, 즉 금리자유화로 나아가는 길에 도움이 되니까 말이다.

실제로 2013년 4월 위어바오가 출범한 후 중국 시중 은행들은 고객을 위어바오와 같은 핀테크 상품에 대거 뺏기는 신세가 됐고, 이를 만회하기 위해 금리를 조정하는 등 자구책에 나섰다. 그 결과 지지부진하던 금리자유화의 개혁도 빨라지고 있다. 금리에 대한 명목적 행정규제는 수차례의 점진적인 상·하한폭 확대를 거친 이후 2015년 10월 중앙은행이 예금금리의 상한선을 폐지함으로써 모두 철폐됐다. 이로써 중국은 금리자유화를 위한 막바지 단계에 진입하였으며, 완전자유화는 금리자유화에 따른 예대 마진 감소로 발생할 은행의 구조조정에 대비한 금융기관 퇴출제도를 확립한 이후 달성 가능할 것으로 보인다.

중국 시장은 여전히 중앙은행의 예금 및 대출 기준금리를 기본으로 하고 있어 향후 중국은 SHIBOR(상하이 은행 간 단기금리), 국채수익률, 기준금리 등 다양한 시장금리를 기초로 상품 가격을 결정할 수 있는 환경을 조성, 금리 완전자유화에 박차를 가할 것으로 예상된다. 아울러 중앙은행은 시장을 반영하는 금리 결정 및 조정 시스템을 구축하고 통화당국의 정책금리 변화가 예·대출금리 및 채권수익률에 효과적으로 영향을 미치도록 통화책을 보급, 적용하는 시스템도 구축함으로써 궁극적인 금리자유화를 이루고자 할 것이다.

알리바바의 자회사인 앤트파이낸셜은 현재 세계 최대 규모의 핀테크 기업으로 성장하며 중국 금융 생태계를 뒤흔들고 있다. 전자결제부터 기업 대출, 머니마켓펀드^{MMF}, 신용등급평가, 보험 등의 영역으로 사업을 확장하면서 설립된 지 14년 만에 중국 금융계를 장악했다. 2017년 앤트파이낸셜의 결제 규모는 무려 8조 8,000억 달러로 세계 최대 신용카드사 마스터카드의 5조 2,000억 달러를 훌쩍 뛰어넘었다. 이는 독일의 국내총생산의 2배가 넘는 규모다. 앤트파이낸셜의 거래자 수는 6억 2,000만 명으로 미국 최대 상거래업체 이베이의 결제시스템인 페이팔 이용자 2억 4,400만 명을 넘어섰다. MMF 규모는 2,190억 달러로 세계 최대 투자은행 JP모건의 1,340억 달러보다 850억 달러나 많다.

중국 창업정신의 기원

잭마의 천재적인 사업수완이 어떤 영역에서 어떤 식으로 발휘되었는지 정확히 확인하기란 어렵다. 그러나 그가 꼼꼼한 계획수립에 모든 걸 걸지 않는다는 점은 분명한 사실이다. 1990년대 말로 거슬러 올라가 잭마가 한 말을 곱씹어보자. "계획하면 지겠지만, 계획하지 않으면 이깁니다."[11] 그가 미친 듯이 대담한 행보를 한 것은 좋은 기회를 적기에 포착하는 능력 덕분이기도 했다. 예를 들어 타오바오는 막연한 공상에서 시작된 것이 아니다. 이베이의 중국 상륙에 대응하는 차원에서 도입되었으며, 그러한 취지를 확실히 하려고 서둘러 알리페이를 연동시켰다.

그렇다고 알리바바의 전략이 기회주의에 의존하는 방식은 아니었다. 그보다는 비전을 바탕으로 기회를 노리는 식의 전략이었다. 잭마는 애초에 소비자들과 사업체들을 연결하는 인터넷의 잠재성을 감지했다. 이후 인터넷의 영향권에 알리바바 내부의 역량을 결합하여 새로운 비즈니스 영역에 진출했다.

알리바바의 최고전략관리자CSO 정밍曾鳴, Zeng Ming은 이렇게 표현했다.[12] "알리바바는 핵심 역량을 보유하는 식의 전통적인 사업전략을 따르지 않습니다. 그보다는 기회와 역량을 적절히 조합할 방법을 끊임없이 모색하고 있습니다. 절호의 기회와 지렛대 지점Leverage point(효과를 극대화하는 지점)를 통합할 수 있는 지점을 찾고 있습니다. 우리는 아무렇게나 뛰어오르지 않습니다. 우리는 매우 절제된 방식을 취합니다."

정확히 얼마나 절제되어야 하는지는 물론 논란의 여지가 있다. 최고의 기업이라 해도 경우에 따라 직감과 운에 의존한다. 특히 중국처럼 경제가 하루가 다르게 변하는 상황에 대처하려면 직감과 운을 무시할 수 없다. 게다가 중국의 많은 기업들이 서로 매우 유사한 '도약' 전략을 사용하여 새로운 성장의 원천을 찾고 기존의 무대를 넘어 신규 시장에 진출한다. 무엇보다도 그들은 변화하는 비즈니스 환경에 신속히 대처한 다음, 새로운 시장에 진입하기 위한 역량을 개발한다.

이 부분은 다음 순서에서 자세히 살펴보기로 하고, 여기서는 잭마와 그 동료들이 공유하는 세 번째 요소를 들여다보려고 한다. 그것은 눈에 보이지는 않지만 그럼에도 중국 기업가들에게 동기를 부여하고 기업들이 기회를 탐색, 포착하도록 이끄는 참된 동력이다. 나는 그것을 '중국의 창업정신China's Entrepreneurial spirit'이라고 부른다.

공산당과 경제개혁

현재 중국 전역에 확산되는 창업정신은 수많은 곳에서 기원을 찾을 수 있다. 그 기원을 들여다보기 위해 수세기를 거슬러 올라가야 하는 경우도 있다. 여기에는 교역을 비롯해 위대한 발명과 관련된 오래된 역사, 특히 나침반, 제지술, 화약, 인쇄술이라는 4대 발명, 오랫동안 과학과 기술에 영향을 미쳤다고 생각하는 중국인들의 무시할 수 없는 자부심도 포함된다.

그럼에도 중국 전역에 기업가적 활력을 확산시키는 에너지의 근원을 하나만 꼽자면, 굳이 먼 옛날로 거슬러 올라가지 않아도 된다. 마오쩌둥이 중국을 통치하던 시절, 혁신과 지적 성장을 봉쇄했던 40년을 들여다보기만 해도 된다.

중국은 한 세기가 넘는 기간 동안 서양 제국주의 열강과 일본의 침략, 국공내전Civil War, 기아로 고통을 겪었다. 이후 중국 공산당은 1949년 중화인민공화국을 수립하면서 국가에 새로운 질서를 구축했다. 그러나 새로운 질서가 구축되기까지 많은 희생이 따랐다. 마오가 질서를 바라보는 관점은 공산당을 거치는 일을 제외하고는 하나의 체계에 근거했다. 다른 것을 희생시키며 눈에 띄게 탁월한 모습을 보이는 것을 어느 누구에게도 허용하지 않았던 것이다. 자유로운 방식의 창업은 단지 착취적인 일에 그치는 게 아니라 세상 돌아가는 이치에 맞지 않았다.

이 개념을 강화하기 위해 마오는 1960년대 말에서 1970년대 초에 문화혁명을 벌이는 등 파괴적인 정치활동을 이어나갔다. 그 결과, 기아와 학살로 수천만 명이 숨졌고, 개개인의 열망이 차단당했으며, 경기침체가 발생했다.

1976년 마오가 사망한 후 그의 후계자들은 억압적인 정책이 계속될 수 없다고 인식했다. 속으로는 그것이 계속 이어지길 바랐다 해도 말이다. 그러다 1978년 12월 닷새에 걸쳐 열린 중국공산당중앙위원회Communist Party's Central Committee 회의를 계기로 이전 시대에 억눌렸던 에너지가 분출되었다. 베이징 서부지역 소재 한 호텔에 소집된 위원회가 실험적인 경제개혁을 채택하기로 합의하면서 시장경제체제 도입을 논의하게 된 것이다. 이 개혁을 주도한 인물이 바로 중국인민정치협상회의Central Advisory Committee 주석 덩샤오핑이었다.

1960년대부터 주요 요직을 차지했던 덩샤오핑은 늘 경제개혁을 주창했다. 개혁, 개방을 감독하는 역할도 했다. 그는 문화혁명 기간 동안 표적이 되어 실각했다가 마오쩌둥이 죽고 나서 복직되었고 이후 권력을 장악했다. 그때부터 실용주의 노선에 입각해 개혁조치들을 과감히 추진했으며, 중국 정계의 최고 실권자가 되기에 이르렀다.

새로운 정권은 첫 개혁조치들을 먼저 시골 지역에서 실시했다. 농민들은 개혁 이전에만 해도 여러 계약의무를 이행하며 생산물의 일부를 국가에 바쳐야 했지만, '농가책임제Household Responsibility System'가 시행되어 농민들이 재배한 것이라면 무엇이든지 시장에서 확인할 수 있는 가격으로 마음껏 판매할 수 있게 됐다. 억압의 시대 이후 1980년대를 거치며 농업생산량은 연간 10%씩 증가하는 등 크게 상승했다. 시민들의 식탁에는 음식이 넉넉하게 올라갔다. 수십 년 만에 처음 있는 일이었다.

개혁은 10년에 걸쳐 추진됐다. 먼저 소수의 '특별경제구역'에서 시작되어 연안 지역을 중심으로 외국 기업들, 대개는 소규모 홍콩계 수출 가공업체들이 공장과 가공처리시설을 설치했다. 늘어난 상품은 국가가 아닌 시장에서 정해진 가격으로 팔렸다. 그러다 1988년 4월 중국 의회는 전국인민대표회의National People's Congress에서 헌법 개정안을 통과시킴으로써 사영경제가 법률 규정 범위 내에서 존재하고 발전하는 것을 허용했다.

공식적인 법률로 인정받기 전부터 활동을 시작했던 민영기업이 당시에 셀 수 없이 많았다. 푸젠성Fujian에서는 농부 쉬롄제가 같은 고향 출신 동업자 스원보施文博, Sze Man Bok와 함께 여성의 삶을 개선할 수 있는 기회를 발견하여 개인 위생용품 제조사업을 시작했고, 이후 회사 이름을 헝안Hengan이라고 지었다. 중부 지역에서는 통신장교 출신 런정페이가 군대를 퇴역한 후 선전에서 화웨이라는 회사를 설립했다. 화웨이는 처음에 홍콩에서 중고 사무통신 장비를 들여와 중국 본토에 보급하는 일을 했다. 베이징에서는 중국과학원Chinese Academy of Sciences 출신 기술자들이 공룡기업 레노버Lenovo의 조상격인 레전드Legend를 설립해 텔레비전을 수입했다. 또한 저장성의 타이저우Taizhou에서는 23세의 리슈푸가 냉장고 부품공장을 설립하여 생애 첫 사업에 뛰어들었다. 그는 이후 10년 동안 오토바이 및 자동차 제조회사 지리를 설립하기 위한 길을 닦았다.

그럼에도 1980년대 후반 중국의 개혁 초창기에는 어려움이 많았다. 초기 10년의 급성장은 급격한 인플레이션을 불러왔다. 관료들의 부패에 대한 불안도 커져, 결국 학생들이 거리로 뛰쳐나오는 등 중국 민중화 운동의 서막이 열렸다. 1989년 6월 톈안먼 광장Tiananmen Square과 전국 각지에서 벌어진 항거에 무력 진압이 일어난 이후 중국 지도자들은 대부분 개혁을 되돌리고 중앙 통제경제로 돌아가자고 주장했다.

당시 유일한 반대파가 덩샤오핑이었다. 덩샤오핑은 누구 못지않게 중국 공산당의 정권유지를 꾀했지만, 한편으로 개혁을 심화·확대해야만 중국의 경제발전이 지속된다고 확신했다. 이에 1992년 1월에서 2월, 덩샤오핑은 88세의 노구를 이끌고 그 유명한 6주간의 '남방 순회'를 하게 된다. 먼저 홍콩과 경계구역이자 이미 수출가공지로 자리를 잡은 선전 지역을 거쳐 상하이를 시찰했다. 그는 자신의 자유화와 문호개방 정책을 유지해달라고 지역 관료들에게 요청했다.

덩샤오핑의 시찰은 지금의 중국이 있기까지 변화의 기폭제가 되었다. 이로써 기업가적 에너지가 확산되는, 제2의 바람이 불기 시작했다. 이로써 1980년대에 설립된 기업들이 활력을 얻었으며, 창업가들에게 제2의 부흥기가 열렸다. 당시 세대 비즈니스 리더들은 1992년에 창업을 했다 하여 '92파Gang of 92'라고 불리고 있으며, 대부분 크게 성공했다.

이 시대를 이끌어간 기업가들은 대부분 정부 또는 학계에서 안정된 일자리를 떠나 '시아 하이xia hai(바다로 나가다)' 또는 비즈니스의 '바다에 뛰어들었다.'(공식 기관은 보수적이고 압박이 심한 곳이었다. 특히 이런 점에서 베이징이 가장 심했다) 그들은 안정된 삶에서 벗어났지만 관료로서의 삶을 포기하고 위험이 동반되는 창업활동에서 자유와 보상을 획득하는 그림을 그렸다. '92파' 일원 중 대표적 인물로 천동쉥Chen Dongsheng을 꼽을 수 있다. 중국 최대 민영 생명보험회사 타이캉생명보험Taikang Life Insurance의 회장인 천동쉥은 중국정부 국무원 산하 발전연구센터Development Research Center of the State Council를 떠나 생애 첫 회사인 중국 가디언옥션China Guardian Auction Company을 설립한 바 있다.

중국 밖에서는 공산당 선전부 관료 출신인 황누보黃怒波가 이런 흐름과 관련하여 가장 논란의 여지가 있는 인물일지 모른다. 부동산회사 베이징종콴Beijing Zhongkuan의 성공으로 부동산 재벌이 된 황누보는 아이슬란드에서 800만 달러를 들여 300평방킬로미터의 땅 덩어리를 구매하려 했다가 북대서양에 중국의 전략적 거점을 만들려고 했다는 비난을 받았다.

'92파'와 관련하여 주로 들려주는 비화가 있는데, 그 이야기의 주인공이 바로 펑룬Feng Lun이다. 펑룬은 시안Xian 소재 서북폴리테크닉대학Northwestern Polytechnical University을 졸업한 이후 베이징 소재 공산당 중앙당교Communist Party's Central Party(중국 공산당 고위 간부를 양성하는 최고 권위의 교육기관) 산하 마르크스-레닌주의 사상연구소에서 강사로 일했다. 하지만 1989년 6월 톈안먼 항거가 일어나고 연구소 인사들이 시위에 나선 학생들에게 동조하면서 펑룬의 연구소는 폐쇄되고 말았다. 이에 펑룬은 중국 최남단의 섬이자 죄 지은 관료들의 유배지로 유명한 하이난Hainan으로 거처를 옮겼다.

베이징의 엄숙한 정치적 기류로부터 2,400킬로미터 떨어진 아열대 기후 지역, 하이난 섬에서 펑룬은 엄청난 부동산 개발 붐을 느꼈다. 중국 전역에서 투기성 자본이 밀려오면서 하이난의 GDP 상승률은 1992년 42%까지 껑충 뛰어올랐다. 펑룬은 관직을 버리고 부동산 사업에 뛰어들었다. 그게 아니라면, 그가 최근 한 말이 맞을 것이다. "시스템 밖으로 나가기로 했습니다."[13]

그 다음 해 말 즈음에 이르자 관료들이 지나치게 과열된 경제에 고삐를 바짝 죄기 시작했다. 부동산 거품이 꺼지고 섬 전체에 경기침체의 기운이 팽배해졌고 여파는 2000년대까지 지속될 터였다. 그 와중에 펑룬은 긴축 움직임을 감지했으며, 경기침체가 닥치기 전 회사를 재빨리 베이징으로 이전시켰다. 베이징으로 이전한 펑룬의 회사 반톤홀딩스Vantone Holdings는 이후 중국 최대 부동산 개발업체로 자리를 굳혔다. 반톤홀딩스는 해외 투자에서도 손가락 안에 드는 기업으로 성장했다. 그들은 현재 뉴욕에 다시 건립된 세계무역센터에서 여섯 개 층을 임대하여 미국 투자를 모색하는 중국 기업들에게 비즈니스 센터를 제공하는 등 해외 부동산 투자에 활발히 나서고 있다.

중국, 문호를 개방하다

이와 같이 두 흐름에 있었던 1980년대 중국 개혁개방의 선구자들과 92파는 1990년대를 거치며 최근 역사에서 전례 없이 외부 세계에 비즈니스 환경을 개방, 확대하는 쪽으로 활동을 이어갔다. 정부는 다국적 기업들을 불러들여 합작투자 가능성을 모색했으며, 그들이 중국 시장에 진출하는 대신 지방 사업체들과 기술을 공유하도록 장려했다. 그러자 상당한 수의 중국 기업들이 해외로 진출하여 연구 및 사업을 하거나 널리 세상을 경험했다. 지금에 비하면 그 수가 미미한 수준이지만, 이러한 해외 활동이 중대한 반향을 불러일으켰을 것이다. 잭마가 1995년 시애틀에 머물며 인터넷을 접한 일에 비할 만큼은 아니지만 말이다.

10년의 대부분이 실험과 학습으로 채워졌다. 칭다오에서는 하이얼이 브랜드 아이덴티티 개발을 계속하면서 활동의 규모를 확대했다. 선전에서는 화웨이가 해안에서 멀리 떨어진 지방의 사업체들에게 전화교환기를 판매할 방법을 모색했다. 또한 타이저우에서는 리슈푸가 오토바이를 제조하며 얻은 지식을 자동차 생산에 적용할 수 있을지 고민하기 시작했다.

경제가 호황을 누리는 와중에도 중국이 선진국들과의 격차를 줄이고자 한다면 개혁을 더욱 확대해야 한다는 인식이 점차 커졌다. 덩샤오핑의 개혁개방 정책을 이어받은 2인자 주룽지Zhu Rongji는 누구보다도 개혁을 강력히 추진했다. 주룽지는 1998년부터 2003년까지 중국의 총리를 지냈다.

주룽지의 메시지는 단호했다. 중국이 성장하려면, 중국 기업들이 일류 기업들과 경쟁할 수 있어야 했다. 그러려면 경쟁에 대처하지 못하는 기업들의 결말이 어떻든 경쟁을 가로막는 장벽을 무너뜨리는 게 유일한 방법이었다. 1990년대 말을 지나며 주룽지는 셀 수 없이 많은 부실 국영기업의 폐업과 합병을 추진했다. 기업들의 구조조정으로 인해 수천 만 명이 일자리를 잃었지만 말이다. 2000년대에 들어서 주룽지는 중국의 WTO 가입을 추진했다. 이후 잇따른 시장개방 조치로 외자 유입이 2배 이상 늘었으며 수출이 가파르게 상승하기 시작했다. 2009년 세계 최대 수출국, 2013년 세계 최대 교역국이 되는 기반이 형성된 것이다. 이처럼 중국은 10년이라는 시간 내에 이탈리아 수준의 상당한 경제규모를 달성했다가 미국 다음으로 세계 제2위의 경제대국이 되었다. 이 시기에 중국의 소비시장은 잠재적 수준에서 실질적 수준으로 발전했다. 예컨대 2000년 자동차 판매량은 120만 대에 달했는데, 2017년 2,900만 대를 판매하여 24배 늘어났다. 그 과정에서 미국을 제치고 세계 최대 자동차 시장으로 등극했다. 또한 이동 전화기 사용자는 2018년 기준 5년 사이 1억 8,000만 명에서 13억 명으로 7배 이상 늘어났다.

같은 기간 인터넷 사용자는 4억 5,000만 명에서 8억 명 이상으로 1.8배 증가했다. 지난 5년 간의 변화가 과거 15년보다 훨씬 가파르다.

어느 분야를 보더라도 놀라운 수치가 나온다. 가장 크고 광범위한 시장 개발이라고 한다면, 무에서 시작하여 주택보유자들의 나라를 만들었다는 것이다. 1990년대 말 무렵 중국은 여전히 단위체제^{Work unit}(개인이 일하는 기업이나 조직)를 중심으로 주택을 제공받았다. 또한 도시 거주민이 주택을 보유한 경우가 거의 없었다. 그러다 2014년부터 거의 모든 사람이 대폭 할인된 가격으로 주택을 구매하도록 하는 사유화 정책이 추진된 덕분에 도시 가구의 85% 가량이 주택을 보유하게 되었다.

도시 주택 시장의 형성은 거대 부동산업체들이 잇따라 출현하는 시발점이 되었다. 그에 따라 수많은 부동산 재벌이 탄생했다. 중국 최대 부동산그룹 달리안완다Dalian Wanda의 왕젠린王健林 Wang Jianlin, 거대 부동산기업인 광저우 에버그란데부동산Evergrande Real Estate의 쉬자인Hui Ka Yan, 중국 최대 사무용 부동산 개발회사 소호차이나SOHO China를 운영하는 판시이Pan Shiyi와 장신Zhang Xin 부부 등이 대표적이다. 주택 시장은 또한 가구, 가전제품, 전자제품, 실내 장식제품 등 주거제품 시장의 중대한 견인차 역할을 했다. 이런 배경을 생각해보면 하이얼이 어떻게 세계 최대 가전기업의 자리를 차지했는지 그 이유를 알 수 있다.

2000년대 중국의 부상은 '모든 배'를 띄우는 결과로 이어졌다. 심지어 국유 부문까지 번창했다. 통신, 전력, 항공, 석유화학 등의 업종은 1990년대 말 주룽지의 과감한 구조조정 덕분에 악화된 경영에서 해방됐다. 그들의 영업이익과 자산소득, 수익성은 급격히 증가했다.

하지만 그러한 소득에도 불구하고 중국의 미래는 결국 민영기업들에게 달려있다는 점이 분명해지고 있었다. 국가에 경제성장의 흐름이 일어나고 있었으며, 더불어 기업가들 사이에 제3의 물결이 밀려오고 있었다. 기업가들은 저마다 사업을 성장시켰다. 특히 포니마가 1998년 설립한 텐센트, 로빈리가 2000년 설립한 바이두, 그들과 나란히 선 알리바바 등 인터넷 기업들의 성장세가 가장 돋보였다. 종합해서 볼 때, 중국의 총 자본투자에서 민간부문이 차지한 비율은 1990대 말 25%도 되지 않았지만, 2017년 말 거의 60%까지 상승했다. 국영기업의 수익성은 높아지긴 했지만 민영기업에 비할 수준이 아니었다. 앞으로 더 살펴보겠지만, 바야흐로 '새로운 시대'가 열리고 있었다.

내가 중국 기업가들을 심도 있게 연구하기 시작한 것도 제3의 기업가적 물결이 일어난 시기였다. 2005년 '중국의 5가지 놀라움China's Five Surprises'이라는 '전략+사업'에 관한 논문을 발표했다. 거기서 나는 전도유망한 사업 구축가들의 사고방식과 추진력을 설명했다.

베이징 종관쿤Zhongguancun 인근, 원저우Wenzhou 허브, 다롄Dalian 공업단지, 수많은 상업 중심지에 설립된 신생 최첨단 기술기업, 거기서 일하는 신출내기 기업가들의 머릿속에서 공통적으로 하나의 물음이 제기된다.[14] "왜 우리는 안 되지?" 성공은 그들의 대명사다. 중국의 젊은 사업가들은 물질주의적 욕망에 이끌리며 선진국을 '따라잡고' 싶은 열망에 사로잡히고, 기회를 증대시킨다는 기분에 흥분을 주체하지 못한다. 그들은 야후, 실리콘그래픽스Silicon Graphics, 구글과 관련된 인터넷 연대기를 접했다. 또한 그들은 미래의 인텔Intels과 애플Apple, 그리고 마이크로소프트의 창조자로서 스스로를 바라본다. 그리고 그들 중 일부는 아마도 그렇게 될 것이다.

같은 해 바이두는 나스닥에 기업공개를 하여 중국 언론의 1면을 장식했다. 그 여세가 얼마나 강했는지 마치 오랫동안 압력이 높아진 스팀파이프에서 구멍이 하나 둘 나는 모양새였다. '삶은 공산주의 아래에서 즐겁다', '용인되는 행동은 공자가 개괄한대로 부모와 상사, 리더의 권위에 의해 결정된다.' 이 두 개념의 균형을 맞추며 성장한 3세대 창업가들은 이후 그들만의 규칙을 만들어내기 시작했다. 잭마, 포니마, 로빈리 같은 인물들은 중국의 시스템에 이의를 제기한적이 없었다. 다만, 그들은 거기서 재빨리 벗어났으며, 성공에 대한 확신을 갖고 이전의 두 세대에서 상상하지 못했을 법한 자신감을 드러냈다.

그들은 그런 자신감을 활력과 기민함, 명민함으로 뒷받침하여 어떠한 제약 상황에서도 한발 앞서 나갔다. 중국 인터넷기업에 대한 외국 기업들의 주식 보유를 금지하는 법을 피해가기 위해 그들은 새로운 형태의 법적 실체를 만들었고, 이를 통해 미국을 비롯한 해외 시장에 진입할 수 있었다. 그 결과 해외 자본을 유입할 수 있게 됐다. 해외 전문기술도 유입했다. 또한 시장흐름을 재빨리 읽어낸 그들은 인스턴트 메시징Instant messaging이나 온라인 결제 시스템 같은 서비스를 도입하여 수억 명의 사용자를 확보했다. 국영 통신업체나 금융기관들이 그런 서비스가 자신들의 상품성을 얼마나 약화시킬지 진지하게 생각하지도 않았던 시절이었다.

한 자녀 세대와 제4의 물결

이제 중국 비즈니스 시장에 제4의 물결을 일으킨 시장파괴자들에 대해 살펴보겠다. 그들은 1980년대 출생한 창업세대로 마오쩌둥 정권을 전혀 경험하지 못한 사람들이다.

중국의 개혁시대에 평생을 보낸 그들은 해마다 경제가 팽창하던 국가의 모습만 알뿐 사회주의 시대를 직접 체험하지 못했다. 게다가 그들은 모두 1979년 한 자녀 정책이 도입된 이후 출생했다. 그래서 그들은 거의 다 형제자매가 없는 외동 출신이다. '소황제^{Little} ^{emperors}(한 자녀 갖기 정책의 결과로 탄생한 외동아이들)'로 불리는 그들 세대는 지나친 관심과 보살핌을 받는 것으로 널리 알려져 있다. 1980년대 후반 세대는 보편적으로 전 세대에 비해 훨씬 수준 높은 교육을 받았다. 그들 중 상당수가 유학을 다녀왔거나 다국적 기업에서 업무 경험을 쌓았다. 그들은 개혁개방 시기에 자란 데다 특히 인터넷에 노출된 환경에서 자랐기 때문에 현실적인 인생관을 가지고 있다.

그들의 부모세대가 시행착오를 거치며 사업을 일구었던 반면, 이 세대의 상당수는 처음부터 비즈니스 아이디어와 사고를 매우 폭넓게 접했다. 어떤 면에서는 그들이 성장하여 부모의 사업을 물려받는 과정에서 이유를 찾을 수 있다. 예를 들어, 켈리 쫑^{Kelly Zong}은 중국 10대 갑부인 아버지 종칭허우^{宗慶後, Zong Qinghou}에게서 중국 최대 음료수 제조업체 항저우와하하그룹^{Hangzhou Wahaha Group}을 물려받기까지 오래 전부터 준비를 해왔다.[15] 1982년에 태어난 켈리 쫑은 캘리포니아에서 고등학교와 대학을 나온 후 2000년대 중반 중국으로 돌아와 와하하에서 일했다. 그녀는 뇌물수수가 성행하는 원인으로 고질적인 정경유착 관계를 공개적으로 비난했으며, 아버지의 하향식 경영방식을 팀중심의 참여식 방법으로 바꾸겠다고 밝혔다. 그녀가 아버지의 방식과는 180도 다른 방식으로 회사를 운영하고 있다는 것은 분명한 사실이다.

오늘날 4세대 창업가들이 설립하는 신생기업들은 대개 알리바바와 텐센트 같은 업체들처럼 인터넷 기반의 도구를 활용하여 전자상거래 사업을 구축한다. 그 소유주들은 분명히 구글과 페이스북 등의 미국 인터넷 기업들뿐만 아니라 'BATs' 같은 중국 토종 거대기업들의 성공을 재현하려 하고 있다.

이 최근 세대는 아직 알리바바나 텐센트처럼 대규모 사업을 창출하진 않았지만, 그들과 경쟁할만한 결과물을 내놓았다. 예컨대 페이스북을 모방하여 소셜 미디어 웹사이트 샤오네이^{Xiaonei}를 설립한 왕싱王興, Wang Xing은 2005년 26세의 나이에 잘 나가던 그의 생애 첫 사업체를 수백 만 달러에 매각했다. 이후 런런^{Renren}으로 이름이 바뀐 회사는 2011년 새로운 소유주들에 의해 뉴욕증권거래소에 상장되어 5억 8,400만 달러의 자금을 조달했다. 간단히 말해 텐센트, 바이두, 알리바바에 이어 시가총액 4위의 인터넷 기업으로 등극한 것이다.

왕싱이 샤오네이의 전신인 런런에 계속 머물렀다면, 수백 만 달러를 더 벌어들였을지 모를 일이다. 그럼에도 그는 당시 회사를 매각한 일을 전혀 후회하지 않는다고 밝혔다.[16] 이후 수익과 사용자 수가 2013년 급격히 떨어졌긴 하나 런런의 운이 내리막길로 접어들었기 때문만은 아니었다. 다른 일에 착수할 준비를 하고 있었기 때문이었다. 왕싱의 다음 히트작은 트위터와 유사한 온라인 메시징 서비스 판포우닷컴^{Fanfou.com}이었다. 이 서비스는 단기간에 최고의 인기를 누렸다. 하지만 딱 거기까지였다. 2009년 5월부터 중국 서부 신장^{Xinjiang} 자치구에서 중국 최대 무슬림 민족인 위구르족이 폭동을 일으키자 중국 정부가 판포우닷컴을 폐쇄해버렸다. 그렇다고 거기서 멈출 왕싱이 아니었다. 그는 다시 그루폰^{Groupon}과 유사한 할인 웹사이트 메이투안닷컴^{Meituan.com}을 개설했다. 메이투안닷컴은 현재 알리바바가 10%의 지분을 보유하고 있으며, 2013년 사이트를 통한 거래액만 25억 달러에 달했다. 그 수치는 2014년 64억 달러로 2배 이상 상승하였다.

비전을 공유하다

네 유형의 창업세대 간에는 차이가 존재하지만, 그렇다고 엄청난 수준은 아니다. 예컨대 1980년대에 창업한 기업가들은 대부분 이후 세대에 비해 정규교육을 제대로 받지 못했으며, 거의 다 경험이 전혀 없는 상황에서 창업에 뛰어들었다. 지금까지도 그들은 순박한 모습을 다소 그대로 유지하고 있는 것 같다. 얼마 전 헝안 국제그룹의 창업주인 쉬롄제를 만났다. 공기가 축축한 늦겨울, 푸젠성에 소재한 본사 회의실에서 쉬롄제는 추위를 막으려 옷을 꼭꼭 싸매고 있었다. 그는 상의를 네 겹이나 껴입고 스웨터의 지퍼를 꼭 잠근 채 앉아 있었다.

화웨이의 설립자 런정페이도 쉬롄제와 비슷했다. 자신의 행동이 대중에게 어떻게 비칠지 관심을 가지지 않은 그는 언론에 모습을 거의 드러내지 않았다. 기업은 실적으로 말하는 것이라고 그는 믿었다. 그런데 소위 이런 신비스러운 행동은 해외 자회사들에 대한 인식에 좋지 않았다. 그래서 2013년 말에 그는 정책을 바꾸기로 했다. 런정페이는 서양 및 중국 기자들과 일일이 인터뷰를 했다.[17] 자신의 솔직한 모습을 드러내려 했던 게 분명하다. 그는 교사인 부모님 밑에서 남 부럽지 않게 성장한 이야기를 들려주었다. 평소 차를 즐기고 독서를 좋아한다는 이야기도 빼놓지 않았다.

1980년대로 거슬러 올라가서, 1세대 창업가들 중에 장차 다가올 미래를 정확히 파악한 사람은 드물었다. 1984년 류촨즈柳傳志, Liu Chuanzhi는 중국과학원 산하 계산기술연구소Chinese Academy of Sciences' Institute of Computing Technology 출신 연구원 동료 10명과 함께 신기술 개발 기업을 설립하여 텔레비전 수입사업을 시작했다. 현재 '레노버'라 불리는 이 회사는 불과 30년 만에 세계 최대 개인용 컴퓨터 제조업체가 되었다.

1세대 창업가들은 개척정신이 발휘했을 뿐 아니라 문화혁명 이후 10년도 채 안 된 시기에 불굴의 용기로 창업을 했다. 자본가 계급이라고 하면 무조건 공격의 대상이 되거나 제거되던 시절이 막을 내린 지 얼마 되지 않았던 시기였다.

타이캉생명보험 회장 천동쉥Chen Dongsheng과 '92파'로 대표되는 2세대 창업가들은 대개 관직을 떠나 창업에 뛰어든 사람들로 스스로 중국 기업가로서의 역할을 매우 진지하게 생각한다. 그들은 기업가라면 기업을 잘 운영하는 일 외에 사회적 책임을 실천해야 한다고 생각한다. 그들의 전임자들 중 상당수, 즉 브로드그룹의 창립자 장유에 같은 사람들, 또 그 이후에 기업을 세운 사람들, 요컨대 대중에게 가장 잘 알려진 잭마 같은 사람들은 중국의 미래 궤적에 대한 중요한 대변자로 스스로를 바라본다.

잭마를 비롯하여 2000년경부터 사업을 시작한 창업가들은 이전의 창업세대에 비해 관습에 의문을 제기하는 경향이 강한 듯 보이지만, 한편으로는 기존의 제도적 프레임워크 안에서 활동을 계속하려는 의지를 드러낸다. 천둥쉥은 "그들의 나라 사랑은 이전 세대와는 다릅니다"라고 말한다.[18] "그런데 1980년대와 1990년대 출생자들은 사실 중국을 보다 긍정적으로 바라볼지 모릅니다. 제가 보기에는, 중국의 대대적인 발전과정을 볼 수 있었던 시절에 자랐기 때문입니다. 또한 1950년대와 1960년대 중국에 대한 기억이 전혀 없기 때문에 공산당에 반대하느니 그들을 인정하는 겁니다."

2000년대와 2010년대에 활동을 시작한 3세대, 4세대 창업가들은 기회주의와 실용주의를 통합시키는 경향을 보인다. 그들은 국영기업들의 입지가 견고한 사업영역을 피하는 한편, 정부의 간섭을 받지 않고 자유로이 사업을 영위할 수 있는 영역을 찾아다닌다. 이후 순서에서 살펴보겠지만, 그럼에도 이 젊은 창업가들은 대개 정부가 경제를 자유화하는 부분에 보조를 맞춘다. 더 나아가 3세대, 4세대 창업가들이 성공을 거두어 나갈수록 정부가 시장개혁을 더욱 확대할 가능성이 높아진다.

정신을 공유하다

중국 창업가 정신의 핵심에는 '자부심, 야망, 공동의 문화유산'이라는 세 가지 요소가 있다. 이중 자부심은 가장 잘 드러나는 요소라고 할 수 있다. 알리바바닷컴 같은 B2B 웹사이트인 디에이치게이트닷컴의 설립자 다이앤 왕은 이런 말을 했다. "국가의 번영을 이룩하는 일에서 중대한 역할을 하는 것, 이것을 중국 창업가들은 사명의 중요한 일부라고 생각합니다."

조국이 과거 오랫동안 누렸던 국가적 위상을 다시 한 번 재현하는 모습을 보는 일, 이것이야말로 중국인들의 중요한 동기요인이다. 중국인들은 조국의 업적은 물론이고 위상이 19세기 대부분과 20세기를 지나는 동안 매우 추락했다는 사실을 절실히 인식하고 있다.

이를 보여주는 사례가 바로 다이앤 왕이라는 기업가다. 그녀는 중국 3대 명문 대학인 칭화대학에서 강사로 경력을 쌓기 시작했다. 이후 마이크로소프트와 시스코에서 직장생활을 한 다음, 중국 최초의 거대 온라인 서점 조요닷컴Joyo.com의 CEO가 되었다. 참고로 조요닷컴은 스마트폰 제조업체 샤오미의 설립자 레이쥔이 설립한 기업들 중 하나다.

2004년 레이쥔이 아마존에 조요닷컴을 7,500만 달러에 매각한 이후 그녀는 회사를 떠났다. 아기를 가졌던 그녀는 이후 디에이치게이트를 설립했다.

애초부터 다이앤 왕은 세계적인 시야를 가진 회사를 만들겠다고 다짐했다. 그래서 중국 북서부에 위치해 있으며 실크로드의 중간 경유지였던 둔황Dunhuang, 이 도시 이름의 첫 두 글자를 따서 회사 이름을 지었다. 이 이름에 회사의 사명이 반영되었다. 그녀는 이렇게 말한다. "중국인들은 실크로드가 동서양 무역의 통로였다는 점, 당시 중국이 막강한 영향력을 가졌다는 사실을 매우 자랑스럽게 여깁니다. 지금은 인터넷 시대이기에 어느 정도 중국이 옛날의 영광을 재현할 수도 있다고 우리는 생각합니다."

이런 자부심은 중국 창업가 정신의 두 번째 가닥인 야망, 최고의

표3	시대별 기업가들의 특징

시대	기업 특성	창업가/기업(설립연도)
1980년대	사업체는 '개체호(Getihu)' 또는 '개체공상호(Individually owned business)'가 주를 이뤘다. 대다수의 기업들이 1980년대에 설립되어 1990년대에 성장을 구가했는데, 거의 다 1990년대에 상장했다. 이 세대 창업가들은 대부분 고등학교 수준 이상의 정규교육을 거의 받지 못했거나 학교 문턱도 밟지 못했다. 또한 그들은 사업경험, 즉 그들이 지금도 강조하곤 하는 배경이 전혀 없는 상태에서 창업에 뛰어들었다.	장루이민/하이얼(1984년*) 왕시(Wang Shi)/완커(1984년) 류촨즈/레노버(레전드홀딩스)(1984년) 웨이 진(Wei Jianjun)/만리장성자동차(1984년) 쉬렌제/헝안 국제그룹(1985년) 리앙 웽엔(Liang Wengen)/싸니(1986년) 리슈푸/지리자동차(1986년) 장유에/브로드그룹(1988년) 런정페이/화웨이(1988년) 왕젠린/달리안완다(1988년) 종칭허우/항저우와하하그룹(1988년)
1990년대	1992년 덩샤오핑이 중국 남부의 선전과 상하이를 시찰하며 경제개혁, 개방을 다시 촉구했다. 당시 창업가들은 관직을 버리거나 학계를 떠나 '비즈니스의 바다'에 뛰어들었다. 그들은 1980년대에 활동을 시작한 전임 세대에 비해 교육수준이 훨씬 높았다. 이 시대를 주도한 창업가들은 대부분 사업의 영역에서 훨씬 더 나아가 국가와 사회에 대한 광범위한 책임의식을 지녔다.	펑룬/반톤홀딩스(1991년) 귀광창(Guo Guangchang)/푸싱(1992년) 왕웨이(Wang Wei)/SF익스프레스(1993년) 천동웽/중국가디언옥션(1993년), 타이캉생명보험(1996년) 황누오/중쿤그룹(1995년) 장진동(Zhang Jindong)/쑤닝그룹(1996년)
2000년대 초중반	2001년 12월 중국의 WTO 가입, 그에 따른 중국 시장 개방은 이 세대에 중요한 전환점이 되었다. 중국 시장을 선도한 인터넷 기업들 대부분이 이 시기에 두각을 나타내기 시작했다. 2000년대에 사업을 시작한 창업가들은 대체로 전임 세대에 비해 국제적 감각을 잘 겸비하고 있었다. 그들은 흔히 선진국 기업들을 보고 영감을 끌어낸다.	포니마/텐센트(1998년) 류창동(Liu Qiangdong)/제이디닷컴(1998년) 찰스 차오(Charles Chao)/시나닷컴(1998년) 잭마/알리바바(1999년) 로빈리/바이두(2000년) 다이앤 왕/디에이치게이트(2004년) 저우훙이(Zhou Hongyi)/치후360(2005년) 왕징보/노아자산운용(2005년) 빅터 쿠(Victor Koo)/유쿠(2006년)
2000년대 후반~ 2010년대	최근의 창업가들은 인터넷의 잠재력, 특히 모바일 인터넷을 이용하여 중국의 경제부활 배후에 있는 신규 고객층을 겨냥하고 있다. 1980년대에 출생했거나 경우에 따라 1990년대에 출생하여 외동으로 자란 이들은 개혁기 시절 조국의 모습밖에 경험하지 못했다. 이 세대 구성원들은 전임 세대에 비해 관대한 태도를 가졌다고 널리 알려져 있다. 그래서 사업에 실패한다거나 외부 투자자들에게 회사 소유권을 넘겨주는 일을 별로 대수롭지 않게 생각하는 경향이 있다. 이들은 대부분 외국에서 생활한 경험이 있으며, 인터넷으로 연결된 세상에서 자란 덕분에 글로벌 트렌드, 그중에서 기술 트렌드에 정통하다.	유강/이하오디엔(2008년) 왕싱/메이투안(2010년) 에릭 선(Eric Shen)/브이아이피샵(Vipshop, 중국명 웨이핀후이 주식회사)(2010년) 레이쥔/샤오미(2011년)

*장루이민은 1984년 당시 하이얼의 전신인 칭다오 냉장고 공장에 파견되었다.
칭다오 냉장고 공장의 기원은 공식적으로 1920년대로 거슬러 올라간다.

목표를 향한 갈망과 밀접하게 관련이 있다. 야망의 일부는 중국을 비롯한 세계 무대에서 해외 경쟁자들을 물리칠 수 있는, 그런 기업을 설립하는 방향으로 향하고 있다. 이는 비즈니스 세계에서 전례 없는 업적을 이룩해야 한다는 것을 의미한다. 예컨대 하이얼을 선도적인 가전 브랜드로 키운 장루이민은 현재 시장의 승리자가 되는 일 외에 다른 야망을 품고 있다.

회사와 소비자 간 간극을 줄여 소비자들이 하이얼 제품을 웹사이트에서 직접 구매할 수 있도록 하겠다는 것도 그의 목표 중 하나다. 그의 말마따나, 생산 중인 제품 다섯 중 하나는 이미 인터넷으로 판매되고 있다.

장루이민은 하이얼의 운영체계 개혁에 계속 심혈을 기울이고 있다. 조직의 요소요소에 진취적 정신이 묻어 들고 직원 한 사람 한 사람이 창업자가 될 수 있는 조직을 만들고 있다. 이와 관련된 그의 노력은 하이얼의 직원들을 4,000여개 소규모 팀으로 구성하는 일에 집중됐다. 각각의 팀이 자율권을 가지고 소규모 사업을 운영하는 식이다. 팀들은 대부분 상품 기반의 운영을 하며 하이얼 제품을 생산, 판매한다. 그밖에 소수의 팀이 인적자원 관리, 재무설계 등 특정한 부문을 다룬다. 또한 그보다 더 적은 수의 팀이 회사 전체의 전략을 살피며, 신제품 개발팀을 구축하거나 더 이상 필요치 않은 팀을 폐쇄하는 등의 일을 관장하고 있다.

하이얼의 팀들은 서로 계약을 맺고 저마다 필요로 하는 서비스와 기술을 확실히 활용한다. 또한 각 팀에서 리더를 결정하는 것은 물론 기량이 부족해 보이는 리더를 자유롭게 교체한다. 그들이 받는 급여는 성과에 따라 결정된다.

장루이민의 목표는 하이얼을 하나의 '생태계Ecosphere'로 전환시키는 것이다. 많은 직원들이 의사결정권을 가지는 조직, 직급이 높은 사람들은 전반적인 방향 설정만 책임지는 조직을 만들겠다는 것이다.

하이얼의 미래를 논의하는 내내 그의 입에서 '플랫폼Platform'이라는 말이 계속 나왔다. 그가 말하는 플랫폼은 조직의 팀들이 창업자로서 사업을 운영하는 토대를 의미한다. "현재 하이얼은 직원들에게 업무 권한을 부여하는 일을 하지 않습니다. 대신 우리는 직원들에게 플랫폼을 지원합니다. 우리는 그 플랫폼을 제공하는 일에 전념하고, 거기서 다양한 유형의 사업이 진행됩니다. 기존의 사업들 중 혁신을 해야하는 것들도 있고 새로이 진행해야 할 사업도 있습니다."

하이얼의 내부 혁신은 창업 초기에 일어났지만, 이미 엄청난 영향력을 발휘하고 있다. 장루이민은 2013년 직원 1만 6,000명을 감원했다. 고객을 직접 응대하지 않는 중간 관리자나 관리직 직원들이 대다수 포함됐다. 이어서 2014년에 추가로 1만 명을 감원했다. 감원된 직원들 중에는 장기간 근무한 직원들도 포함됐다. "하이얼에서 20년을 일한 직원 한 명을 해고했습니다. 전국에 백색가전을 판매했던 직원이었습니다." 장루이민은 이렇게 말했다. "그 직원은 더 이상 혁신을 이끌지 못했거나 창업을 하지 못했기에 하이얼을 떠난 겁니다."

감원은 하이얼 직원들에게 충격이었다. 그러나 장루이민이 30년 전 망치로 냉장고를 부쉈을 때처럼, 감원은 하이얼의 관습을 무너뜨리는 계기가 됐다. 중국의 성공한 기업가들 중 상당수가 장루이민의 사업적 관점을 공유했다. 지금의 환경에서 기업은 시대에 발맞추기 위해 변혁을 멈추지 않아야 한다.

하이얼에 제2의 변혁을 일으키려는 장루이민처럼 조직의 구습을 타파하려는 열망은 중국에서 유행처럼 번져나갔다. 지난 20년 간 재능과 투지가 넘치는 비즈니스 리더들이 두각을 나타냈다. 그들은 대체로 비슷한 관점에서 그들의 사명을 바라보고 있다. 성공을 이루기보단 '그들의 시대에 맞는' 기업을 세우는 것이다. "과거 중국 기업의 경영자들은 정말로 단순했지요." 2014년 중반 장루이민이 내게 말했다.[19] "우리가 해야 할 일은 일본 기업이나 미국 기업으로부터 배우는 것뿐이었습니다. 하지만 지금 우리는 특히 대기업의 개혁과 관련하여 그 어느 기업도 참고하지 않습니다." 혁신적이며 전례 없는 방식으로 변혁을 일으키는 것, 그 임무는 바로 장루이민의 몫이었다.

사업가적 야망은 중국 기업가들의 동기를 자극한 것 중 일부분에 불과했다. 다양한 업종, 다양한 연령층에 있는 비즈니스 리더들과 수없이 대화를 나눠보니 한 가지 사실이 분명해졌다. 예외 없이 거의 모두, 성공한 기업을 운영하는 일은 시작점에 불과하다는 것이다. 특히 2000년대 중반 이래 많은 중국 창업가들이 자신들의 영향력을 확인했다. 그들의 활동은 중국에 엄청난 영향을 미쳤다. 그들은 사람들의 일상생활 방식을 바꾼 것처럼 당면한 사업 이외의 영역에서 영향력을 발휘하고 싶어 한다.

잭마를 비롯한 그에 필적하는 기업가들, 텐센트의 포니마, 하이얼의 장루이민, 화웨이의 런정페이 등 수많은 창업가들이 경험으로 보여준 것이 하나 있다. 오늘날의 중국에서는 극심한 야망이 기대하는 성공으로 이어진다는 점이다. 그들의 사업이 성장했던 것과 마찬가지로 그들 앞에 열린 가능성도 계속 확대됐다. 그들은 또한 에너지, 교통, 통신, 건설 같은 분야에서 중심 역할을 하겠다는 포부를 품을지 모른다. 이렇게 결론을 내려야만 합리적인 것 같다.

그들의 야망은 과연 어디까지 뻗어나갈까? 2013년 1월 직원들 앞에 선 잭마는 자신의 개인 목표를 넓히고 중국 최대 현안인 환경오염 해결에 나서기 위해 그해 말에 CEO직을 사퇴하겠다고 발표했다. 그런 직후 잭마는 블로그에 이런 글을 남겼다. "알리바바는 영세 사업자들의 수익창출을 돕겠다는 단순한 사명 하에 설립되었습니다.[20] 이제 우리의 다음 도전이 기다리고 있습니다. 더 많은 사람들이 수준 높은 삶을 살고 모두에게 이로운 변화를 추구할 수 있는, 하나의 생태계를 구축해야 합니다. 그러기 위해 중국과 그 너머 사람들과 힘을 합쳐야 합니다."

잭마가 알리바바 회장 자리에서 뉴욕 증시 상장을 추진하는 동안은 이런 목표가 뒤로 밀려났다. 지금은 과제를 완수된 데다 알리바바의 매출과 수익이 급등세를 지속하고 있기에 잭마는 자신의 광범위한 야망을 되살릴 것으로 보인다.

잭마처럼 폭넓은 방향으로 야망을 품는 창업가는 그리 많지 않지만, 한 세대가 지나기 전 '중국 시민들의 일과 삶, 배움과 여가 방식에 대변혁'을 일으킨 소수 중 한 사람으로서 그는 어떤 일을 이룩할 수 있는지 직접 경험했다.[21]

중국 창업가 정신의 요체를 이루는 자부심과 야망, 이 두 요소의 본질은 상당 부분 성공욕으로 설명할 수 있다. 성공욕은 시대를 선도하는 기업가들이 앞으로 계속 나아가게 하는 힘으로 중국의 유교적 유산에서 기인했다.

유교사상의 핵심에는 세상에 질서가 잘 잡히려면 사람들이 올바르게 행동하고 정해진 역할에 충실해야 한다는 사상이 자리 잡고 있다. 이런 개념으로 미루어 보면, 통치자와 권력자들은 선정을 베풀 의무가 있다. 세상에 질서를 부여하는 것이 그들의 의무다. 유교사상과 관련된 미묘하고도 복잡한 부분, 또 그에 관한 관심은 대부분 올바른 행동이 무엇인지, 그것이 어떻게 장려되고 시행될 수 있는지 정확히 짚어내는 데 있다.

그런데 통치는 주로 개입하는 일과 관련있지 자연적인 균형을 찾도록 허용하는 일과는 관계가 없다는 점을 짚고 넘어가려고 한다. 어떤 면에서 볼 때, 중국 창업가들은 유교적 환경에서 자랐기에 가부장적 접근법으로 사업을 운영하고, 하향식 경영으로 조직의 기강을 잡는 것 같다. 그러나 관점을 달리하여 좀 더 깊이 들여다보면, 중국 비즈니스 리더들 대부분이 암묵적으로 동의하는 부분이 있다. 무질서를 향해 가는 것이 세상의 자연적 경향이라는 것이다. 그래서 통제가 늘 필요한 것이다.

이로써 중국 창업가 정신과 관련하여 두 가지 결론에 이르게 된다. 하나는 수세기 동안 자유 시장경제, 그와 관련된 서양사상의 유입이 가로막혔다는 점이다.[22] 서양 사람들은 세상을 자율에 맡겨두면 그 나름의 자연적 질서를 찾는다고 믿는 경향이 있다. 특히 시장과 여타 경제 시스템에 대해서도 마찬가지다. 반면 중국 사람들은 대개 어느 복잡한 체계와 마찬가지로 시장도 지속적으로 점검하고 감독

해야 최상의 결과를 얻을 수 있다고 생각한다. 중국의 경제체제는 또한 세계에서 가장 발전하고 복잡한 체제 중 하나다. 중국의 오래된 국내외 교역 역사가 이를 상당 부분 뒷받침한다. 이런 점을 고려할 때, 시장의 질서를 유지하려면 관료들의 지속적인 개입이 필요하다는 믿음이 국민 의식에 깊이 뿌리 박혀 있는 것으로 보인다. 그래서 중국이 차선의 지휘통제식 관료제라는 늪에 스스로 빠져드는, 필연적인 순간을 많은 서양 사람들이 기다리고 있다. 마찬가지로 중국 비즈니스 리더들은 미국과 여러 국가들이 불협화음과 비효율성으로 인해 무력한 상태가 될 것이라고 생각한다.

또 다른 결론은 관료들이 만든 질서구조 안에서 사업을 번창시킨 성공한 사업가들이 사업목적을 정립하는 일에 깊은 의무감을 느낀다는 것이다. 그들은 자신을 위해 부를 쌓는 것만이 목적이 아니다. 애초부터 사업에 광범위한 목적이 부여되어야 한다는 관념은 중국 최고의 갑부가 된 창업가들 대부분이 생각보다 부를 축적하는 일에 관심을 크게 두지 않는 현상으로 설명된다. 그들과 대화하다 보면 종종 그와 같은 이상주의적인 구석을 발견하기도 한다. "이런 부분이 사회적 책임입니다." 알리바바의 최고전략관리자 정밍Zeng Ming은 이렇게 말한다. "이런 유형의 역사적 기회에 직면해서 잭마는 이것을 활용하는 것이 우리의 책임이라고 생각합니다."

얼마 전 잭마는 중국이 경제성장에 동반된 손실을 직시해야 한다며 그 누구 못지않게 공공연히 열띤 주장을 펼쳤다. 이런 주장을 하는 이는 잭마뿐만이 아니다. 창사Changsha에 본사를 둔 냉난방기 제조 및 건설회사의 회장 장유에 또한 이러한 문제에 대해 발언하는 주요

인물이다. 장유에는 생태학적 지속가능한 개발을 목표로 한 경제정책을 채택해야 한다고 주장하고 있다.

베이징 소재 부동산 리조트 개발업체 중쿤의 설립자 황누보는 중국의 급속한 경제성장으로 인한 사회구조적 폐해에 대한 관심을 불러일으켰다. 그는 이 같은 폐해가 불평등을 상승시키고 사회적 유동성을 감소시켰다고 지적한다. 특히 일자리를 찾아 도시로 이주한 농민들이 피해를 많이 입었다는 얘기였다. 황누보는 이렇게 말한다. "신분상승의 통로를 만들지 않고, 공정성이나 법률정보의 격차가 큰 문제를 다루지 않는다면, 최하층 계급이 많은 사회, 불안정한 사회가 될 수도 있습니다."

중국 창업가들의 관점이 너무 이상적으로 보이는가? 그렇지 않다. 사실 중국은 오로지 단기적인 이익이나 물질적 성공에만 관심 있는 사업가들이 유독 많은 곳이다. 그들은 고질적인 병폐를 해결하거나 장기적 전망을 견지하는 일에 관심이 거의 없다. 그들 중에는 부패를 일삼거나 범죄를 저지르는 사람도 있다. 그러나 나는 1990년대 초부터 중국에서 활동하면서 부와 명예를 거머쥔 기업가들이 사회 개혁에 시간과 노력을 쏟는 모습을 보고 감명 받은 적이 꽤 많았다. 그들은 저마다 광범위한 책임의식을 품고 자신들의 사업을 바라보았다. 주주 수익 창출에 헌신하는 다국적 기업들과는 사뭇 다른 모습이었다.

이런 관점에서 보자면 다름 아닌 중국 최고의 기업가들이야말로 '중국의 문화적 핵심 가치'를 구현한다고 할 수 있다. 그래서 중국의 야심차고 젊은 인재들은 흔히 영향력 있는 인터넷 부문 창업자를 롤

모델로 꼽는다. 잭마, 포니마, 로빈리 같은 인물들은 중국에서 세 살짜리 꼬마도 알 정도이니 말이다. 이런 인물들이 개방과 확장을 지속함에 따라 중국 시장은 창업자들이 다 같이 핵심 역할을 할 수 있도록 전례 없이 많은 기회를 창출하고 있다.

2장

압도적인 성장

CHINA

중국은 어떻게 빠르게
경제대국이 되었는가?

가성비로 몰아치는 샤오미

세계적인 포부를 가진 창업가들의 활동이 연일 화제가 되고 있는
지금, 1969년생인 레이쥔은 단연 이색적인 인물로 꼽힌다. 검은색
폴로셔츠에 청바지를 즐겨 입고 나타나는 그는 저가 보급형 스마트
폰 제조업체인 샤오미를 지휘하고 있다. 샤오미의 스마트폰은 얼핏
보기에 아이폰iPhone처럼 보인다. 당연할 일일만도 한데, 비즈니스 관
련 매체는 그를 중국의 스티브 잡스라 언급하곤 한다.

샤오미는 최첨단 분야에서 중국에 불명예를 안겨준 여타 기업들
처럼 저가의 모조품을 만드는 회사일까? 전혀 그렇지 않다. 샤오미
는 2010년 중반에 설립되고 얼마 지나지 않아 시가총액 10억 달러

를 달성하면서 어느 기업보다도 빠른 성장을 구가했다. 애플과 삼성뿐만 아니라 중국 거대기업 레노버, 화웨이와 격심한 경쟁을 벌이면서도 성장을 늦추지 않았다. 2013년에는 스마트폰을 1,500만 대나 팔았으며 기업가치 100억 달러를 달성했다. 2014년에는 4,000만 대 판매를 초반 목표로 삼았으며, 상반기에만 3,000만 대가 넘는 스마트폰을 선적했다. 글로벌 시장을 5%나 점유하였으며, 삼성을 밀어내고 업계 1위 자리를 차지하면서 중국 내 최대 스마트폰 판매업체로 등극했다. 그에 따라 매출 목표는 6,000만 대로 올라갔다.[1] 샤오미는 결국 6,100만 대 판매고를 올리면서 중국 최대 스마트폰 판매업체인 삼성을 왕좌에서 끌어내렸으며, 기업가치를 400억 달러에서 500억 달러로 끌어올렸다.[2]

이후 화웨이를 비롯한 오포, 비보 등 후발주자들과의 치열한 경쟁에서 점유율이 다소 밀리자 해외시장으로 적극 진출하고 있다. 인도 시장에서는 진출 6년 만인 2018년 1분기에 삼성을 넘어 1위로 올라서면서 치열한 각축전을 벌이고 있다. 샤오미의 뛰어난 상품 기획력은 게임전용 스마트폰까지 뻗치고 있으며, 자회사 블랙샤크가 퀄컴의 최고 사양 AP(스마트폰용 중앙처리장치) 스냅드래곤845를 탑재하기도 했다. 그러나 원천기술이 없는 그들의 발 빠른 전략이 5년 혹은 10년 후에도 가능할 지는 미지수다. 창업 8년 차에 샤오미는 2018년 7월에 홍콩 증시에 상장을 하였으며, 시가총액은 당초 기대치인 1,000억 달러에 미치지 못하고 그 절반 정도인 540억 달러에 그쳤다.

애플 사용자들이 아이폰에 충성심을 드러내듯이, 샤오미의 스마트폰을 열렬히 지지하는 두터운 사용자층이 있었기에 지금까지 샤오미의 매출은 거의 중국에서 발생했다. 지금 샤오미는 해외 시장을 공략하고 있다. 해외에서 '미Mi' 브랜드를 발매한 샤오미는 홍콩, 싱가포르, 타이완, 필리핀, 인도에서 영업을 하고 있다. 이외에도 멕시코와 브라질, 러시아를 비롯한 신흥국에 그치지 않고 미국, 유럽 등 선진국으로까지 진출하고 있다.

레이쥔의 놀라운 성과에 세계가 이미 깜짝 놀랐지만, 샤오미가 그의 첫 흥행기록은 아니다. 1969년 중국 중부지방 양쯔강 유역 우한Wuhan에서 태어난 레이쥔은 1980년대 말 컴퓨터공학 전공으로 대학을 졸업했다. 졸업 후 곧바로 상하이로 건너가 킹소프트Kingsoft에 입사한 그는 이후 중국 최고의 워드 프로세스 프로그램 개발자로 명성을 쌓았다. 그러다 1998년 킹소프트의 CEO가 되기에 이른다. 그때부터 10년간 킹소프트를 이끌어 회사를 홍콩 증권거래소에 상장시켰는가 하면, 조요닷컴과 YY닷컴을 비롯한 신생 업체들을 연달아 출범시켰다. 이후 조요닷컴을 아마존에 매각했으며, 동영상을 공유하는 온라인 소셜 플랫폼인 YY닷컴을 2012년 나스닥 증권시장에 상장시켰다. YY닷컴의 기업가치는 2017년 50억 달러 이상으로 평가받았다.

그러니 구글 기술자 린 빈Lin Bin(구글 차이나 기술연구원 부원장 출신이자 샤오미의 공동창업자)을 비롯한 5명의 동업자와 함께 순조롭게 지지자들을 찾은 것은 놀랄 일이 아니다. 2010년 샤오미를 설립할 당시 그들의 목표는 명백했다. 먼저 중국 시장에서 애플과 아이폰을 무너뜨린 후 세계 시장을 공략하겠다는 계획이었다. 2017년 말 기준 중국 시장 내에서 삼성의 점유율이 0% 대로 떨어지는 수모를 당하면서 절반의 성공은 거두었다는 평이다.

애플처럼 자체 제조공장을 보유하고 있지 않은 샤오미는 타이완의 폭스콘Foxconn 같은 제조업체와 손을 잡는 등 모든 생산을 아웃소싱한다. 그러나 프리미엄 스마트폰 판매에 집중하는 애플과 달리, 샤오미는 엄청나게 저렴한 스마트폰을 판매한다. 소프트웨어, 액세서리, 광고, 서비스 등을 통해 수익의 대부분을 확보하겠다는 전략인 것이다. 레이쥔이 언급했듯이, 이는 애플보다는 아마존이 사용하는 전략에 더 가깝다.

아마존과 좀 더 비교하여 살펴보면, 샤오미의 매출은 대부분 자체 웹사이트 또는 회원 수 7억 명을 돌파한 중국 최고의 마이크로블로깅 플랫폼 시나웨이보 같은 온라인 사이트에서 발생한다. 샤오미의 스마트폰은 대체로 주간 단위로 적게는 수천 대에서 많게는 수만 대까지 팔린다. 매출이 가장 높을 때는 몇 시간 만에 매진된다. 신규 모델의 경우에는 단 몇 초 만에 판매가 마감될 때도 있다. 2013년 중반 홍미Red Rice 스마트폰을 출시했을 때는 700만 대 이상 사전주문을 받았다. 애플의 저가 아이폰 5C와 경쟁하자는 목표가 분명하긴 했지만, 130달러 대의 가격은 경쟁제품 가격의 4분의 1도 안 되는 수준이었다.

이와 같은 직접 판매 모델은 광고비용과 유통비용을 절감하고 사용자들과 직접 접촉하기에 좋다. 샤오미는 사용자들의 제안을 활용해 스마트폰 운영체제인 안드로이드 기반의 사용자 인터페이스를 매주 업데이트한다. 이와 관련하여 레이쥔은 〈테크하이브TechHive〉 소속 기자 마이클 칸에게 이렇게 말했다. "샤오미는 제품을 판매하지 않습니다. 참여할 기회를 판매합니다."[3]

중국 기업들의 성공요인

샤오미처럼 기업이 급속하게 성장한 사례가 중국에서 흔한 건 아니다. 마지막 장에서 살펴보겠지만, 2000년 이래 거의 모든 소비재 제품군의 매출이 껑충 뛰어올랐다. 중국 시장 점유율이 낮은 기업들도 급격히 성장했으며, 때때로 엄청난 수익을 올렸다.

수많은 기업들이 중국이 실현되지 않은 잠재력, 기회가 무한한 국가라고 인식했던 2000년대 초에 큰 변화가 일어난 것이다. 사실은 1970년대 후반 개혁개방을 실시한 이래, 어쩌면 19세기에 내수시장을 개척하려는 첫 시도를 한 이후, 외국 기업들은 어마어마한 수의 대중에게 제품을 판매하겠다는 희망을 품고 중국에 진출해왔다. 2010년대 중반은 기업들의 희망이 처음으로 실현된 시기였다.

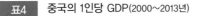 표4 　중국의 1인당 GDP(2000~2013년)

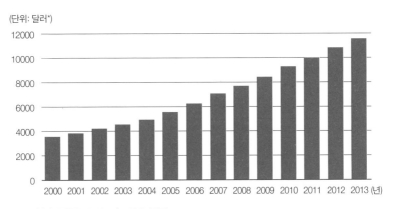

(단위: 달러*)

*구매력평가기준(PPP), 2011년 고정 국제달러

출처: 세계은행

이 같은 추세는 다수의 사람들이 예상했던 것보다 오래 이어졌다. 기업들은 중국의 갑작스런 번영을 목격했으며, 광범위한 소비가 급속히 이어질 것이라고 예상했다. 그러나 2010년이 되기 전 중국 시장에서 제품을 판매하기 어려웠던 것은 다 이유가 있었다. 인프라가 부족했고, 물류업체들이 분산되어 대부분 비효율적으로 운영되고 있었다. 또한 대다수의 소비자들에게 있어 온라인 구매를 위한 지불방법이 마땅치 않았다. 이런 점에서 외국 기업들은 하나의 사실을 인정했다. 중국 시장이 향후 매력적인 지역이 된다는 점은 확실했지만 당장 중국에서 활동하는 주된 이유는 세계로 수출할 제품을 생산하기 위해서라고 말이다.

그러나 지금은 모든 것이 바뀌었다. 중국의 소비인구가 그토록 많은 기업가적 사기업의 성공을 갑자기 뒷받침하게 된 이유는 무엇일까? 확실한 이해를 위해 광범위한 경제성장을 촉진한 네 가지 요인이 상호작용한 과정을 들여다봐야 한다.

★ 규모Scale: 중국 내 방대한 인구, 풍족한 생활을 누릴 수 있는 인구 증가

★ 개방성Openness: 사기업과 외국 기업에 대한 내수시장의 개방 확대

★ 정부 지원Official support: 정부가 성장에 필요한 물리적, 정책적 인프라를 제공

★ 기술Technology: 정보통신 기술, 인터넷이 신규 시장 창출 및 접근성 확대

이 네 가지 요인은 다음과 같이 하나의 공식으로 통합된다.

규모^S + 개방성^O + 정부 지원^O + 기술^T = 소비시장의 급속한 성장

'SOOT 공식'의 네 가지 구성요소 중 규모는 눈에 가장 쉽게 들어오는 부분이다. 보통 1인당 GDP가 5,000달러에 이를 때 엄청난 변화가 일어나는 특정 분기점이 생기고 전체 인구가 소비경제에 들어간다고 알려져 있다. 중국의 부유 계층은 2005년경 그런 기준점을 지났다. 지금은 그때보다 1인당 GDP가 2배 이상 늘어났다. 게다가 중국의 도시화 추세는 전국 도시에 내수시장이 형성되는 요인이 되었다. 중국 소비경제의 규모는 현재 전 세계 어느 국가보다도 월등하다.

그렇지만 소비시장의 강세는 단지 1인당 부에 따라 달라지진 않는다. 그 밖의 요인들이 소비시장의 힘을 강화하는 쪽으로 움직여야 한다. 그렇지 않으면 규모는 큰 의미 없다. 중국에서는 다른 세 가지 요인이 모두 작용하고 있다. 또한 중국 시장은 질적인 면의 개방, 양적인 면의 가치 증가, 이 두 현상을 모두 겪고 있다. 오랫동안 국영부문에서 유행했던 정부 정책들은 민영기업들을 지원하는 방향으로 전환되고 있다. 마지막으로, 기술은 전 세계 어디서나 그렇듯 비즈니스의 범위를 변화시키고 있다.

파편화된 시장과 격렬한 경쟁

1970년대 말 중국은 거의 완전히 폐쇄적인 중앙계획경제 체제였다. 그러나 오늘날 해당 부문들은 대부분 세계에서 가장 개방되고 자유화되어 있다. 소비재, 유통, 대부분의 제조업에서는 시장 진입장벽이 거의 사라졌다. 외국 기업이나 중국 민영기업에 대한 소유권에도 제한이 없다. 금융, 은행, 에너지, 자원, 통신서비스, 미디어 등 진입이 여전히 제한적인 부문에서조차 규제가 서서히 풀리고 있다. 지난 장에서 알리바바의 금융 서비스 진출을 살펴봤듯이, 대개는 민영기업들의 압력 때문에 규제가 완화된다.

지난 장에서 언급했던 것처럼 소득이 급격히 상승하자 상대적으로 부유한 연안 도시들뿐만 아니라 소득수준이 낮은 내륙 도시들, 심지어 농촌 지방에서도 모든 상품군에 대한 수요가 빠르게 상승했다. 시장에 진출하고자 했던 기업들은 엄청난 양의 제품을 출시했다.[4] 음료와 과자류는 말할 것도 없고 가전제품과 자동차에 이르기까지 모든 상품에 대해 중국 소비자들은 비할 데 없는 선택권을 가졌다.

중국 정부는 해외 무역 및 투자에 대한 의존에서 탈피하는 등 경제전환 노력의 일환으로 시민들에게 소비를 촉진하고 있다. 글로벌 금융위기 당시에는 가전제품을 구매하는 농촌 주민들에게 보조금을 지불했다. 또한 2012년에 매년 4월 2일에서 5월 2일을 '소비촉진의 달Consumption promotion month'로 지정했다. 뿐만 아니라 2013년에 전국에 걸쳐 소매판매의 10% 이상을 온라인에서 발생시키겠다는 계획을 발표했다. 중국 상무부는 2015년 안에 중국이 소매판매 5조 달러를 넘기며 미국을 제치고 세계 최대 소비시장이 될 것이라고 예상했다. 결국 지난 2014년 구매력 기준 국가 GDP 규모에서 중국은 미국을 제치고 세계 최대 소비시장이 되었다. 오랜 기간 중국이 누리던 '세계의 공장' 지위에서 '세계의 시장'으로 바뀌는 시대로 접어들고 있는 것이다. 일본 미즈호은행은 10년 전 중국 소매시장 규모는 미국의 4분의 1 수준에 불과했지만 2017년에는 5조 8,000억 달러에 달해 처음으로 미국을 추월한 것으로 추정된다고 발표했다. 2020년에는 6조 8,000억 달러에 달할 것으로 전망되나 개인소비 측면에서는 아직 미국의 5분의 1 수준에 불과하긴 하다.

관광산업으로 보면, 2014년 30억 명에 달했던 중국 내 여행자 수가 2020년까지 2배로 늘어날 것으로 예상된다.[5] 더불어 여행자들을 수송하는 항공기 수도 증가할 것이다. 보잉Boeing과 에어버스Airbus는 2030년경까지 중국의 항공기 수가 3배로 늘어날 것이라고 전망했다.

새로이 중산층에 편입하는 중국인 수도 어느 시장과도 비교할 수 없을 정도로 기하급수적으로 늘어나고 있다. 베이징 소재 민간경제연구소 게이브칼 드래고노믹스Gavekal Dragonomics가 발표한 연구에 따르면, 중국 전체 소비인구(연소득 8,100달러 이상 가구 포함)는 2012년 3억 5,000만 명에서 2020년 8억 명으로 증가할 것으로 전망됐다.[6]

전체 수치가 눈에 띄게 증가한다고 하는데, 이 전체 소비인구 내에서 급속도로 성장하는 집단을 특히 눈여겨볼만 한다. 중국의 최고 부유층(가계소득 2만 550달러 이상) 수는 2012년 6,000만 명에서 2020년 이내에 1억 8,500만 명으로 3배 이상 증가할 것이다. 다음 페이지 표에서 볼 수 있듯이, 가계소득 8,100달러~1만 3,500달러인 신흥 소비자층은 1억 8,000만 명에서 3억 4,000만 명, 가계소득 1만 3,500달러~2만 500달러인 확고한 소비자층은 1억 500만 명에서 2억 5,500만 명으로 증가할 것으로 예상된다.

이런 일이 일어나면, 소비부문에 복합적인 변화가 일어난다. 신흥 소비자들이 현대적인 소매판매점에서 물품을 구매하고, 브랜드 네임이 있는 의복을 사거나 슈퍼마켓에서 장을 볼 것이다. 그들은 확고한

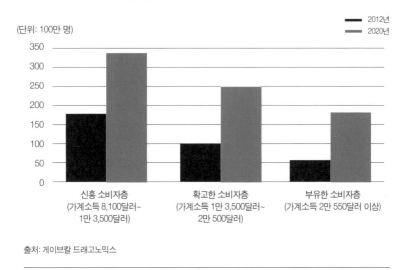

표5	2012~2020년 중국의 소비계층 변화 예상

(단위: 100만 명)

■ 2012년
■ 2020년

350
300
250
200
150
100
50
0

신흥 소비자층
(가계소득 8,100달러~
1만 3,500달러)

확고한 소비자층
(가계소득 1만 3,500달러~
2만 500달러)

부유한 소비자층
(가계소득 2만 550달러 이상)

출처: 게이브칼 드래고노믹스

소비자층으로 올라섰을 때 생애 첫 자동차를 구매할 것이며, 부유층에 편입되고 나서 해외여행 같은 경험적 제품으로 구매성향을 전환할 것이다.

물론 시장을 개방한 중국이 엄청난 기회의 장이 되겠지만, 질적 수준이 함께 올라가야 한다. 중국 시장은 부의 증대가 이루어졌을 뿐 아니라 한층 더 복잡, 다변해졌다. 경제는 15년 전에 비해 엄청난 규모로 성장했을 것이고, 소비자들의 구매력이 과거에 비해 엄청나게 증가했을 것이다. 그럼에도 잊어서는 안 된다. 중국 시장은 전혀 단일 시장이 아니다. 그보다는 다수로 분산된 고객 세그먼트Customer segment의 집합체라고 할 수 있다.

중국에서 상대적으로 빈곤한 서부 내륙지방은 최근 부가 집중된

96

해안지방과의 격차를 해소했지만, 가장 부유한 도시들마저 여전히 동부 해안의 도시들보다 한참 낙후되어 있다. 게다가 어느 지역을 보더라도 빈부격차가 매우 극심한 상황이다. 중국 남부 주강 삼각주, 상하이를 중심으로 한 양쯔강 삼각주, 베이징-톈진을 중심으로 한 북부 지역 등 매우 부유한 지역에서도 가계소득 수준은 대개 경제발전을 이룬 국가가 아닌 신흥 경제국가 수준에 머물러 있다. 이런 분열양상은 소비자를 물색하는 기업들에게 궁극적으로 긍정적인 영향을 미칠 수도 있다. 사람들은 부유한 이웃이 누리는 혜택을 인식하고 그들과 같은 수준에 오르려고 할 테니까 말이다.

중국 시장의 자유화는 격렬한 경쟁을 낳았다. 기업들이 최대한 빨리 경쟁 상품의 특징과 기능을 따라잡기 때문에 아무리 탁월한 상품이 출시되어도 이점은 오래 유지되지 않는다. 저작권 침해와 불법복제가 여전히 심각한 문제로 남아있지만, 기업들은 시장의 흐름에 발맞춰 지극히 합법적인 업데이트와 업그레이드를 진행하는 추세다. 샤오미가 매주 업데이트를 진행하는 것도 매년 40종의 스마트폰을 출시하는 레노버, 그와 비슷한 속도로 제품을 내놓는 화웨이에 뒤지지 않기 위해서다.

이처럼 지난 수년 간 중국에 일어난 개방정책의 변화는 전반적으로 다국적 기업들과 그에 경쟁하는 국영기업들보다 민영기업들에게 더 유리하게 작용하는 경향이 있다. 주된 이유는 국내 기업들이 현지 환경에 훨씬 더 익숙하기 때문이다. 실제로 여러 제품이 취급되는 내수시장에서 경쟁이 치열해지고 있다. 이를테면, TV 제조업체인 TCL, 콩카Konka, 창훙Changhong, 음료업체인 항저우와하하, 오토바이 제조업체인 리판Lifan, 론씬Loncin, 종신Zongshen, 지알링Jialing, 칭치Qingqi 등 많은 업체들의 강세가 백색가전 분야를 제패한 하이얼의 위력과 맞먹고 있다. 이 업체들은 대부분 해외에서 잘 알려지지 않았지만, 각자의 분야에서 시장을 선도하고 있다.

1990년대와 2000년대에 중국 기업들은 외국 기업들이 시장 조정자 역할을 해주길 기대했다. 그러나 외국 기업들은 더 이상 그런 역할을 하지 않아도 된다. 원하는 자본과 기술, 노하우에 전혀 접근하지 못한다면 모를까 이런 자원이 없어 허덕이는 기업은 더 이상 중국에 존재하지 않는다. 또한 시장과 비즈니스 환경의 복잡성에 대처하고 해법을 내놓는 부분에서 중국 기업들은 경험이 풍부한 다국적 기업들보다 훨씬 더 나은 입장이다.

분명한 사실은 이미 자리를 잡은 브랜드들은 계속 번창하고 신규 브랜드들도 자리를 굳히고 있다는 것이다. 업종에 따라 국내 기업들의 경쟁력이 미비한 수준에 있는 경우도 있다. 예컨대 자동차 업종을 보면, 해외 대기업들이 중국 국영기업들과 합작투자를 하는 방식으로 시장을 지배하고 있다. 중국 토종 자동차업체들, 지리자동차와 만리장성자동차, BYD를 비롯한 모든 민영기업의 시장점유율이 중저가 시장 공략에 힘입어 40% 이상까지 치고 올라오고 있다. 이들은 일반 승용차보다 최근 수요가 늘어나고 있는 SUV나 MPVMmulti-Purpose Vehicle에서 시장을 늘려가고 있는 것이 특징이다. 한편으로 친환경 자동차 시장 주도권을 잡기 위해 미국과 경쟁하고 있으며, 선진 완성차 혹은 부품 M&A를 통한 해외 시장 진출도 박차를 가하고 있다. 최근에는 개발도상국 혹은 후진국을 대상으로 본격적인 수출 시장 개척에 나서고 있기도 하다. 그럼에도 불구하고 명품이나 프리미엄 제품은 대체로 해외 브랜드의 전유물로 통하고 있다.

그렇다 해도 거의 대부분의 업종에서 중국 기업들은 다국적 기업들의 만만찮은 경쟁상대로 자리매김했다. 또한 중국 시장이 그 어느 때보다 개방 추세에 있지만, 비즈니스 환경의 본질은 특히 그 복잡성과 변화 속도에 있어서 토종 기업들에게 훨씬 더 유리하게 작용하고 있다. 외부에 기반을 둔 기업들은 중국 토종 신생기업들의 공격에 갈수록 더 취약해지고 있다. 샤오미의 사례에서 보듯이 글로벌 기업들 못지않게 시설제조 및 네트워크 소싱 관련 계약에 접근할 수 있기 때문이다.

관료주의의 나라 중국

개방된 중국에서 창업가들에게 비즈니스 기회가 주어지고 있다면, 관료적 체제의 중국에서는 정부의 정책과 행정제도를 통해 그 기회가 발견되는 환경이 조성된다. 정책과 행정의 형태를 결정하기 위해 최우선으로 삼는 기준이 두 가지 있다. 하나는 경제적인 것이다. 중국의 발전이 지속되어야 한다는 조건이다. 다른 하나는 정치적인 것으로 중국 공산당의 지배가 지속되어야 한다는 점이다. 이 두 가지는 중국 지도자들의 마음 속 깊이 불가분한 관계로 연결되어 있다. 공산당에 대한 지원을 지속하기 위해 경제개발이 유지되어야 하며, 공산당의 지배로 경제개발을 유지하기 위해 국정이 안정되어야 하는 것이다.

그런데 중국이 30년에 걸쳐 고속성장하면서 규모와 개발수준의 측면에서 경제성장률이 불가피하게 둔화되는 상황에 처했다. 이는 중국의 지도자들에게 시급히 해결해야 할 과제가 됐다. 특히 글로벌 금융위기의 여파로 부채가 빠르게 쌓인 상황이라면, 정부가 성장을 뒷받침하기 위해 재원을 엄청나게 들였다면, 정치적으로 용인되는 수준 이상으로 경제성장을 유지하기 위한 개혁을 강화할 필요가 있었다.

재원의 대부분은 도로, 철도, 공항 등의 건설투자에 효과적으로 투자했다. 중국은 또한 관료체제에서 금융산업 인프라에 광범위한 투자를 실시했다. 알리페이가 전자상거래를 개시한 이후 중국 4대 국영은행이 주축이 된 은행카드 연합체인 중국 유니온페이가 전국 소매점에 POS^{Point of sales}(판매시점관리) 단말기를 설치했다. 이 시기에 설립된 금융업체들은 소비자들이 자동차나 가구 같은 고가품을 분할 납부로 편히 구매할 수 있는 환경을 조성했다. 또한 전자상거래 업체들이 사업을 확장하면서 중국의 물류체계가 개선되는 기반이 마련됐다. 그에 따라 운송과 유통업이 통합되고, 정보 시스템과 물류창고, 화물차량에 투자가 진행됐다.

하지만 이 모든 발전에도 불구하고 심각한 비효율성도 여전히 남아있다. 대표적으로 유통이다. 유통은 다수의 업체들, 특히 외국 기업들에게 골칫덩어리다. 중국의 사회적인 물류비용은 고질적인 문제다. 여전히 GDP의 15%를 차지해 선진국의 7~8% 수준에 비해 배나 높다. 제조업 생산원가 측면에서 물류비가 차지하는 비중은 30%로

이 역시도 선진국보다 10~15% 높은 수준에 머무르고 있다. 중국에서는 보통 지역 간 화물운송에 다수의 업체들이 참여하는데, 각각의 업체들은 운송과정에서 일정한 부분만을 책임지며 대부분 지방 관료들의 보호를 받는다.

2013년 시진핑^{Xi Jinping} 주석이 취임한 이래 중국 정부는 경제 자유화를 확대하겠다는 뜻을 밝혔다. 2013년 말 다가오는 10년에 대한 정책 청사진을 발표하면서 시진핑은 근래의 지속적 성장을 가능케 한 정부 주도의 투자 그 너머의 것을 봐야 하며 시장의 힘이 자원할당에 '결정적 역할'을 하도록 해야 한다는 점을 분명히 했다. 시진핑이 발표한 정책 중 일부는 국영기업의 성과개선을 겨냥했지만, 가장 중요하게는 민간부문이 혁신과 성장의 국가적 주요 원천이라는 점, 민간부문을 자유롭게 활성화시켜야 함을 촉구한 것이었다.

중국 정부는 이미 중소기업 대출을 목표로 독립 은행 다섯 곳을 설립하는 등 민영기업 지원을 위한 다양한 조치를 도입했다. 회사 설립 절차를 간소화하고 벤처캐피털과 사모펀드 설립을 권장한 것도 같은 맥락이다.

그런데 시장의 힘이 한층 더 중요한 기능을 하게끔 하고 있지만, 정부의 목표는 자유시장 경제를 창출하는 것이 아니다. 더 정확히 말해, 중국 정부는 시장이 목적이 아니라 '도구가 되는 경제'를 창출하려고 하고 있다. 경제가 국가의 필요를 충족시키는, 영향력 있고 현대적인 중국을 건설하려는 것이다.

중국 정부는 목표를 실현하기 위해 스스로 필수적이고 지속적인 역할을 자처하고 있다. 이런 점에서 1990년대와 2000년대를 지나며 중국은 필수 인프라 구축에 재정을 지원해 경제개발을 뒷받침했다. 지금까지 도시화는 성장의 핵심 동력이었다. 중요한 건 중국 정부는 여러 주요 경제적 수단에 대한 통제권을 포기할 의사는 전혀 없다. 궁극적으로 금융시장을 자유화하는 계획을 가지긴 했지만, 현재로는 자본이 불안정하게 흘러들어오거나 나가지 않도록 자본을 계속 통제할 것이다. 또한 환율을 관리하여 수출 업종을 지원할 수 있게 하고, 정부 차원에서 금리를 조정하여 저금리로 정책자금을 조성할 것이다. 다음 장에서 자세히 살펴보겠지만 중국 정부는 과학기술 연구 부문에도 어마어마한 재원을 계속해서 쏟고 있는 중이다.

지금으로서 '관료적인 중국'의 우선순위는 안정을 유지하는 일이다. 다수의 외부 관찰자들의 생각과 마찬가지로 내부적으로도 금융위기의 가능성에 대한 우려가 존재한다. 그럼에도 외부인들의 생각과 달리 중국은 위기를 피할 수 있는 수단이 있다고 확신한다. 중국의 부채 대부분은 자국 내 부채이며, 거의 모든 부채를 국영은행들이 떠안고 있어서 어디서 문제가 터질지는 가늠하기 어렵다. 그렇지만 설령 우려하는 일이 벌어지더라도 늘 가용한 현금 보유고가 있어 금융기관들의 상환능력이 유지될 수 있다. 현재의 대출증가율이 감소한다고 가정한다면, 향후 10년 동안의 예상 성장률이 더디다 해도 총 부채는 경제규모에 비례하여 줄어들 것이다.

시진핑의 정책은 사기업들에게 반가운 소식이다. 민영기업들이 이용할 수 있는 자원이 늘어나고, 국영기업들과 경쟁하는 시장에서 민영기업들의 영역도 확대될 것이다. 지난 몇 십 년간 그들에게 용인되었던 운영상의 자유는 계속 확대될 것이다. 또한 기업들이 금융과 통신 등 과거 국영기업의 전유물로 여겼던 영역으로 침투하는 모습을 확인하게 될 것이다. 물론 무엇이 허용되어야 하는지, 그에 대한 경계에 대해선 여전히 논의가 필요하다. 전통적으로 중국에서는 거의 언제나 국영기업의 이익이 우선시됐지만, 민영기업이 국가 경제에서 차지하는 비중이나 기여도가 커지면서 이들에 대한 지원이나 자유재량을 상당 부분 허용해왔다. 알리바바나 텐센트 같은 기업들이 인민들의 신뢰를 받고, 단기간에 굴지의 글로벌 기업으로 발돋움하는데 정부의 지지가 직간접적으로 작용한 것은 부인할 수 없는 사실이다(하지만 민영기업들의 지위가 천정부지로 격상되면서 사회주의 체제 중국 공산당의 절대 권력을 위협하는 수준에 이르고 있다는 평가가 나오기도 했다. 알리바바의 마윈 회장이 50대 중반의 나이에 돌발 은퇴를 선언한 것도 정확한 정황 증거는 없지만 중국 정부의 압력에 의해서 이루어진 것이라는 설이 파다하다).

대신에 정부는 다른 무엇보다 정치적으로 민감한 영역에서 충성심을 기대한다. 중국의 인터넷 기업들은 모두 전담 직원을 두고 그들의 서비스를 점검하고, 반정부 메시지를 없애거나 차단하고 있다. 이에 반대하는 기업가는 거의 없다. 아니, 적어도 드러내놓고 반대하지는 않는다. 중국이라는 나라의 일부로서 그들이 중국의 현 정치적 틀을 건드린다고 얻을 건 거의 없다. 분명한 사실은 투명성이라든가 재산권의 강화 등 창업가들이 원하는 변화가 대거 일어나고 있다는 점이다. 거의 모든 창업가들은 자신들이 바라는 변화가 시간이 지남에 따라 지금의 정치적 틀 안에서 실현될 수 있다고 믿는다.

이전 장에서 언급한 것처럼 중국 창업가들은 대부분 사업을 넘어 광범위한 책임을 가진 사람으로 스스로를 바라보지만, 중국의 정치적 틀에 대한 문제의식은 거기서 제외되어 있다. 적어도 공개적인 태도는 그러하다. 사실 정부기관에서 창업가들의 얼굴을 자주 보게 된다는 것은 반대의 상황을 암시한다. 그들은 시스템 안에서 일하는 것이 원하는 변화를 보장하는 최상의 방법이라고 믿는다. 일부 기업가들은 고위 관료들의 해외순방길에 기업 대표단으로 동참하여 공식 행사에 얼굴을 자주 비춘다. 창업가들이 정부 기관에 파견되는 일도 갈수록 늘어나고 있다. 텐센트의 포니마, 샤오미의 레이쥔은 모두 중국의 의회인 전국인민대표대회의 의원으로 있으며, 바이두의 로빈리는 중국 최고 정치자문기구인 전국인민정치협상회의의 위원으로 있다.

요컨대 관료주의가 기업가적인 중국의 부상에 이상적인 도움이 되지는 않지만, 실용적인 측면에서 엄청난 힘으로 작용하고 있는 것이다. 이는 창업가들에게 어떤 의미가 있을까? 쫓겨날 걱정 없이 개방된 중국에서 창출되는 기회를 계속 활용할 수 있는 것이다.

성장의 엔진 온라인

중국의 성장을 이끄는 마지막 엔진은 기술이다. 특히 중국 창업가들이 오히려 걱정할 정도로 인터넷이 성장동력으로 주목을 받고 있다. 인터넷의 특별한 기능이 업계와 시장의 운영방식을 재편할 정도이기 때문이다.

중국은 인터넷 검열시스템인 만리방화벽Great firewall 으로 인터넷을 검열, 통제하고 있다. 해외에서는 이런 관료적 능력으로 많은 것들이

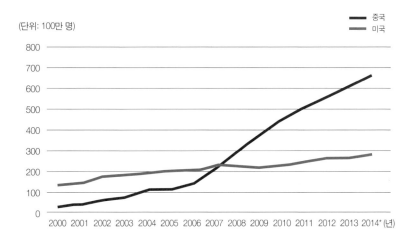

| 표6 | 2000~2014년 중국과 미국의 인터넷 사용자 |

(단위: 100만 명)

— 중국
— 미국

* 예상치

출처: 중국인터넷네트워크정보센터(China Internet Network Information Center), 스태티스타닷컴(Statista.com)

이루어졌다. 그런데 중국 내에서는 보통 인터넷이 성장, 선도적인 상품 창출, 생산성 향상을 실현하는 원천으로서 기능하는 것에 관심이 집중되고 있다. 사실 중국 국민들은 대부분 인터넷의 파괴적 힘이 어느 순간 중국이 세계 선진 경제국들을 따라잡거나 능가하기 위한 수단이 되길 고대한다.

1990년대 중반 이래 중국 정부는 인터넷 인프라를 양산하고 개선하는 데 막대한 투자를 해왔다. 초고속 광대역 인터넷이 빠르게 보급되면서 2017년 말 기준 중국의 광대역 사용 가능자 수는 11억 3,000만 명에 달하였고, 실제 가입자 수는 2억 9,400만 명으로 고정형 인터넷 가입자 수의 84.3%를 차지하고 있다. 무선 광대역 통신 보급률은 2015년 전체 인구의 40%에서 연평균 30%의 증가 속도로 오는 2020년까지 70%로 늘리는 것을 목표로 삼고 있다.

중국의 인터넷 사용자층은 2007년 규모 면에서 미국을 넘어섰으며, 이후로 가파르게 상승했다. 아직 수억 명의 농민들이 인터넷에 접속하지 못하고 있지만, 전반적인 상승세는 향후 10년 연간 5,000만 명가량으로 꾸준히 늘어나다가 수평으로 전환될 것으로 보인다. 전국의 모바일 인터넷 사용자 수는 급격히 늘어나고 있으며, 2018년 기준 8억 명을 넘어섰다.

중국 정부가 철저한 국가적 통제로 기간망을 유지했지만, 민영기업들은 처음부터 자유롭게 대역폭을 임대하여 온갖 유형의 온라인 사업에 착수했다. 그 결과, 전자상거래는 중국에서 가장 개방된 분야가 되어 결과적으로 중국 인터넷 기업들, 특히 'BAT(바이두, 알리바바, 텐센트) 삼총사'가 화려하게 부상하기에 이르렀다. 세 업체는 어느 기업들보다도 SOOT 공식을 잘 활용할 수 있다는 것을 증명했다. 널리 개방된 부문에 진출하여 중국의 인구규모를 탁월한 기술역량으로 활용한 덕분이었다. 또한 그렇게 하면서 관료적인 중국이 구축한 인프라를 충분히 이용했다. 중국 정부는 구글과 페이스북 같은 기업들의 접근을 차단했는데, 이런 폐쇄적인 정책을 효과적으로 활용하기도 했다.

전자상거래의 성장으로 다가온 가까운 미래, 온라인 기술에 의해 창출된 기회들은 수와 규모 면에서 늘어날 것이다. 그럼에도 온라인 부문의 구조에 중대한 변화가 일어날지 모른다. 얼마 전까지 바이두는 검색, 알리바바는 전자상거래, 텐센트는 온라인게임과 메시징을 전문 영역으로 삼았다. 이처럼 BAT는 각각의 분할된 영역을 점유했다. 그런데 모바일 인터넷의 상륙으로 이러한 균형이 뒤집힐 것이다. 데스크톱 컴퓨터보다 휴대폰으로 인터넷에 접속하는 사람들이 갈수록 늘어나는 상황에서 알리바바의 전자상거래 지배력과 바이두의 검색기능 역량은 위챗을 운영하는 텐센트와의 경쟁에 취약해보인다. 모르면 간첩이라고 할 정도로 위챗이 스마트폰 필수 어플로 꼽히고 전자상거래 플랫폼으로서 가능성이 있기 때문이다.

게다가 시장 진출에 목말랐던 인터넷 사업자들이 대거 그들만의 제국을 세우고 있다. 그들은 BAT 삼총사와 경쟁할 준비를 마쳤다. 동영상 사이트 유쿠투도우Youku Tudou, 중국 최대 온라인 쇼핑몰 브이아이피숍, 중국 내 주문량 2위 전자상거래 플랫폼 징둥닷컴JD.com 등이 대표적인 예다. 그중 베이징에 본사를 둔 중국의 대표적인 인터넷 보안 시스템 공급업체 치후360Qihoo 360의 기세가 가장 등등하다. 2005년 저우훙이 설립한 치후360의 무료 인터넷 보안 소프트웨어는 중국에서 처음으로 컴퓨터 필수 프로그램이 되었으며 사용자 수가 2017년 기준 7억 명 이상이었고, 스마트폰 필수 애플리케이션으로 자리를 잡으며 모바일 사용자 수가 5억 명 이상이다.

저우훙이는 관련 벤처를 연이어 설립했는데, 그중 일부만 성공했다. 또한 그는 자사의 소프트웨어에 브라우저를 추가한 이후 검색엔진 바이두와 정면대결을 결정하고 시장을 거의 20%나 점유해나갔다. 곧이어 화웨이, TCL, 하이얼, 알카텔Alcatel 등 휴대전화 제조업체들과 일련의 제휴를 맺으며 스마트폰 시장에 진출했다. 실적은 부진했지만, 치후 보안 소프트웨어의 인지도가 올라가는 등 큰 보상을 얻었다. 가장 최근에 저우훙이는 수많은 경쟁자로 붐비는 모바일 애플리케이션 시장에서 360 모바일 어시스턴트[360 Mobile Assistant]라는 자체 스토어로 업계 1위 자리를 접수한 바 있다.[7]

넘버원 O2O 전자상거래 플랫폼

그로부터 몇 년 동안 BAT 삼총사와 대결할만한 인터넷 기업들이 더 두각을 나타낼 듯 보였다. 중국 밖에서는 2014년 9월 알리바바가 미국 뉴욕증권거래소 사상 최대 기업공개를 하여 250억 달러를 조달함으로써 큰 주목을 받았다. 텐센트는 당시 중국 밖에서 별로 알려지지 않았지만, 매출(2013년 99억 달러, 알리바바는 75억 달러)과 이익(알리바바의 28억 5,000만 달러보다 높은 31억 5,000만 달러) 규모를 모두 확대하여 거대 기업으로 우뚝 섰다. 잭마가 미국에서 회사를 상장시키기 전까지 텐센트의 CEO 포니마는 잭마와 더불어 수월하게 중국 최대 갑부 자리에 올랐다.[8]

두 사람은 서로 관계는 없지만 성이 같고 결연한 의지로 사업에 임한다는 공통점이 있다. 포니마는 거침없이 경쟁한다는 평판이 자자하다. 그래서인지 한 때 "모방은 나쁜 짓이 아니다"라는 말까지 한 적이 있다. 또한 그는 회사의 자금력을 이용해 소규모 기업들이 텐센트에 소프트웨어를 판매하거나 공유하게 하는 것으로 유명하다. 텐센트가 급속히 성장한 이유도 거기서 찾을 수 있다. 중국 기업들이 대개 SOOT 요소들에 힘입어 성장하기도 했지만, 텐센트는 민첩하고 단호한 접근법으로 SOOT 요소들을 최대한 활용했다.

1971년 중국 남부 광둥 지방에서 태어난 포니마는 선전대학에서 컴퓨터공학을 전공했으며, 졸업 후 통신회사에서 일하다가 1998년 대학 동창인 장즈둥Zhang Zhidong과 함께 텐센트를 설립했다. 장즈둥은 2014년 9월 개인 사정으로 자리에서 물러나기 전까지 최고기술관리자(CTO)로 일했다. 두 사람은 창업한지 1년도 안 되어 QQ라는 무료 인스턴트 메시징 컴퓨터 프로그램을 개발하여 명성을 얻었다. ICQ 라는 이스라엘 회사의 메신저를 모방하여 기회를 잡은 것이다. QQ 는 출시되자마자 홍콩 최대 재벌 리자청李嘉誠 Li Ka-shing과 미국 투자회사 IDG로부터 투자금을 유치할 수 있을 정도로 사용자들의 관심을 끌어냈다. 회사는 큰 인기를 누릴 것처럼 보였지만, 수개월이 지나도 수익이 실현되지 않았다. 그러자 리자청과 IDG는 보유 지분 47%를 남아프리카공화국의 거대 미디어기업 내스퍼Naspers에 3,200만 달러를 받고 매각했다.[9]

텐센트는 자금이 바닥난 상태에서 가까스로 2000년대를 맞이했다. 당시에는 서버 운영을 유지하는 것도 어려운 상황이었다. 소액이라도 현금유동성을 확보해 곤경을 헤쳐 나가겠다는 의지로 포니마와 그의 팀은 매달 소액으로 사용이 가능한 몇 가지 부가 서비스를 출시했다. 그런데 예상치 못한 일이 벌어졌다. 휴대전화에서 컴퓨터로 메시지를 보낼 수 있는 모바일 QQ 애플리케이션이 엄청난 인기몰이를 했다. 그와 같은 비즈니스 모델(사용자들에게 거의 공짜로 부가가치를 판매하는 모델)을 발견한 것은 순전히 우연이었다.

무료 상품이 인기를 얻어야 성공에 필요한 '규모'가 확보되는 것은 당연한 일이다. QQ가 컴퓨터와 휴대전화용 주요 개인 통신수단이 되면서 인기는 더 이상 문제되지 않았다. 그래도 포니마는 안주하지 않았다. 텐센트는 연이어 기능과 서비스를 늘렸다. 사용자 활동계정이 무려 8억 개에 달했기에 소비자들의 반응이 시큰둥해도 상당한 수익이 발생할 것을 깨달았기 때문이다.

2004년, 텐센트는 홍콩 증권거래소에 상장할 정도로 사업이 성장했다. 또한 상장 시 발생한 2억 달러를 활용해 몇 가지 온라인 게임을 출시했다. QQ 사용자층에 무료로 배포된 게임들은 대성공이었다. 이처럼 텐센트는 QQ의 부가서비스 관련 시장에 비해 훨씬 더 큰, 완전히 새로운 가상상품 시장을 드러내보였다. 그때부터 2010년까지 전 세계 인기 게임들을 인수하여 내수용으로 개발하고 인앱상품 판매로 수익을 창출하는 등 중국 온라인 게임 분야를 선도해나가려고 애썼다. 이후 검색에서 소셜 미디어, 음악, 비디오 스트리밍까지 다수의 서비스를 추가해나갔다.

아쉽게도 지금까지 게임보다 좋은 수익원은 없었다. 텐센트는 2013년 게임 관련 가상상품을 판매하여 40억 달러의 매출을 달성했다. 그 외에 전자상거래와 광고 같은 여러 부가가치 서비스를 활용해 40억 달러를 더 벌어들였다. 2017년에는 게임 관련 매출이 180억 달러를 돌파했다. 광고를 주요 수익원으로 삼지 않는다는 점에서 텐센트는 다른 토종기업인 알리바바와 바이두, 미국의 공룡기업 페이스북 및 구글과 차별성이 있다. 각각의 핵심 무료 서비스(위챗)에 대해 수억 명의 사용자층을 보유했다는 것이 엄청난 이점이지만, 사용자들의 지갑을 열 수 있도록 서비스 아이디어를 끊임없이 창출해야 한다는 조건이 있다.

무료 애플리케이션을 활용해 수익모델을 창출하는 텐센트의 전략은 스마트폰 메시징 애플리케이션 위챗이 대성공을 거둔 것에 힘입어 앞으로도 유지할 것으로 보인다. 2011년 초 출시된 위챗은 성장세가 그야말로 경이로운 수준이다. 위챗 사용자는 2014년 말 4억 7,000만 명에 도달했고, 2018년 기준 10억 명에 도달했다.

위챗은 이미 모바일 게임을 비롯한 여러 유료 서비스로 사용자들을 유인하는 통로로 활용되고 있다. 2017년 위챗이 모바일 전자상거래에 뛰어들며 앞으로 텐센트의 핵심 상품으로서 진가를 발휘할 것으로 기대된다. 모바일 시장 등 알리바바가 취약한 몇몇 영역에서 경쟁을 벌일 수 있게 된 것이다.

2013년 말과 2014년을 거치면서 텐센트와 알리바바 모두 막대한 자금을 투자하여 기업인수를 추진했다. 예를 들어, 텐센트는 티몰Tmall에 이어 중국 2위 온라인 쇼핑몰로 평가 받는 제이디닷컴을 인수했다. 알리바바는 6억 달러 가량을 투자해 중국 최대 마이크로블로깅 웹사이트 시나웨이보의 주식을 대거 확보했다. 두 공룡기업은 서로를 겨냥한 것이 분명했다. 텐센트의 온라인 금융결제 시스템 텐페이Tenpay가 인기 면에서는 알리페이에 뒤쳐지지만, 위챗에 전자결제 기능이 더해지고 사용자들을 끌어들기 위한 광고 캠페인이 활발히 진행된 덕에 상황은 모른다. 그중에 레드패킷Red Packet 애플리케이션의 인기가 대단했다. 덕분에 사용자들은 휴대전화로 세뱃돈을 뿌릴 수 있게 되었다(중국은 새해 풍습으로 세뱃돈을 빨간 주머니에 담아준다).

어쩌면 중국 내 텐센트의 포니마, 바이두의 로빈리, 달리안 완다의 왕젠린이 추진한 8억 1,500만 달러짜리 합작투자 사업이 곧 다가올 결전을 가장 잘 암시해주었을 것이다. 완다이커머스^{Wanda E-Commerce}로 명명된 합작투자 플랫폼의 목표는 명백했다. 제2의 알리바바 이커머스 제국을 건설하는 것이었다.

왕젠린에 따르면, 합작법인의 목표는 달리안 완다의 전국적 상업용 부동산 네트워크, 텐센트의 온라인 소셜 네트워크 및 전자결제 시스템, 바이두의 검색 및 빅데이터 기술 등을 조합하여 매끄러운 O2O^{Online to Offline} 쇼핑 경험을 만들어내는 것이다.

도사리고 있는 위기

중국 전자상거래 부문을 선도하는 알리바바의 독주를 저지하기란 쉬운 일이 아니다. 그러나 이번 장에서 중국 비즈니스 환경의 특징을 살펴보면, 그것을 가능케 하는 것을 파악할 수 있다. 중국의 경제규모와 성장세에서 발생하는 기회, 개방된 시장에서 벌어지는 치열한 경쟁, 시장의 지평에 미치는 기술적 영향, 혹은 정부의 힘이 강한 중국의 특성상 나타날 수 있는 변화에 대해 들여다봐야 한다. 사실 중국 창업가들은 어느 업종에서나 다양한 도전에 직면했다. 기업들은 언제 닥칠지 모르는 혼란에 경계의 끈을 늦추지 말아야 한다.

경쟁은 대부분의 기업들에게 가장 큰 위협이다. 전자상거래 부문에서는 알리바바가 시장의 규모와 성장률에 힘입어 세계 최고가 되는 초석을 닦았다. 그러한 시장 환경 덕분에 많은 기업들이 아주 빠른 속도로 성장하고 있다. 예컨대, 전자제품 온라인 판매업체 징동닷컴은 알리바바보다 30% 이상 높은 매출액 상승세에 힘입어 2014년 5월 나스닥 증권시장에 상장했다. 곧이어 징동닷컴의 기업가치 규모가 400억 달러로 치솟았다. 다음 장에서 살펴볼 기업인데, 징동닷컴의 뒤를 바싹 추격하고 있는 중국 온라인 슈퍼마켓 최강자 이하오디엔^{Yihaodian}도 주목받았다. 이하오디엔은 설립한지 5년도 안 돼서 100억 위안 이상의 연매출을 달성하여 중국 5대 전자상거래 업체로 발돋움하기도 했다. 대주주였던 월마트는 이하오디엔 지분을 기존의 51.3%에서 2015년 100%로 늘려 자회사로 만들어 중국의 틈새 시장을 노렸지만 결과적으로 실패했다. 2016년 월마트는 이하오디엔을 중국 전자상거래 2위 업체 징동에게 매각, 편입시키고 지분 5%를 확보하였다.

특히 이동통신에서 경쟁이 치열하다. 놀라운 성장속도로 애플과 삼성을 압박하는 중국 스마트폰 업체는 샤오미만이 아니다. 레노버와 화웨이도 통신부문을 성장시키기 위해 글로벌 시장을 겨냥하고 있다. 그렇지만 두 업체는 무엇보다 젊은 고객층을 사로잡는 면에서 샤오미의 마케팅 역량을 따라가지는 못한다. 그러나 훨씬 강력한 R&D 자원과 자금력, 유통망을 보유하고 있기에 두 업체는 언제라도 샤오미가 흔들거리는 순간 도약할 준비를 하고 있다. 화웨이의 경우 전 세계의 통신 운영자들이 그 역할을 톡톡히 하고 있다. 마찬가지로 레노버는 방대한 소매 유통망을 갖추고 반격할 기회를 노리고 있다.

중국이란 국가의 관료적 성격은 경쟁 상황에서 특정한 진영을 선택할 수 있고, 혜택 받은 쪽의 성과를 크게 늘려줄 수 있다. 그런데 해외에서 상장한 인터넷 기업들인 알리바바, 텐센트, 바이두는 하나

같이 인터넷에 대한 중국 당국의 외자제한 법망을 회피하기 위해 변동지분실체라는 합법적 구조를 이용했다. 세 업체는 모두 모두 케이맨제도(카리브해에 있는 조세피난처로 유명한 제도) 등지에 재정적 거점을 등록했다. 이렇게 등록된 법인들은 지분 관계에 따라 중국 내 자산을 소유하는 게 아니라 중국 현지 기업들에게 자금을 투자하여 실질적으로 회사를 지배한다. 지금까지 규제 회색지대에 존재하긴 했지만, 해당 법인들은 사법적 감시를 극복해왔다. 상황은 언제라도 바뀔 수 있다. 특히 오랫동안 정부의 감시 영역 밖에서 운영되었던 부문에 통제를 강화하기로 정부가 결정한다면 말이다. 알리바바가 다음과 같이 IPO 문서에 명시한 내용을 보면 사정을 이해할 수 있다. "어떤 새로운 법안이나 규칙, 규제책이 채택될지, 혹은 채택된다면 어떤 내용이 시행될지 불분명하다." 그럼에도 아마도 정부 당국은 현재의 상황을 계속 용인하며 알리바바와 텐센트 같은 기업들이 자금을 조성하거나 해외 시장으로 영역을 확대하는 것을 바라보며 흡족해할 가능성이 있다. 그러나 필요하다면 언제나 행정적인 조치로 그들의 고삐를 쥘 수 있다는 것을, 정부 당국은 알고 있다.

중국 창업가들은 다른 무엇보다도 이러한 비즈니스 환경에서 조직을 잘 꾸려나갈 수 있는 방법을 모색해야 한다. 기회를 보는 시야, 기회를 잡아 활용하는 역량, 경쟁에서 이기는 강인함과 문제해결능력, 관료들과 관계를 잘 유지하는 정치적 기술 등을 갖춰야 한다. 바로 다음 순서에서 이런 역량을 기업들이 어떻게 개발하고 효율적으로 활용하는지 살펴볼 것이다.

3장

시장의 지배자들

CHINA

중국 기업들만의
특별한 전략은 무엇인가?

중국에 대한 오해와 착각

중국 외부에서 서구의 미디어로 중국에 관한 정보를 습득하는 사람들은 중국을 혁신과 전혀 관계없는 곳으로 바라보는 경향이 있다. 중국이라고 하면, 지적재산권이 존재하지 않거나 그에 대한 관리가 허술한 짝퉁의 나라, 주입식 교육제도를 떠올리는 것이다.

미국 부통령 조 바이든Joe Biden은 2014년 5월 공군사관학교 생도들에게 연설하는 자리에서 이렇게 외쳤다. "여러분에게 물어봅니다. 중국에서 혁신적인 프로젝트, 혁신적인 변화, 혁신적인 상품이 나온 게 있다면 하나만 말해보세요." 그보다 두 달 전에는 〈하버드 비즈니스 리뷰Harvard Business Review〉가 '왜 중국은 혁신할 수 없는가?Why China Can't

Innovate?'라는 제목의 논문을 발표했다.[1] 이 논문에서 경영대학원 교수 레지나 M. 아브라미Regina M. Abrami, 윌리엄 C. 커비William C. Kirby, F. 워런 맥팔란F. Warren McFarlan은 다음과 같이 단언했다. "오늘날 많은 사람들이 서방국가들이 창의적인 경영 사상가와 혁신가들의 본고장이라고 믿는다. 그리고 중국은 대체로 규칙에 얽매인 주입식 교육의 나라(R&D를 열심히 하지만, 큰 발전이 없는 곳)라고 생각한다."

이런 관점에 동의한 세 저자는 알리바바와 바이두가 일으키는 '제2세대' 혁신처럼 중국 기업들이 달성한 발전의 가치를 알아보지 못했다. 중국 기업들은 기존의 기술, 그리고 한때 누군가가 창조적 집단사고Blue-sky thinking로 이루어내어 전 세계 기업들이 일상적으로 하는 일들을 내수시장에 맞게 특화시키고 있다.

참으로 이상한 일이다. 위 논문을 비롯한 여러 유사한 문헌에서 저자들은 다양한 업종의 중국 기업들이 여러 영역에서 새로운 아이디어를 창안, 적용하여 일상의 삶을 변화시키는 등 현지 시장에 엄청난 영향력을 미치고 있다는 점을 간과하고 있다. 왜 그럴까? 백색가전 부문의 하이얼을 떠올려보라. 통신부문의 화웨이는 어떠한가? 모바일에서 샤오미, 전자상거래 및 금융에서 알리바바, 메시징과 게임분야의 텐센트는 또 어떠한가? 이 업체들은 소수의 사례에 불과하다. 그럼에도 이들의 영향력이 간과되고 있는 실정이다. 왜일까?

간단히 말하자면 기대치의 차이다. 중국 기업들은 이를테면 전력 시스템이나 화학 분야 관련 기초 기술연구에 뛰어들지 않았다. 혹은 아이폰이나 페이스북에 못지않게 강력한 상품과 서비스로 서구 시장에 진출했지만, 그에 관한 기술연구가 부족한 실정이다. 뿐만 아니

라 일본의 '적시생산^{Just-in-time}' 시스템 같은 탁월한 비즈니스 프로세
스를 정립하지도 않았다. 하지만 이를 두고 '중국은 혁신적이지 않
다'라고 해석한다면 요점을 완전히 놓쳐버린 꼴이다. 중국에서 일어
나지도 않은 일에 초점을 맞추다보면, 실제로 일어나고 있는 일을 보
지 못한다.

중국 기업, 혁신에 목숨을 걸다

"기업가적인 기업들에게 있어서 혁신은 죽느냐 사느냐의 문제다."
이하오디엔의 회장이었던 유강이 한 말이다. 중국 최대 온라인 슈퍼
마켓인 이하오디엔이 성장을 이끌어내고 유지하도록 착수한 계획
들을 그는 술술 늘어놓았다. 이하오디엔은 지하철역을 가상의 상점
으로 바꿔놓았다. 소비자들은 제품 사진 옆에 보이는 바코드를 스마
트폰으로 촬영하기만 하면 된다. 그러면 구매한 물건이 신속하게 집
으로 배달된다. 게다가 72개 경쟁업체 웹사이트에 올라간 제품 수백
만 개의 가격정보가 자동으로 추적된다. 이하오디엔은 협력업체들과
함께 혁신적인 회사 간 물품추적 시스템을 설치했다. 또한 여러 물류
센터에서 화물관리를 간소화했다.

어느 하나도 획기적인 것은 없다고 유강은 기꺼이 인정한다. 그럼
에도 총 고객 수가 2009년 100만 명에서 2013년 6,000만 명으로 늘
어나기까지 어느 것 하나 제 기능을 하지 않은 것은 없었다. 그해 이
하오디엔은 18억 달러의 매출을 달성하면서 중국 5대 전자상거래

업체로 우뚝 섰다. 일상용품을 일반 소매점보다 저렴한 가격으로 판매하는 것은 물론 오토바이와 모터자전거 부대가 중국 도시의 혼잡한 거리를 관통하여 고객의 집과 사무실로 물품을 직접 배달해주는 것이 대성공으로 이어졌다.

여기까지 도달하기 위해 유강은 먼 길을 돌아왔다. 중국 중부 양쯔강 북안의 도시 이창Yichang에서 태어난 유강은 1983년 우한대학Wuhan University을 졸업한 후 미국으로 건너갔으며, 이후 텍사스대학에서 경영대학원 교수가 됐다. 또한 유강은 항공관리 소프트웨어 개발업체를 창업했다가 앤더슨컨설팅(글로벌 컨설팅업체 액센츄어의 전신)에 매각했다. 뿐만 아니라 그는 아마존 본사와 델컴퓨터에서 관리부사장 및 글로벌 구매담당직을 수행했다. 상하이에서 18억의 조달예산을 관리하게 된 그는 그 덕에 중국으로 돌아오게 되었다.

대다수의 사람들에게 힘든 도전이었을 것이다. 그럼에도 유강은 중국에 몰아쳤던 창업 열풍에 스스로를 내던졌다. 이하오디엔의 창업 아이디어가 떠오른 것은 그가 델에서 함께 근무한 중국 지사장 리우 쥔링Liu Junling과 업무상 점심식사를 할 때였다. 두 남자는 새로운 창업 가능성에 깊이 매료되었다. 물류상의 문제를 해결하여 중국 신흥 도시민의 일상적 필요를 충족시키는 그림을 그린 것이다.

2012년 월마트스토어Wal-Mart Store는 이하오디엔 1호점 지분 50.2%를 인수했다. 이로써 이하오디엔은 월마트의 전국적인 물류망은 물론 더 나아가 물류 노하우를 활용할 수 있게 되었다. 2014년 말 이하오디엔은 여전히 적자를 면치 못했지만, 유강은 고객성장을 계속 촉진시키고 2015년까지 매출을 2배로 확대한다는 목표를 세웠다. 모든 점에서 확장을 하겠다는 의미였다. 매년 수천만 명에 달하는 신규 고객을 발굴하고, 그들의 데이터를 활용하겠다는 계획이었다. 또한 물류센터를 거치는 물품의 수와 양이 늘어나는 상황에서 물류를 점검하고 추적하며, 기술 개발에서 경쟁업체에 뒤처지지 않기 위해 애쓴다는 것이었다.

이하오디엔의 성장궤적은 도시들의 빠른 성장과 맥을 같이 한다. 도시가 급속히 성장하고 인구가 밀집되며 출퇴근 거리가 늘어가는 상황에서 시간절약과 편리성이 매우 중요한 가치로 떠올랐다. 또한 모바일 전자상거래 이용이 늘어나면서 평일 저녁 시간대와 주말에 매출이 증대됐다. 소득이 늘어나면서 신선한 농산물에 대한 수요가 갈수록 늘어나는 한편, 식품 안전에 대한 관심이 높아지면서 수입식품 선호도가 급속히 올라가는 추세다.

중국 소비자들의 전자상거래 비율은 2013년 소매 판매의 8%를 차지했다.[2] 그러나 슈퍼마켓을 비롯한 다수의 소매업자들은 이미 매출이 줄어들고 있다. 내륙 지방의 성장세가 급속히 높아지고 있지만, 지금까지는 동부 해안권 도시들에서 온라인 구매량이 최대로 높았다. 내륙 지방에 비해 소득수준이 낮지만 소매점이 부족하다는 점은 곧 온라인 쇼핑 선호도가 높다는 것을 의미한다.

이하오디엔이 성장을 지속할 수 있다면, 중국 소매업에서 새로운 지평을 열 가능성이 있다. 다만 전제가 있다. 끊임없이 개선하고 혁신을 거듭하는 경영방식을 고수해야 업계에서 중요한 위치를 유지할 수 있다. 그러므로 이하오디엔을 비롯한 주요한 기업가적 기업들은 다른 무엇보다도 급속한 성장을 촉진, 지원하기 위한 아이디어의 흐름과 접근법을 끊임없이 창출해야 한다. 또한 중국의 기업환경, 즉 지난 장에서 설명한 경제규모, 시장개방, 정부지원, 기술 등이 그러한 혁신을 뒷받침하는 것이 중요하다. 중국이 성장하려면 기업들이 변화해야 한다. 그러나 안타깝게도 중국 국내의 치열한 경쟁에서 이하오디엔은 결과적으로 살아남지 못했다.

기업은 하나의 특별한 문제에 대응하는 차원이 아니라 전반적인 측면에서 다수의 도전에 동시에 대처할 수 있어야 한다. 예컨대 제조업체라면 흔히 다음과 같은 도전에 직면해 있을 것이다.

★ 지속적인 제품 업데이트

지적재산권 관리가 허술한 이상 제품의 기능을 늘리거나 개선해도 그 즉시 경쟁업체에 의해 모방된다는 것을 기업들은 알고 있다. 때문에 경쟁에서 앞서 가기 위해 기업들은 부단히 새로운 특징과 기능을 개발하여 고객들을 만족시키고 경쟁업체들이 쫓아오지 못하게 해야 한다.

★ 가격통제

중국 고객들은 대개 가격에 매우 민감하기에 거의 모든 기업들이 제품단가 인하를 주요한 목표로 삼는다. 규모를 확대하는 것은 원가축소, 자재절감, 고객특화 기능성 제품개발 등과 마찬가지로 부분적인 해법에 불과하다.

★ 인재 부족 타개

숙련된 직원이 부족한 현상은 중국 기업들의 고질적인 난제다. 특히 중국의 성장세와 맞물려 문제가 심각해진 실정이다. 이에 기업들은 여러 주요 영역에서 게릴라 전략을 대처방안으로 삼아 문제를 헤쳐 나가고 있다. 전통적 판촉활동 경험이 부족한 영역에서 마케팅을 진행해야 하기에 기업들은 나름의 색다른 전략을 개발해 신규 고객을 유인하고 유지한다. 샤오미가 크라우드소싱Crowdsourcing(생산과 서비스 과정에 소비자 또는 대중을 참여시켜 제품과 서비스를 개선하고 수익을 참여자와 나누고자 하는 방식)을 활용하는 것이 대표적인 예다. 샤오미는 인터넷에서 소비자들로부터 정보를 얻어 스마트폰의 기능을 개선하고, 신제품을 출시할 때마다 세상의 관심을 불러일으킨다.

★ 임금 압박에 대처

기업들은 중국의 노동력이 축소되고 인건비가 급속히 상승하는 실정을 극복하기 위해 혁신해야 한다. 15년 전만 해도 중국 노동자들은 세계에서 가장 값싼 인력으로 통했다. 100달러도 되지 않았던 월 평균 임금은 멕시코 노동자 임금의 3분의 1 수준이었다. 그러다 2013년 월 평균 임금은 700달러까지 상승해 말레이시아와 동등하고 멕시코보다 3분의 1 이상 높은 수준에 이르렀다. 엎친 데 덮친 격으로 중국의 노동력이 축소되고 있다. 중국 노동자들의 수가 연간 200만 명에서 400만 명 가량 줄어들면서 2020년까지 하락세가 완만해질 것으로 보인다. 총 노동인구가 9억 명인 것을 생각하면 매우 미비한 수준이긴 하다. 하지만 2020년 이후에는 1970년대 말 도입된 '한 자녀 정책'의 영향으로 21세기 중반까지 노동인구가 6억 5,000만 명까지 떨어져 가파르게 하락할 것으로 보인다.[3]

중국은 생산성이 급격히 증가해야 경쟁력을 유지할 수 있다. 후반부에서 살펴보겠지만, 교육수준을 높이는 것도 도움이 된다. 그밖에 장루이민이 하이얼에 적용하고 있는 다수의 창업자로 구성된 플랫폼형 수평구조처럼 새로운 형태의 조직구조로 전환하는 것도 방법이다.

★ 인프라 결점을 극복

중국의 도로와 철도가 확장된 것은 매우 인상적인 일이었다. 2017년 말 기준 중국의 고속도로 길이는 13만 6,000킬로미터며, 중국의 고속철 길이는 2만 5,000킬로미터다. 오는 2030년에는 4만 5,000킬로미터로 늘어날 전망이다. 이러한 교통 인프라의 획기적인 확충으로 거대한 중국의 도시들의 일일생활권이 더욱 가까워졌다. 교통의 발달과 인터넷 보급의 확대는 도시와 농촌의 간격을 메우면서 소비 풍조를 빠르게 일체화시키는 작용도 하고 있다. 이에 따라 쇼핑몰이나 현대식 소매점들이 지방에도 속속 들어서고 있다. 그러나 천편일률적 개발과 과잉공급으로 인한 후유증으로 지방 정부와 개인의 부채만 키우는 시련도 발생하고 있다.

여러 업종의 기업들이 비슷한 문제에 직면하여 어려움을 겪고 있다. 해법을 찾으려면 기능과 운영의 범위 전반에서 끊임없이 독창적인 과정을 밟아야 한다. 해법의 고안은 연구부문에서 다루는 일이 아니요, 전략적 계획의 일부가 되는 것도 아니다. 장기적이고 지속적인 우위를 창출하기 위한 프로세스로 취급될 일도 아니다. 그보다는 조직의 모든 부문에서 이루어지는 '일상적 운영'의 일부가 되어야 한다. 이와 관련해 컬럼비아대학 경영대학원의 리타 건서 맥그레이스 Rita Gunther McGrath 교수가 핵심을 짚었다.[4] 그녀의 말처럼 필수적인 프로세스는 '단기적 경쟁우위를 개척하는 일'이다.

그런데 이런 압박이 긍정적으로 작용하고 있다. 중국의 시장개방에 대한 압박이 적절히 유지되어 창업적 활동의 기회가 생겨나고 있다. 알리바바가 알리페이를 개발한 일이 적합한 사례다. 그것은 어떤 면에서 중국에 온라인 결제 시스템이 부족했기에 강구된 대응이었다. 그런데 또 다른 측면에서 훨씬 더 중요한 점이 발견된다. 알리바바는 중국 전자상거래시장 진출의 길을 확대했다. 알리페이의 창출은 단 한 번의 개발 성과가 아니었다. 대개는 중국 기업이 한 단계 나아갈 때마다, 점진적으로 나아가든 새로운 비즈니스 영역으로 과감히 뛰어들어야 한다는 요구이든 간에 그것은 사업운영 환경에 대처하려고 내놓아야 하는 다수의 대응방식 중 하나였다. 이처럼 늘 문제운영의 해법을 제시해야 하는 필요성이 누적되어 중국 기업들의 혁신이 강화되는 것이다.

한편으로 인터넷으로 인해 업종 간 장벽이 허물어져 창업 기회가 홍수처럼 넘쳐났다. 그렇다고 도전이 기술에만 국한된다는 말은 아니다. 이하오디엔 같은 기업은 전자상거래 사업에 필요한 기술과 온라인 시스템뿐 아니라 매우 핵심적인 비즈니스 모델을 개발하고 있다. 이 경우, 이하오디엔은 중국의 다양한 도시에서 오토바이와 모터 자전거 배송 시스템으로 광범위한 수요를 충족시킬 수 있는지 판단해야 한다. 그렇게 할 수 있다면, 결국 중국 전역을 대상으로 식료품과 일상용품을 배송할 수 있게 된다. 만약 그럴 수 없다면, 도중에 실패할 가능성이 커진다.

이하오디엔이 실패의 길을 걸었기에 다른 기업이 그 자리를 대신할 것이 분명하다. 예컨대 중국 최대 민간 특송업체인 SF익스프레스 SF Express는 2014년 400개의 O2O 편의점 체인을 운영하기 시작했다.[5] 각각의 편의점 체인은 컴퓨터 단말기를 갖추고 전문 물류기술에 전자상거래가 잘 적용되는지 시험했다.

SF익스프레스가 효과적으로 경쟁할 수 없다면, 어쩌면 업체들 간의 연합이 대안이 될 수도 있다. 알리바바는 일련의 제휴로 일종의 연합체를 구성하고 있다. 그중 중국 우정China Post과의 제휴는 온라인 구매품을 전국 어디든 24시간 안에 배송하겠다는 목표 하에 이뤄졌다. 또한 하이얼과의 제휴는 대형 제품을 용이하게 배송하는 것을 목표로 하고 있다. 뿐만 아니라 알리바바는 몇몇 배송회사와 기술 컨소시엄을 구성했는가하면 싱가포르 우체국인 싱포스트SingPost에 2억 5,000만 달러를 투자했다.

유강이 '혁신은 해내느냐, 죽느냐이다'라고 말한 것을 보면, 기업들이 지속가능한 혁신을 실천하는 일이 얼마나 중요한지 확실히 알 수 있다.

중국은 성장속도와 맞물려 영역을 불문하고 알리바바 같은 기민한 기업의 발원지가 되었다. 알다시피 하이얼과 샤오미에게 본연의 상태란 끊임없이 영역을 넘나들며 변화를 실현하는 모습이다. 그들이 활동하는 시장은 주변 환경에 잘 적응해야 살아남는 적자생존의 원리가 지배하고 있다.

이런 경우에 혁신은 상품과 서비스에 관한 혁신뿐 아니라 프로세스와 실무에 관한 혁신도 포함한다. 20년 전만 해도 중국 기업에서 지속적 발전의 규범을 찾아보기 어려웠다. 오늘날은 그와 같은 윤리가 기업조직 구석구석에 배어 있다. 이제 혁신은 사업을 확장하기 위한 전제조건이 되었다. 새로운 업종과 서비스의 범주로 들어가든 중국 밖의 드넓은 세계로 나아가든 말이다.

성공의 필수조건, 글로벌화

일련의 발전과정을 거쳐 중국 내에서 성장을 거듭한 기업들은 다른 곳으로 영향력을 발휘하기 시작했다. 이 모든 기업의 성공과 관련한 공통된 맥락이 있다. 중국의 비즈니스 환경에 대응하는 차원에서 사업운영의 모든 영역에서 지속적, 점진적 혁신이 실현되고 있다는 점이다. 기업들은 한편으로 세계적인 성장을 이루기 위해 그와 유사한 접근방식을 활용할 수 있다는 것을 알아채고 있다. 이를 실천하여 시장에 엄청난 파장을 일으킨 기업이 바로 선전에 본사를 둔 화웨이 테크놀로지다. 화웨이는 무명의 벤처기업으로 시작하여 25년 만에 세계 최대 통신 네트워크 장비업체로 성장해 스웨덴 에릭슨의 유일한 대항마로 떠올랐다.

화웨이를 창업한 런정페이는 1944년 중국 서부의 최빈곤 지역인 구이저우Guizhou에서 태어났다. 그는 대학에서 건축을 전공했으며, 졸업 후 인민해방군에 입대해 군사기술 연구원으로 복무했다. 그러다 1980년대 초 감군정책에 따라 군을 전역했고, 선전으로 이주해 창업했다. 이후 몇 차례 실패를 거듭한 그는 저축한 돈 2만 1,000위안, 당시 화폐가치로 대략 5,600달러를 털어 1987년 화웨이를 설립했다.

사업 초기 화웨이의 주 수익원은 홍콩산 사무용 통신장비 매출에서 나왔다. 그렇게 1990년 첫 연구소를 개원할 만큼 충분한 자금을 획득했다. 2년 후에는 통신 네트워크의 핵심 장비이자 전화를 연결해주는 디지털 스위치를 최초로 출시했다.

당시 중국은 통신 시스템을 대대적으로 도입하던 차였다. 개인 전화기를 가진 사람이 하나도 없었던 중국은 1990년 이후 10년도 안 돼 전국적인 유선전화망을 갖췄다. 휴대전화를 소유한 사람들도 대거 늘어났다. 이 시기 최고의 승자는 해외 통신장비 업체들이었다. 지멘스Siemens, 알카텔Alcatel, 노키아Nokia, 모토로라Motorola, 에릭슨, 노르텔Nortel 등이었다. 이 회사들은 차이나텔레콤China Telecom, 차이나모바일China Mobile, 차이나유니콤China Unicom 등 중국의 거대 통신 서비스업체들의 지역 사무소에서 예비 고객들을 찾아냈다.

이들이 확보한 최고의 고객들은 남부 광동지역부터 북부 베이징과 텐진에 이르기까지 동부 해안의 부유한 지방과 도시에 거주했다. 이 지역 구매자들은 해외 판매업체들이 제공하는 보다 첨단화된 기기를 선호했다. 모든 지역이 두 곳 이상의 공급업체로부터 장비를 구매해야 하는 정부 규제로 인해 내륙의 여러 빈곤한 지역에서 화웨이가 2차 공급업체가 되는 길이 열렸다. 처음에는 주문량이 미비했지만, 그 덕분에 화웨이 기술자들은 직접 장비를 설치한 것은 물론 해외 공급업체들의 시스템에 어떻게 부합하는지 살피는 등 경험을 쌓을 수 있었다.

런정페이는 화훼이가 끊임없이 제품의 질을 향상시켜야 한다고 강조했다. 한편 정부는 토종 통신장비업체가 외국 기업들을 대신하길 열망하며 지원을 아끼지 않았다. 이에 힘입어 화웨이의 영역은 계속 확대됐다. 디지털 스위치 관련 실적이 경쟁업체에 비하면 여전히 미비한 수준이었지만, 경쟁업체보다 저렴한 가격으로 격차를 메꿨다. 외국의 기업들보다 가격 경쟁력이 뛰어나고 국영기업들보다 제품의 질에서 우위를 선점하면서 런정페이는 좀 더 부유한 연안지방에서 구매업체를 물색하기 시작했다.

화웨이는 1997년 경계를 넘어 세력을 확대해나가 선전지역 남부까지 진출했으며 첫 해외 수주로 홍콩 기업 허치슨텔레콤Hutchison Telecom과 계약을 체결했다. 그로부터 8년도 안 돼서 아시아를 시작으로 아프리카, 남아메리카, 유럽에 이르기까지 판로를 넓혔다. 그 사이 화웨이의 해외 매출은 국내 매출을 훨씬 넘어섰다.

런정페이는 안정적인 거래를 확보하기 위해 경쟁업체들보다 낮은 가격으로 입찰을 시도해야 한다고 늘 강조했다. 와튼비즈니스스쿨에 따르면, 화웨이는 경쟁업체들보다 대체로 5~15% 낮은 가격으로 입찰을 진행했다. 화웨이의 사업방식을 들여다보면, 시작부터 경쟁업체들과 다른 면이 있었다. 고객의 규모와 상관없이 고객관리를 개선할 방법을 늘 모색했던 것이다. 1990년대 통신업의 황금기를 지나 닷컴 붕괴기에 이르기까지 화웨이의 접근법은 해외 거대 통신업체들의 방식과 매우 차별화됐다. 해외 업체들의 주된 관심사는 첨단기술을 개발하는 것이었다. 빠르게 성장하는 통신업체들에게 그 기술을 판매할 수 있었으니 말이다. 또한 그들은 주로 대기업들에게 전반적인 시스템을 판매했다. 그러면서 특히 자원이 빈곤한 시장에서 활동하는 소규모 기업들과의 거래를 별로 달가워하지 않았다.

반면에 화웨이는 소규모 업체들과의 거래를 선호했으며, 흔하고 일반적인 필요에 초점을 맞췄다. 그 일환으로 기존의 시스템에 비해 규모가 작고 전력 효율이 좋은 이동통신기지국 구축하여 통신업체들이 소비전력과 사용료를 줄일 수 있게 하였다. 그들의 장비를 기존 시스템과 통합하는 기술도 개발했다. 어쩌면 가장 중요한 일인데, 컴퓨터 프로그래머와 소프트웨어 전공 대학졸업생들을 수천 명이나 고용하여 연구개발 인력을 빠르게 확대했다. 주로 통신운영업체들에 대한 효율적인 네트워크 운영방법을 찾는 일에 R&D 인력들을 투입했다.

오늘날 화웨이는 수익 1,020억 달러 중 60% 가량을 해외에서 벌어들이면서 중국 최대 민영 수출업체로 올라섰다. 워싱턴에서 대개 국가안보 문제로 소수의 소규모 이동통신운영업체에 판매가 제한되어 왔는데, 이런 미국의 두드러진 사례를 제외하고는 전 세계 어디에서든 화웨이의 로고를 볼 수 있을 정도로 세계 시장에서 자리매김했다. 화웨이가 중국 정부의 대변자라고 하는 근거 없는 주장이 그와 같은 의의를 가리는 연막이 되었다.

화웨이는 획기적인 상품을 계속 출시하는 것에 연연하지 않았다. 그보다는 제2의 마켓 플레이어들Market players에게 적절한 제품을 제공하고 지원할 수 있는 방법을 찾는 방향으로 혁신하는 과정을 보여줬다. 중국의 하위 지역 및 여러 저개발 국가에 소재한 기업 고객들을 지원하는 한편 선진국 시장의 소규모 마켓 플레이어들과 협력함으로써 화웨이는 미국과 유럽의 거대 장비업체들과 정면으로 부딪히지 않고 사업의 기반을 갖추고 시장 경험을 쌓을 수 있었다. 또 한편에서는 경쟁업체들과의 격차를 줄이려고 무던히 애썼기에 경쟁업체들이 부차적인 것으로 여겼던 시장영역을 잠식하는 등 경쟁의 레이더망에 포착되지 않는 성장에 집중할 수 있었다.

화웨이가 규모를 늘리면서 지속적인 저가정책을 펼치는 사이 통신장비 부문이 상업화되었고 경쟁업체들의 수익이 축소되는 결과가 이어졌다. 경쟁업체들은 기술역량이 중요한 영역에서 여전히 계약을 따냈지만, 통상적인 네트워크 확장이나 업그레이드와 관련된 영역에서 점차 고전을 면치 못했다.

그 와중에 화웨이는 세계 통신장비 시장을 점차 중국화해나갔다. 지속적이고 점진적으로 기술을 발전시키는 능력, 꼭 필요한 기능과 함께 원가절약에 민감한 운영업체들의 수요에 정확히 맞춤화된 기능, 어느 업체와 비교해도 조금이라도 더 나은 가격이 중요시되었던 것이다. 화웨이가 마진을 추락시키는 사이 매년 합병하거나 업계를 떠나는 업체가 늘어났다. 만만찮은 경쟁업체 에릭슨의 위세가 여전했고 라우터 및 스위칭 시장에서 강적 시스코가 버티고 있었지만, 2012년 즈음 화웨이는 세계 최대 네트워크 인프라 판매업체로 입지를 확실히 다질 수 있었다.

적극적으로 밀어주는 정부

지금까지 살펴본 것처럼 중국의 혁신적인 기업들은 내수시장을 장악한 후 해외로 세력을 확대하면서 전 세계 기업들을 위협하고 있다. 이와 관련해서는 4장에서 더 자세히 살펴보기로 하고, 지금은 화제를 돌려 중국 기업들의 혁신적인 활동상을 완전히 새로운 차원에서 들여다보려고 한다.

지금까지의 상황을 볼 때, 대다수 중국 기업들의 혁신은 그들의 시장 주도적 특성 때문에 제한적인 수준에 머물러 있다. 조직을 성장, 확대시키고 있지만, 그들의 초점은 선천적으로 단기적인 측면에 머물러 있다.

그렇다면 무엇이 중국 기업들로 하여금 대규모 고차원의 혁신을 실현하도록 만들까? 바로 관료적인 중국이 시행하고 있는 조치들이다. 중국 정부는 오래 전부터 경제 선진국이라는 목표를 실현하기 위해선 국가가 앞장서야 한다고 인식했다. 서구 관찰자들 사이에서는 기업들만이 혁신할 수 있다는 통념이 퍼져 있지만, 중국 지도자들은 국가가 앞장서야 하는 이유를 알고 있다. 여러 결정적 영역에서는 기업들 단독으로 혁신에 필요한 자원을 장기적으로 확보할 수 없기 때문이다.

오늘날의 컴퓨팅, 통신, 에너지 관련 첨단기술의 발전을 뒷받침한 1950년대와 1960년대 미국 정부의 어마어마한 R&D 투자, 지금도 여전한 미국의 기술적 우위에 중국 정부는 자극을 받았다. 미국처럼 기술 강국이 되기 위해 산업과학 연구개발에 막대한 투자를 해야 하며, 특히 과학 및 기술 분야 교육을 대대적으로 확대해야 한다는 것을 중국 정부는 알고 있다.

중국 정부가 1990년대 중반 R&D 투자를 확대한 것도 있었지만 연구 최우선순위로 결정된 에너지와 수자원 개발, 환경보호에 GDP의 2.5%까지 R&D 지출을 늘린다는 대망의 15년 계획을 개시한 것

표7   1995~2011년 국가별 R&D 총지출

(단위: 10억 달러*)

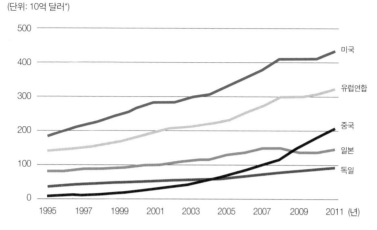

*현재의 구매력평가기준(PPP)

출처: 미국국립과학재단

이 전환점이 되었다. 이런 흐름에 따라 중국은 비중 있는 R&D 투자국이 되었다. 즉 미국이 세계 전체 R&D 투자의 대략 30% 비중을 차지하여 세계 최대 R&D 투자국의 지위를 유지하는 사이, 중국의 R&D 투자는 총 15%(2018년 기준 연간 2,500억 달러를 훌쩍 넘기고 있다)를 차지한 것은 물론 2000년대 초에 비해 4배 많은 수치를 기록하여 세계 2위 R&D 투자국으로 발돋움했다.

중국은 R&D 지출이 GDP에서 차지하는 비중은 미국(2.8%)과 일본(3.4%)보다 낮지만, 1990년대 0.5%에서 2% 이상으로 늘어나고 있는 것은 고무적이다. 절대 금액으로는 오는 2019년에는 중국의 R&D

절대 투자액이 미국을 초과할 것이란 전망까지 나온다.

지금까지 중국 정부의 R&D 지출은 대부분 새로운 영역으로 나가기 위한 것이 아니라 서구 세계의 역량과 성과를 따라잡기 위한 것이었다. 이론적으로는 명백한데, 중국의 과학자와 기술자들이 서양의 과학자와 기술자들을 따라잡아야 그 이상의 영역으로 나아갈 테니까 말이다. 만약 지금의 기업혁신 수준에서 전혀 문제될 게 없다고 생각한다면 다시 생각해봐야 한다. 경쟁자들을 따라잡고 그 너머로 나아갈 수 있다고 생각한다면, 현실을 큰 그림에서 보지 못한 것이다. 중국은 현재 당면한 문제가 산적하다. 토종 반도체업체를 성장시켜 수입 기술을 줄여야 하고, 고속철도망 범위를 확대하여 이웃 국가들과의 무역관계를 강화해야 한다. 또한 태양광 지붕 설치를 독려하여 시골의 전기공급 문제를 개선해야 한다. 당면과제 해결을 목표로 삼는 것에서 더 나아가야 한다.

또한 중국이 글로벌 혁신 국가가 되는 목표를 달성하기 위해 필수적으로 실천해야 할 과제가 남아있다. 국가의 지적역량을 늘리기 위해 투자를 조성하는 일이다. 중국의 고등교육체제는 지난 20년 동안 개선되어 왔다. 그 사이 고등교육을 받은 졸업자 수도 늘어났다. 오늘날 연간 700만 명에 이르는 학생들이 대학을 졸업한다. 2001년의 대학졸업자 수 100만 명에 비하면 대폭 상승한 수치다. 대학졸업생들 중 대략 120만 명이 과학 또는 기술 관련 전공을 이수했는데, 2000년대에 비하면 2배로 상승한 수준이다. 이는 전 세계의 과학 및 기술 전공 졸업생 중 20% 이상을 차지하는 수치다. 미국은 10% 정도를 차지한다.

박사과정 이수자들의 경우를 보면, 2010년 전 세계에서 과학기술 전공 박사학위를 이수한 20만 명 중 3만 3,000명이 미국 대학 출신이며, 바로 뒤를 이어 중국 대학 출신이 3만 1,000명에 이르렀다.[6] 러시아는 1만 6,000명으로 3위를 차지했으며, 독일 1만 2,000명, 영국이 1만 1,000명으로 그 뒤를 이었다. 또한 미국 대학에서 과학기술 전공 박사학위를 이수한 외국 학생들 중 중국 학생들이 25%를 차지했다. 한편 2015년 기준 연구인력 인원은 중국이 161만 9,028명으로 1위를 차지했다. 미국은 2위로 135만 1,903명, 일본은 3위로 66만 2,071명, 독일은 4위로 35만 7,538명이었다.

중국의 단과대학과 종합대학의 학생들은 컴퓨터와 스마트폰으로 늘 세상과 연결되어서인지 세계 어느 지역의 학생들과 비교하더라도 정보력과 지적 수준이 뒤떨어지지 않는다. 2020년이면 중국의 총 대학졸업자 인력이 2억 명에 육박할 것으로 추산하고 있다.[7] 이는 미국의 전체 대학졸업자 인력보다 많은 수치다.

분야를 가리지 않는 혁신

교육과 혁신에 대한 투자는 얼마나 빨리 사업적 성공 또는 괄목할 만한 결과로 이어질 수 있을까? 이미 일부 영역에선 실현이 됐다. 일례로 교역상품의 품질이 매우 빨리 개선되고 있다. 2009년 장난감과 플라스틱 용품 같은 저가상품은 중국 수출품의 40%를 차지했지만, 지금은 3분의 1에도 미치지 않는다. 대체로 산업용 기계류와 자동차

부품 같은 고가상품의 해외 판매가 늘어났기 때문이다.

농업 분야에서도 실질적 개선이 이뤄졌다. 지난 20년 동안 중국은 토지단위 당 산출량을 70% 정도 높일 수 있을 정도로 곡물 생산성을 매년 2.6%나 향상시켰다.[8] 곡물 산출량은 새로운 쌀 품종이 개발되면서 대폭 상승했다. 품종은 빌&멀린다 게이츠 재단Bill and Melinda Gates Foundation, 중국농업과학원Chinese Academy of Agriculture Sciences, 중국생명과학연구원Chinese biotechnology institute이 공동 개발했다. 이와 관련하여 테스트 프로젝트에서 곡물 산출량이 20%나 향상되는 것으로 이미 밝혀졌다.

의료 분야에서는 정부의 지원을 받는 국영 의료연구소가 민영기업들 사이로 퍼져나가기 시작했다. 나스닥에 상장된 백신기업 시노백바이오텍Sinovac Biotech은 2009년 불과 87일 만에 효과적인 신종플루 백신을 최초로 개발했다. 이전에만 해도 신종 백신을 발 빠르게 개발하는 일은 거의 미국과 유럽 연구진의 몫이었다. 베이징에 본사를 둔 시노박바이오텍의 경우 엔테로바이러스 71형(EV71, 영유아 수족구병을 일으키는 바이러스) 백신을 개발하여 허가를 받기도 했다. 더불어 폐렴과 뇌수막염의 가장 일반적인 원인균에 대한 백신을 임상시험하고 있다.

제조업에서는 디지털 기술의 발달로 수혜를 누리기 시작했다. 지난 몇 년 동안 로봇과 3D 프린팅 기술의 개발로 미국을 비롯한 선진국에 제조업이 재배치되는 '리쇼어링Reshoring'현상이 일어날 것이라는 추측이 많았다. 그러나 가능성은 오히려 반대로 일어났다. 중국 기업들은 실무와 기술도입 역량을 늘려 제조업 기술을 향상시키고 있다.

머지않아 중국은 제조대국에서 제조강국으로 도약하게 될 추세다.

로봇기술은 인력부족 및 임금상승에 대한 해법으로 널리 인정받고 있다. 중국을 대상으로 하는 로봇 판매량은 2005년부터 2012년까지 매년 25%씩 상승한 이래 2013년에는 그 수치가 36%까지 치솟았다.[9] 2017년 중국의 산업로봇 판매량은 13만 1,000대로 전년 대비 81% 성장했다. 2020년 중국 산업로봇 판매량은 21만 대에 이를 것으로 추산된다. 로봇의 대당 평균 판매가격이 15만 위안이라는 점으로 미뤄볼 때 시장 규모는 300억 위안 수준으로 추정된다.

로봇은 자동차업계에서 가장 많이 사용되고 있는데 2016년 기준 자동차 관련 기업의 38%가 로봇을 사용하고 있는 것으로 알려졌다. 인구 1만 명 당 산업용 로봇 수를 일컫는 로봇밀도를 보면 중국은 여전히 68대로 글로벌 평균인 74대에 미치지 못한다. 하지만 인건비 상승과 제조 노동력 부족으로 빠른 시간 내에 100명 선에 접근할 것으로 예상되며, 시장 규모 측면에서는 세계 로봇 시장 점유율이 30%나 될 정도다. 또한 상하이 남부의 대표적 산업 중심지 저장성Zhejiang에서는 정부 당국이 2017년까지 5년 간 820억 달러를 투자해 생산 공정 자동화를 시행하기도 했다.[10]

한편, 중국은 3D 프린팅 기술의 글로벌 선도 국가가 되겠다는 목표를 향해 큰 발걸음을 내딛고 있다.[11] 그런 일환으로 쇠와 중금속 부품을 찍어내는 3D 프린터를 이미 생산하고 있다. 이를 이용해 직경 6미터, 무게 300톤에 달하는 원자력, 화력, 수력 관련 발전소용 소재를 생산할 수 있다. 지금까지 개발된 것들 중 가장 인상적이었던 것은 티타늄 합금 구조물을 만드는 프린터일 것이다. 보잉Boeing과 에

어버스^{Airbus}의 경쟁업체인 중국 상용항공기 유한공사^{Commercial Aircraft Corporation of China}는 이 프린터를 이용해 착륙장치, 주 동력베어링 프레임, 바람막이 프레임 등 협동체 여객기 C919에 들어가는 각종 부품을 생산했다. 3D 프린팅 기술을 이용해 C919의 주 바람막이 프레임을 찍는 데 55일이 걸렸으며, 비용은 20만 달러가 채 들지 않았다. 전통적인 기술을 사용했다면 생산에 거의 2년이 걸리고 200만 달러가 들어갈 일이었다.

2017년 기준 중국의 3D 프린터 시장 규모는 16억 7,000억 달러로 78억 달러 규모의 전 세계 시장의 약 21%를 점유하고 있으며, 현재의 성장 추세라면 오는 2023년에는 110억 달러 수준으로 커질 것으로 전망된다. 현재 국영기업들이 기술 개발을 주도하는 한편, 민영기업들이 또한 3D 프린팅 분야에서 약진하고 있다. 2014년 6월 칭다오에 소재한 한 기업이 3D 프린터 하나를 공개했는데, 높이와 폭, 깊이가 12미터에 달하는 물체를 찍어낼 수 있는 수준이었다. 이 프린터는 집을 조립할 수 있을 정도로 큰데, 지진 이후 건물을 재건하는 용도로 활용하는 등 유리섬유 강화플라스틱 소재를 이용해 한 번에 건물 전체를 만들어낼 수 있다.

창업이 창업을 낳다

중국은 갈수록 부유해지고 있다. 그리고 다른 지역의 상품을 모방하지 않고 자체적으로 상품을 개발, 생산하고 혁신을 위한 재정적 지원도 늘어나고 있기 때문에 이에 따른 성장도 동반될 것으로 보인다. 또한 신생기업들을 비롯한 소규모 기업들이 필요한 자원에 쉽게 접근할 수 있는 상황이기에 혁신은 더욱 용이해질 것이다.

이런 점에서 기술 육성기관이자 벤처캐피털인 '이노베이션웍스 Innovation Works'는 소프트 인프라 Soft infrastructure(세제, 법체계, 국방, 치안, 조세, 교육 등 눈에 보이지 않는 인프라) 개발을 주도하고 있다. 이노베이션웍스를 세운 카이푸 리 Kai-fu Lee는 오랫동안 중국 최고의 마이크로블로거로 활동했다. 그의 시나웨이보 계정에 대한 팔로워가 5,000만 명을 넘었으니 인기를 짐작할 수 있다.

1961년 대만에서 태어난 카이푸 리는 1970년대 가족과 함께 미국으로 이주했다. 컬럼비아대학에서 컴퓨터공학과를 졸업했으며, 이후 카네기멜론대학에서 음성인식 시스템 연구로 박사학위를 이수했다. 애플, 실리콘그래픽스, 마이크로소프트 같은 미국의 주요 IT 기업에서 화려한 경력을 쌓은 후에는 구글로 자리를 옮기면서 베이징으로 이주했다. 거기서 구글 차이나를 설립한 그는 중국의 영향력 있는 오피니언 리더로서 기술적, 사회적 이슈에 대한 관심을 환기시키며 엄청나게 많은 팔로워들을 몰고 다녔다.

2009년 카이푸 리는 이하오디엔의 유강이 그랬던 것처럼 거의 비슷한 시기에 구글 차이나의 사장직을 박차고 나와 이노베이션웍스를 창업했다. 먼저 유튜브 YouTube의 공동창업자 스티브 첸 Steve Chen, 대만계 전자기기 OEM 업체 폭스콘의 궈 타이밍 Gou Tai Ming 회장, 레노버의 모회사 레전드홀딩스 Legend Holdings의 류촨즈 회장 등 업계를 대표하는 투자자들로부터 자금을 유치했다. 그 이후로 창업에 필요한 초기 자본, 사무실 공간, 법적 지원, 채용지원을 제공하는 등 50개가 넘는 기업들을 후원했다. 아직까지 대대적인 성공을 이루진 않았지만, 이노베이션웍스는 중국에서 설립된 수많은 IT 신생기업들에 대한 관심을 확산시키는 데 핵심적인 역할을 해왔다.

다른 성공한 창업가들도 창업에 재투자하고 있다. 레이쥔은 샤오미를 성장시킨 데 더해 2011년 2억 달러의 투자금으로 벤처캐피털 펀드 슌웨이차이나Shunwei China를 설립했다. 폭스콘 역시 하드웨어 창업지원센터인 이노콘Innocon을 설립해 신생 전기업체를 물색하고 있다. 이노콘은 베이징 남동부 변두리 지역, 전 노키아 공장에 위치해 있다. 세계적인 차세대 가전제품의 탄생이라는 희망 아래 소규모 기술 제조업체들이 대량생산으로 전환을 도모하도록 이끄는 것이 그들의 목표다.

10년 전만 해도 대부분의 투자금이 다국적 기술기업들로부터 나왔지만, 지금은 벤처캐피털 펀드의 투자가 갈수록 확대되고 있다. 또한 외국 투자자들이 투자에 가세하고 있다. 중국 최대 온라인 여행사 씨트립Ctrip의 공동창립자 네일 션Neil Shen이 대표로 있는 세쿼이아 캐피털Sequoia Capital 차이나는 안티바이러스 기업 치후360, 온라인 명품 할인점 브이아이피숍 등 이름만 들어도 알 법한 기업들에게 자금 조달을 지원하면서 업계에서 성공신화를 기록했다. 해외 자본의 투자는 여전히 수적으로 적지만, 규모는 확대되고 있다. 일례로 인텔의 투자조직인 인텔캐피털Intel Capital은 2014년 10월 차이나스마트디바이스이노베이션펀드를 설립해 여러 중국 기업에 총 2,800만 달러가량의 자금을 조달했다고 발표했다.[12]

내일의 중국

중국의 1인당 GDP가 여전히 미국의 6분의 1 수준밖에 안 되는 상황에서 성공적인 혁신은 대개 수십 또는 수백만 명의 소비자들을 매료시키는 상품과 서비스를 생산하는 쪽에 집중되어 있다. 텐센트와 샤오미 같은 기업들이 목표로 삼고 있는 것처럼 개별 상품과 서비스에 대한 수익성을 낮추려는 상황이다. 그런데 중국이 부유해지면서 좀 더 부유한 시장에 혁신이 집중되고 있다. 따라서 혁신적인 상품과 서비스가 앞으로 선진 경제국 소비자들을 매료시킬 것으로 보인다. 이와 관련하여 미국의 경제학자 알렉스 태버록Alex Tabarrok은 다음과 같이 지적했다. "중국과 인도가 지금의 미국만큼 부유했다면, 항암제 시장이 지금보다 8배는 더 컸을 것입니다."

이런 유형의 성장이 모두에게 이롭다는 점을 부인할 수 없다. 특히 지역의 실정을 잘 아는 현지 기업들에게 유리하게 작용할 것이다. 그들은 최적의 위치에서 다양한 상품개발 기회를 활용하고 전 세계 시장으로 나아갈 수 있을 것이다.

이런 일이 실현되면, 중국은 특히 인터넷에서 '글로벌 혁신 네트워크'와의 연계를 강화하며 국가 간 협업을 확대할 것이다. 사실 미래의 혁신을 특징짓자면, 어느 한 곳에서 획기적인 것이 발견되거나 개선이 이루어지는 경우 다른 곳에서 그것을 쉽게 채택하거나 사용할 수 있게 된다. 그에 따라 혁신이 급속한 속도로 공유되고 적용되는 세상을 우리는 보게 된다.

또한 중국의 규제 및 법적 인프라가 혁신의 가치와 안전성을 점검하는 면에서 더더욱 혁신 친화적이고 엄격해지고 있다. 예컨대, 제약 업계에서는 2000년대 대형 스캔들이 잇달아 발생하여 중국산 제품의 신뢰도가 끝없이 추락했다. 중국 회사들이 혈액희석제 생산에 오염된 원료를 사용한 탓에 미국에서 80명이 사망한 사건은 절대 잊을 수 없는 교훈을 남겼다. 그래도 정부가 규정을 위반한 기업들을 철저히 감독하고 엄격히 처벌했기에 문제가 상당히 개선됐다. 기업들 또한 경우에 따라 세계보건기구WHO에 제품을 보내 승인을 받는 식으로 WHO 기준을 준수하려고 애썼다.

더불어 기업들의 지적재산권 보호가 용이해지고 있다. 2013년 말 중국 최대 온라인 동영상 업체인 유쿠투도우가 저작권 침해 소송을 제기하여 검색엔진 바이두가 25만 위안(4만 달러)의 벌금을 물게 되었다. 그 금액(중국 법률이 허용하는 최대치)은 바이두의 당해 이익인 105억 2,000만 위안(10억 7,400만 달러)에 비하면 하찮은 수준에 불과했다. 바이두는 초창기 불법복제 음악검색을 위한 최상의 도구라는 평판을 얻은 이래 동영상 웹사이트에서 불법복제 자료를 없애는 데 적극적으로 나서고 있다.

궁극적으로 중국의 혁신에 따른 최대 수혜자는 다름 아닌 중국 자신이 될 것이다. 도시화는 단연코 중국이 겪고 있는 가장 큰 변화라고 할 수 있다. 그 과정에서 출현하는 사회들(인구 규모 100만 또는 수천만의 도시 수백여 곳)은 지금껏 세계가 보지 못한 매우 특별한 영역이 될 것이다.

이 도시들을 살기 좋은 곳으로 만들려면 두 가지 핵심 영역, 즉 에너지와 교통문제를 해결해야 한다. 두 핵심 영역은 국가 최대의 환경

문제를 일으키는 원인이다. 중국은 에너지 수요의 대부분을 석탄에 의존하는 탓에 세계 최대 탄소배출국이다. 석탄 화력발전소의 공해물질 때문에 25만 명이 조기사망하고, 연간 1억 4,000만 일이 병가로 소모되고 있다. 2018년 6월 기준 3억 9,900만 대의 자가용과 트럭이 중국의 도로를 가득 메운 탓에 자동차는 석탄 다음 가는 공해의 주범이 되었다. 게다가 그로 인해 중국은 세계 최대 원유수입국이 되었다. 중국은 지속적으로 노력하고 있는데, 오는 2020년까지 석탄 의존 비율을 현행 60%대 초반에서 58% 수준까지 낮추는 것을 목표로 삼고 있다.

분야를 막론하고 중국이 에너지와 교통이라는 두 가지 영역에서 변화를 이룩하기까지 수년, 어쩌면 수십 년이 걸릴지 모른다. 진보는 더디게 진행될 가능성이 있다. 그럼에도 중국의 혁신 잠재력이 확인되는 이유가 여기에 있다. 현재 요구되는 기술들은 중국 기업들이 사업을 발전시키려고 활용하고 있는 바로 그 기술들이다. 경계를 넘어 끈기 있게, 집요하고 점진적인 개선을 이룩하고 때로는 새로운 영역으로 도약하는 것이다. 화웨이가 실례를 보여주었듯이, 산업의 급격한 재편이 결과로 나타날지 모를 일이다.

중국의 창의적인 기업가들은 끊임없이 조직체계를 확대, 개선하고 거기에 규모를 더한 다음 새로운 분야로 과감히 뛰어들었다. 그들이 현재 변화에 기여하겠다는 목표를 가지고 환경문제에 접근하는 것은 어쩌면 우연이 아닐지 모른다. 그들은 환경과 관련된 산적한 문제를 큰 기회의 관점에서 바라본다. 요컨대, 규모 면에서 꽤나 큰 도전이라면, 그것은 중국에서 성공하는 기업을 운영하는 일과 구조적으로 유사한 문제라고 할 수 있다.

그러한 도전에 응하는 것은 미래에 대비하는 일이다. 중국 창업가들이 그 도전에 맞설지 아닐지 여부는 5장에서 확인하기로 한다. 여기서는 중국 기업들이 끊임없이 진보의 발걸음을 떼어 일상의 그림을 바꿔놓은 과정을 들여다보았다. 다음 순서로 넘어가기 전에 먼저 분명히 짚어야 할 부분이 있다. 중국 창업가들이 자국의 비즈니스 환경에서 생존하기 위해 혁신을 실천했다는 사실이다. 이제 그러한 혁신을 바탕으로 세계로 뻗어나갈 준비가 되었는지 살펴야 한다.

4장

글로벌 차이나

CHINA

중국의 세계적 영향력은
어느 정도인가?

세계로 진출하는 기업인들

지난 15년을 지나며 중국 기업들이 해외로 진출하는 일은 흔한 현상이 되었다. 그럼에도 소수의 예외적인 경우를 제외하고 주로 대형 국영기업들이 해외 투자를 이끌어왔다. 해외 투자는 대부분 정부의 우선순위를 충족시키기 위한 것으로 보인다. 특히 경제확대 기조를 유지하기 위해 필요 자원을 확보할 목적이었다. 예를 들어 2000년대 초반에서 2012년까지 중국 국영기업들은 경제개발도상국과 선진국에서 에너지와 천연자원을 조달했다. 에너지와 광물의 채굴과 관련하여 중국은 2008년 세계 전체 채굴량의 3%도 점유하지 않았다가 지금은 연간 15%를 점유하고 있다. 이와 관련하여 2008년 중국 국영 알루미늄 생산업체 치날코^{Chinalco}가 앵글로 오스트레일리안 광업 대기업 리오틴토^{Rio Tinto}의 지분을 9%나 사들인 점을 주목할 만하다. 또 다른 국영기업 중국해양석유총공사^{China National Offshore Oil Corporation}가 2013년 캐나다의 넥센^{Nexen}을 150억 1,000만 달러에 인수한 일도 좋은 사례다.

그런데 불과 지난 몇 년 사이 중국의 해외 투자 형태가 본질적으로 변화하고 있다. 그것도 아주 급진적으로 말이다. 2010년 중국 민영기업의 총 해외 투자는 100억 달러로 중국의 총 해외 투자에서 15% 밖에 차지하지 않았다. 그러다 민영기업들의 점유율이 2014년에는 40%, 2016년에는 68%까지 치솟았다.[1] 금액으로는 1,270억 달러를 넘어선다. 이러한 변화는 생각보다 훨씬 더 중요한 의미를 가진다. 국영기업들이 투자한 자금은 비교적 적은 수의 기업들에 의해 대량으로 사용되는 경향이 있다. 반면에 민영부문의 투자는 각각의 거래에서 비중이 훨씬 덜 하지만 대체로 많은 기업들의 지출에서 비롯된다. 그래서 투자 경향이 뚜렷하다. 중국의 민영기업들은 시장과 기업 인수의 기회를 찾아 대거 세계로 나아가기 시작했다.

개별적인 투자 거래들 중 주목할 만한 사례가 있다. 허난성에 본사를 둔 세계 최대 양돈업체 WH그룹은 2014년 스미스필드^{Smithfield Foods}를 71억 달러에 인수했다. 한편, 중국 최대 부동산업체 달리안완다는 미국의 AMC엔터테인먼트를 26억 달러에 인수하면서 하룻밤 사이에 세계에서 가장 많은 상영관을 가지게 되었다.

이처럼 중국이 세계 무대에서 기업활동을 벌이는 것은 중국 역사상 유례없는 일이다. 그간에 중국 기업들은 자국의 국경 내에서 지배

표8	2000~2013년 국가 간 M&A 거래

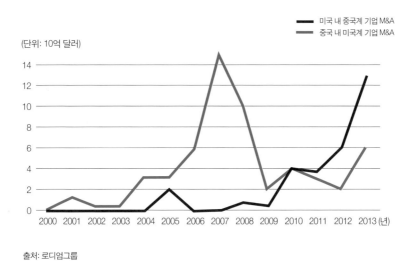

출처: 로디엄그룹

적인 위치를 차지했던 반면 그 너머로 나아가지 못했다. 그렇지만 이후 몇 년 사이 기업가적인 기업들이 중국 밖으로 파도처럼 쏟아져 나갈 것으로 보인다. 그들은 새로운 시장과 인수 표적, 기술과 전문지식, 자본의 원천을 찾아 나설 것이다.

중국 기업들이 투자하는 자금은 선진국 시장, 특히 미국으로 흘러들어갈 것이다. 글로벌 금융위기 이래 미국에 대한 중국의 투자 규모는 2008년과 2009년 연 10억 달러에서 2013년 140억 달러 이상으로 급등했다. 실제로 2010년 이후부터 중국의 대 미국 투자는 미국의 대 중국 투자를 상당히 초과했다.

또한 미국 내 중국계 기업의 R&D 지출은 2007년 거의 제로 수준에서 2011년 3억 5,000만 달러로 급격히 늘어났으며, 2014년까지

연 5억 달러에 이르렀다.[2] 이는 독일과 중국 기업들의 투자 규모에 비해 여전히 뒤떨어지는 수준이지만, 한국과 대만의 투자 규모를 이미 추월했다.

하지만 위험요소도 있다. 미국과 중국이 무역 갈등을 겪기 전인 2016년만 해도 중국의 미국 기업 M&A 규모는 344억 달러로 사상 최대였지만 이후 2년 동안 미국에 대한 중국의 투자가 92%나 줄어들고 있다. 2018년 1~9월의 규모는 6억 7,000만 달러로 2017년 같은 기간의 59억 달러에 비하면 55%나 감소한 셈이다.

해외 기업 인수에 열을 올리는 중국 기업

중국 민영기업들의 투자가 급증하게 된 요인을 하나만 대자면, 간단히 말해 기업들이 성숙기에 접어들었기 때문이다. 중국이 2001년 WTO에 가입하고 외국 기업들이 중국으로 몰려든 이래, 중국의 민영기업들은 다국적 기업들과 경쟁하는 것은 물론 내수시장 경쟁자들보다 성공을 앞당기기 위해 앞 다퉈 기술과 역량을 축적했다. 그들 대부분은 중국의 내수시장에 통달하고 끊임없이 기회를 창출하는 것을 주요한 목표로 삼았다.

비즈니스 세계의 교훈을 습득한 기업들은 성장세를 유지하기 위한 방법을 새로이 모색하고 있다. 기업의 특성에 따라, 특히 내수시장에서 우세를 차지한 기업들에게 있어서 신규 시장을 개척하는 일이야말로 핵심 성장요인이다. 대표적인 예로 중국이 1990년대와 2000년대 통신망 구축을 완료하자마자 화웨이와 ZTE는 국내 시장의 새로운 성장원천을 찾으려고 애썼다. 그러면서 두 기업은 고속성장의 새로운 원천을 해외에서 찾기 시작했다. 이번 장에서 확인하겠지만, 레노버도 마찬가지였다. 레노버는 국내 PC 시장에서 우세한 지위를 차지하자마자 해외로 눈을 돌렸다.

다른 중국 기업들도 해외로 속속 진출하고 있다. 그들은 외국의 기술과 노하우를 획득하여 내수시장을 선점하는 것은 물론 해외에서 경쟁우위를 차지하려고 애쓰고 있다. 중국 시장에서 통하던 것이 해외시장에서 통하지 않을 수 있다는 사실을 기업들은 잘 알고 있다. 이런 점에서 브랜드 개발이 필요하며, 그래서 외국의 전문지식을 반드시 습득해야 한다. 적절한 R&D 역량, 관련 규제에 관한 전문성 또는 특허 포트폴리오를 갖춘 기업을 인수하는 것도 좋은 방법이다. 이를 통해 해외 규제 기준에 적합한 상품을 생산할 수 있다. 예컨대 중국 최대 의료장비 제조업체인 민드레이메디컬인터내셔널Mindray Medical International은 2008년 뉴저지 소재 데이터스코프Datascope Corporation의 특허 모니터링 부문을 2억 900만 달러에 인수한 것을 시작으로 해외로 발을 넓혔다. 그때부터 민드레이는 미국 식품의약안전청 등 미국과 유럽의 규제기관으로부터 승인받는 상품의 포트폴리오를 수월히 구축하게 됐다. 결과적으로 세계 140여 개국으로 사업을 확장하게 됐다.

그리고 이러한 일들이 일어나는 과정에서, 거의 모든 경우에 자부심이 중요한 요소로 작용한다. 인수자와 투자자들은 중국 기업들 또는 적어도 그들의 기업이 어느 국가의 기업에도 뒤처지지 않는다는 것을 보여주려고 한다.

해외로 투자하는 흐름이 계속해서 확대되면서 중국 기업들의 세계화가 본격적으로 시작됐다. 2008년 글로벌 금융위기와 연이은 불황은 하나의 전환점이었다. 서구의 기업들이 대부분 위기에서 살아남으려 발버둥 쳤던 당시, 중국 기업들은 몇 년 전만 해도 엄두도 못 냈을 법한 아주 싼 가격에 기업들을 인수해나갔다. 2010년 지리자동차는 볼보^{Volvo}와 포드^{Ford}를 15억 달러에 인수했다. 미국 자동차 제조업체가 스웨덴의 업체를 65억 달러에 인수하고 나서 불과 11년 만에 일어난 일이다. 또한 미국에서는 태양광 업체 하너지^{Hanergy}가 침체에 빠진 태양열 기술기업들을 잇따라 인수했다. 인수된 기업 목록에는 미아솔레^{Miasolé}, 알타디바이스^{Alta Devices}, 글로벌솔라에너지^{Global Solar Energy} 등이 포함되어 있었다. 한편, 유럽에서는 상하이에 본사를 둔 푸싱^{Fosun}이 10억 유로(약 10억 2,500만 달러) 이상을 투자하여 포르투갈 최대의 보험회사 카이사세구로스^{Caixa Seguros}를 인수했다.

지금은 저가매수를 일삼기보다 해외 사업에 유리한 첨단기술과 성공적인 사업을 모색하는 기업들이 점차 늘어나고 있다. 몇 년 전만 해도 기업들은 국내 시장에서 경쟁력을 강화할 방법을 찾아서 해외로 진출했다. 이에 특히 헐값에 사들인 낡은 기술은 그런 목적에 도달하는 좋은 수단이 되었다. 지금은 선진국 시장에 진출하기 위해 수준 높은 상품과 서비스를 개발해야 한다는 것을 기업들이 잘 알고 있다. 그래서 최첨단 기술을 개발하거나 운영하는 기업들에게 기꺼이 투자를 시도한다.

많은 경쟁기업들이 그들의 업종에 중국 기업가들이 진출하자 무척 당황했다. 그런데 신규 시장에 진출한 중국 기업가들도 종종 스스로 당황했다. 그들 대부분이 자신이 생각했던 것보다 훨씬 더 경쟁력을 갖췄다는 사실을 알아차린 것이다. 그래서 국내 시장에서 쌓은 역량을 바탕으로 해외에서 사업을 확장하고 외국 기업들 인수에 박차를 가할 수 있었다. 그들은 또한 민첩한 대응능력을 갖췄기에 실수에서 배우고 우위의 원천을 기회로 활용하는 등 시행착오를 거쳐 발전을 도모하고 있다.

한편 민영기업들은 그들의 전임자들, 특히 국영기업들이 저지른 실수를 반복하지 않는다는 점에서 갈수록 자신감에 차고 있다. 국영기업들은 외국 기업들과 경쟁하려고 해외로 진출했을 때 실수를 거듭하다 숙제를 풀지 못했다. 대표적인 사례로 중국의 국영투자회사 시틱퍼시픽Citic Pacific과 최대 야금 도금업체 MCCMetallurgical Corporation of China는 '시노 아이언 프로젝트'라는 호주 서부의 철광석 생산계획에 투자했지만, 아직까지 가시적인 성과를 내지 못하고 있다. 예정보다 4년이 지난 2014년 중반, 예산은 60억 달러를 초과했다. 민영기업들은 그와 같은 대재앙을 자초하지 않으려 애쓰고 있다.

컴퓨터 시장 최강자 레노버

중국 기업가들의 세계적 야망을 불러일으킨 다양한 동기는 중국 최고의 국제적 기업 레노버에서 합쳐졌다. 지금으로부터 10여 년 전인 2005년 초, 레노버는 하나의 시장 중국에서 하나의 상품, 즉 퍼스널 컴퓨터를 판매했다. 그 당시 레노버는 중국 밖에서 이름이 거의 알려지지 않았지만, 지금은 상황이 완전 다르다. 레노버는 현재 글로벌 브랜드 파워를 과시하고 있다. 사실인즉, 레노버는 2013년 휴렛팩커드Hewlett-Packard를 제치고 세계 최대 PC 판매업체라는 타이틀을 획득했다. 또한 그 당시 세계 3위 스마트폰 판매업체이자 세계 최고의 네트워크서버 업체로서 위상도 정립했다. 레노버는 베이징과 노스캐롤라이나 두 곳에 본사를 두었고, 세계 60개국에 R&D와 생산시설을 설치했으며, 160개국에서 제품을 판매하고 있다.

세계 최대 PC 제조업체로 성장한 레노버는 그간에 미국의 경쟁기업들을 모방하지 않았다. 대신에 중국 시장에서 개발한 판매전략을 글로벌 시장에 적용했다. 또한 동시에 의식적으로 스스로를 다국적 기업으로 재정립해나갔다.

거기서 더 나아가 레노버는 2005년 대약진을 실현한다. 레노버의 회장 양위안칭이 적자상태였던 IBM의 PC 부문을 17억 5,000만 달러에 인수한 것이다. 양위안칭은 1989년 25세의 나이에 중국과학기술대학에서 컴퓨터 분야 석사학위를 취득한 후 바로 그해 레노버에 입사했다. 이후 회사에서 초고속 승진을 한 양위안칭은 1993년 컴퓨터사업부를 맡았다. 1990년대에서 2000년 초에 이르는 기간 동안 그는 30% 시장점유율과 30억 달러 매출을 달성하면서 레노버를 중국 PC 시장의 선두주자로 성장시켰다. 창업주 류촨즈가 2001년 양위안칭을 CEO로 임명하고 경영권을 넘기기에 전혀 문제가 없었다. 사실 그때까지는 중국의 여타 PC 제조업체들과 치열히 경쟁했던 탓에 국내 시장에서 성장이 방해를 받았다. 이에 양위안칭은 목표를 새로이 설정했다. 국제적 기업으로서 명성을 쌓는 일이었다.

PC 부문을 매각하기로 한 IBM의 결정은 양위안칭에게 기회가 되었다. 인수계약이 체결되고 나서 하룻밤 사이 레노버의 매출은 120억 달러까지 4배로 치솟았다. 레노버가 글로벌 선두주자로 재탄생하는 순간이었다. 또한 씽크패드^{ThinkPad} 노트북 브랜드를 비롯해 IBM의 '씽크' 브랜드의 소유권을 함께 가져왔다. 뿐만 아니라 레노버의 국내 경쟁업체이자 당시 중국 2위 PC 제조업체였던 그레이트월테크놀로지_{Great Wall Technology}와의 합작투자회사에 대한 IBM의 지분을 소유하게 되었다. 여기서 끝이 아니다. 1만 명의 IBM 직원들, 미국 내 2,300명의 직원들, 상품 디자이너와 마케터들, 세일즈 전문가들, 중국 내 나머지 직원들을 거의 다 얻게 되었다.[3]

하지만 외부 관찰자들은 대개 양위안칭이 IBM 인수를 소화해낼 전문성을 가졌는지 의문을 가졌다. 그들의 의심은 처음에는 합당한 것처럼 보였다. 양위안칭이 CEO직을 내려놓고 대신 회장직을 맡았기 때문이다. 새로운 CEO 자리에는 IBM PC 사업부 임원이었던 미국인 스티븐 워드_{Stephen Ward}가 올랐다. 그러나 스티븐 워드는 CEO직에 오른 이후 8개월도 채 되지 않아 자리에서 물러났다. 그리고 델컴퓨터 아시아 태평양 및 일본 지역 대표를 지낸 윌리엄 아멜리오_{William Amelio}가 그 자리를 대신했다. 이후 회사가 업계 성장률의 2배로 성장했다는 말이 있었지만, 매출 성장세가 여전히 둔화된 탓에 이익이 현실화되지는 않았다. 이후 4년 간 수익 성장률은 총 25%에 불과했다. 레노버는 PC 제조업체 순위 세계 3위에서 4위로 밀려났다.

글로벌 금융위기의 여파로 PC 시장이 침체된 것도 문제였다. 레노버도 PC 판매에 직격탄을 맞았다. 다양한 사업영역으로 진출하려 했던 노력은 수포로 돌아갔다. 무엇보다도 특히 모바일 사업부문을 1억 달러에 모회사 레전드홀딩스의 사모업체에 매각하고 말았다.

그럼에도 양위안칭은 조직 안에서 일련의 대대적인 변화를 꾀하고 있었다. 한 단계 한 단계 레노버를 중국 기업에서 글로벌 기업으로 변화시키기 시작했다. 또한 그는 베이징과 노스캐롤라이나 두 곳에 본사를 두고, 거처를 미국으로 옮겼다. 그러고선 회사가 속한 두 문화 간의 차이를 좁히기 위해 조직을 단합으로 이끌어가기 시작했다.

양위안칭은 동시에 중국 사업의 핵심 강점을 확실히 유지했다. 그러다 PC가 일용품이 되자 레노버는 생산원가를 줄이고 규모의 경제를 확대하는 등 점차 증가하는 중국의 제조업 역량을 한껏 활용했다.

2009년 윌리엄 아멜리오가 CEO직에서 사임했을 때, 양위안칭은 대대적인 개혁을 확언하며 CEO직에 다시 복귀했다. '방어와 공격 Protect and Attack'의 기치를 내건 그는 레노버에 두 가지 우선순위를 부여했다. 첫째는 주요 수익원을 그대로 보존하기 위해 중국 시장에서 매출을 방어하는 전략이었다. 둘째는 전 세계 해외 시장에서 초고속 성장의 새로운 원천을 찾기 위해 대외적으로 공격을 강화하는 전략이었다.

양위안칭은 모바일 기기 사업부를 2억 달러에 재인수하여 태블릿과 개인용 컴퓨터 시장을 공략하기 시작했다. 또한 공급 체인을 오가며 관리자들로 하여금 비용을 줄이고 부품의 성능을 높이도록 했다. 뿐만 아니라 다시 상품의 끊임없는 순환을 꾀했다. 2013년부터 레노버는 스마트폰은 물론 노트북과 태블릿을 넘나드는 '요가 아이디어 패드'에 이르기까지 매년 폭넓은 제품군을 출시했다.

전략은 적중했다. 레노버의 총 매출은 2010년 166억 달러에서 2017년 453억 달러로 2.7배 이상 상승했다. 2014년 말에는 국내 시장의 매출이 거의 증가하지 않았지만, 유럽과 중동 시장의 매출이 50% 가량, 미국 시장의 매출이 20%나 증가했었다.

2011년 이후로 세계 PC 시장이 하락세에 있는 가운데, 레노버는 규모와 성장을 모두 확대하기 위한 한층 더 새로운 전략을 발굴할 필요가 있었다. 그와 같은 전략의 지표가 될 만한 일이 2014년 초에 일어났다. 당시 일주일이라는 기간 동안 레노버는 IBM의 저가서버 사업부문을 23억 달러에, 또 구글로부터 모토로라를 29억 달러에 인수했다. 두 건의 인수에 힘입어 연간 매출이 500억 달러를 훌쩍 넘어섰지만, 회사는 적자상태로 돌아섰다. IBM의 서버 사업부문이 7분기 동안 잇따른 적자에 시달렸고, 모토로라가 2013년 구글에 10억 달러의 손실을 안겨준 뒤였기 때문이다.

이에 양위안칭은 IBM PC 사업부를 인수했을 때처럼 서버부문에 비용 절감책을 적용하겠다고 말했다. 또한 PC 사업을 넘어 성장의 원천을 찾는 일환으로 한층 더 공격적인 기업인수를 추진하겠다고 발표했다.

레노버는 성공할 수 있을까? 양위안칭이 시험대에 오를 것은 분명하다. 레노버가 진출한 스마트폰과 태블릿 시장은 PC 시장과는 상당한 차이가 있다. 레노버는 기존과는 전혀 다른 유형의 도전에 직면하게 될 것이다. 특히 스마트폰 시장은 한치 앞을 내다보기 어려울 정도로 불투명하다. 현재 스마트폰 시장에서는 애플과 삼성이 선두주자로서 치열한 경쟁을 벌이고 있으며, 2013년 기준 스마트폰 시장의 수익은 대부분 두 기업의 몫이었다. 레노버는 한편으로 샤오미, 오포, 비보 등 다수의 중국 기업들을 비롯하여 글로벌 브랜드와 경쟁하며 살아남는 법을 찾아 나가야 한다. 2018년 기준 레노버의 글로벌 스마트폰 시장 점유율은 8위에 그치고 있다.

IBM의 저가서버 부문과 모토로라를 인수하기 전부터 레노버의 이윤폭은 지난 5년간 평균 1~2%로 좁아지고 있었다. 이제 두 사업부문을 잘 운영하고 적자에서 벗어나야 하지만, 신제품과 기술연구에 투자할 여유자금이 부족한 실정이다. 게다가 거의 전 세계에 제품이 공급되고 있긴 하지만, 여전히 중국 시장에 대한 의존도가 높은 상황이다. 레노버의 매출은 중국 시장에서 거의 40%가 발생한다. 예를 들면 미국 시장에서는 씽크패드 브랜드의 소유권을 보유하고 있음에도 PC 시장에 대한 점유율은 10%에 지나지 않고, 휴렛팩커드와 델, 두 기업이 대략 25%의 점유율을 차지하고 있다.[4] 이런 상황에서 IBM의 PC 부분을 모토로라 또는 IBM의 서버부문과 통합하여 성공을 재현할 수 있다는 보장이 없기는 하다.

그래서 레노버의 발전과정은 흡사 중국과 닮았다. 지금까지의 궤적에서 매번 참을성 없는 관찰자들의 의문과 의심에 부딪혔다. 그러나 돌이켜보면 꽤 놀라운 성과를 거둔 것이 굉장히 유사하다. 지난 10년 전의 모습과 비교했을 때 레노버는 비약적으로 발전했다. 또한 마케팅의 수준이 굉장히 높아져 스마트폰뿐만 아니라 태블릿과 고급 PC 부문으로 사업의 영역을 확대했다. 할리우드 스타 애쉬튼 커처와 광고계약을 맺고 그를 '제품 엔지니어'로 임명한 것은 전략적으로 가장 현명한 선택이었다고 할 수 있다. 영화 〈잡스(Jobs)〉에서 스티브 잡스^{Steve Jobs} 역을 맡았던 커처는 스카이프^{Skype}, 포스퀘어^{Foursquare}, 에어
비엔비^{Airbnb} 등 IT 신생기업에 큰 투자를 하는 등 투자자로 주목받는
인물이기 때문이다.

레노버는 모토로라와 IBM 저가서버 사업부문을 성공적으로 인수
함으로써 500억 달러에서 1,000억 달러 규모로 커질 수 있는 기업가
치와 성장력을 가지게 되었다.

다양한 세계화 전략

어느 기업이 가장 성공적으로 세계화를 이룩할까? 지금까지의 경
험으로 미루어볼 때, 레노버 같은 글로벌 강자는 국제 경영관행을 흡
수하고 대대적 해외 인수에 필요한 자금을 조성하는 면에서 탁월한
역량을 발휘한다. 또한 거기서 그치지 않고 '규모의 경제'를 성공적
으로 실현한다.

그들 중 끊임없이 해외 진출의 문을 두드리는 기업들이 있는 반면
에 점진적이되 전반적으로 사업역량을 개발하는 기업들도 있다. 그
들은 레노버와 마찬가지로 특정한 전략적 비전을 쫓기보다는 기존
활동을 강화할 방법을 모색할 것이다. 이는 표면적으로 전략의 초점
이 없는 것처럼 보이긴 하지만, 해외 진출 이전에 접근 가능한 시장
을 발굴하고 기존 제품의 가치와 매출을 늘릴 방안을 찾는 데 유용
하다. 많은 기업들이 중간 소득 국가에서 충분한 경험을 쌓고 최종적
으로 부유국에 진출하겠다는 목표를 가지고 우선은 개발도상국에서

상품을 시험할 것이다.

반면에 대개 인수합병을 통해 곧바로 선진국 시장으로 진출하는 기업들도 있다. 지금까지 중국 기업들이 인수한 업체들을 보면, 제조 장비 부문처럼 전문성이 요구되지만 언론의 관심이 부족한 영역에 속했던 기업들이 많았다. 예컨대 중국 최대 건설 중장비 제조업체인 싸니^{Sany}는 2012년 가족경영을 하는 독일의 유명 중소 레미콘 제조 업체인 푸츠마이스터^{Putzmeister}를 3억 6,000만 달러에 인수하여 세계 최고의 첨단 콘크리트 펌프 생산업체로 발돋움했다.

또 다른 사례로 B2B로 해외 시장을 확장하고 있는 완샹그룹^{Wanxiang Group}을 들 수 있다. 중국 최대 자동차부품 제조업체인 완샹그룹은 미국에서 근무하는 3,000명가량의 직원을 포함해 전 세계 4만 5,000명이 넘는 직원을 거느리고 있다.[5] 해외 시장에서 달성하고 있는 매출은 130억 달러가 넘는다.

중국의 대표적인 민영기업인 완샹그룹의 기원은 창립자 루 관추^{Lu Guanqiu}가 농기계 공장을 운영했던 1960년대 후반으로 거슬러 올라간다. 이후 자동차 부품공장으로 발전한 회사는 현재 미국 여러 지역에서 26개 부품 제조공장(전 세계 40여 개 공장)을 운영하고 있다. 그간에 기업인수 활동을 활발히 벌였는데, 파산보호에 들어간 미국 친환경 자동차업체인 피스커오토모티브^{Fisker Automotive}를 2013년 1억 4,900만 달러에 인수했는가 하면, 4억 5,000만 달러를 투자하는 조건으로 파산법원에서 자동차 배터리 생산업체인 A123시스템즈를 인수했다. 이미 미국산 자동차 세 대 중 한 대에는 완샹 미국 공장의 부품이 들어간다.

브랜드 수집가 지리자동차

지리자동차는 2010년 초에만 해도 중국 자동차업계에서 비주류에 불과했다. 중국 저장성에 본사를 둔 중간 규모의 사기업이었다. 회사는 수익을 내긴 했지만, 연간 판매량이 40만 대 수준에 지나지 않았다. 그러다 그해 3월 하룻밤 사이 사업의 범위와 평판이 전환되는 일이 일어났다. 스웨덴 자동차 업체인 볼보를 포드로부터 15억 달러에 인수하겠다고 발표한 것이다.

그로부터 5년이 더 지나서, 세계적인 기업이 되겠다는 포부의 실현가능성은 대담한 거래를 성사시켰던 그날만큼이나 불분명한 상태에 있다. 물론 도박이 성공한다면, 중국을 대표하는 글로벌 자동차기업이 탄생할지 모를 일이다.

볼보 인수와 관련해서는 성공 가능성을 확실히 점치기 어려웠다. 중국 자동차 시장의 매출이 4배 이상 늘었고 연간 판매고가 2배 가량 올라가긴 했지만, 지리는 수년간 적자를 낸 기업을 떠안아야 했다. 1999년 볼보를 인수했던 포드는 최선의 노력을 다했지만, 브랜드를 소생시키지 못했다. 상황을 호전시키려면 110억 달러가 필요할 것으로 지리는 예상했다. 볼보를 인수하기 전 연간 매출액이 30억 달러에 불과했던 기업이 꽤나 크게 확장을 시도한 것이다. 그럼에도 지리자동차의 설립자이자 소유주인 리슈푸는 자신감을 내비쳤다. 중국에서 볼보자동차를 대량으로 판매하는 방법으로 포드의 실패를 성공으로 만들겠다는 계획이었다.

1963년 저장성의 한 농가에서 태어난 리슈푸는 십대 시절부터 개인사업을 할 정도로 사업수완이 좋았다. 직접 만든 장비로 사진관을 운영한 그는 작업을 하다가 은 같은 값비싼 부산물을 발견하고 그때부터 폐기물 속에서 쓸 만한 금속을 분리해내는 사업을 시작했다. 그러나 두 번째 사업에서는 아무런 성과를 내지 못했다. 이에 1980년대 후반 직접 개발한 기술을 밑천으로 냉장고 부품 공장을 차렸다가 완제품을 생산하는 수준까지 기술을 발전시켰다. 하지만 지정된 생산업체만 냉장고를 생산할 수 있는 정책 때문에 공장을 닫을 수밖에 없었다. 그러다 서른 살의 나이에 대학에서 기계공학 석사 학위를 딴 후 1993년에 중국 최초의 민영 오토바이공장을 설립하기에 이른다.

그의 타이밍은 완벽했다. 덩샤오핑이 경제개혁의 열기를 다시 불러일으키자 중국 전역에서 사람들이 자전거 대신 오토바이를 타기 시작했다. 1990년대 중반 리슈푸는 중국 최대의 민영기업을 운영하고 있었다. 15년 후 회사는 거대한 포부를 가진 자동차업체로 성장했다.

볼보를 인수하고 처음 몇 년 동안은 리슈푸의 계획대로 진행된 게 하나도 없었다. 그의 예상대로라면, 비국영 자동차업체로 이미 성장했기에 세계적인 브랜드 네임과 선진 자동차 기술이라는 새로운 무기를 가지고 급격히 발전한 자동차 시장에서 확고한 입지를 차지했어야 했다. 하지만 국영 자동차업체가 업계를 선도하길 애타게 바랐던 정부 관료들은 볼보 인수를 불편하게 여겼을 게 분명하다. 지리가 볼보를 100% 소유했지만, 당국은 볼보를 계속 외국 기업으로 간주했다. 때문에 중국에서 볼보 자동차를 생산하고 판매하려면, 지리의 자회사와 볼보가 합작회사를 설립해야 했다.

지리자동차의 판매고는 2013년 70만 대까지 꾸준히 상승했지만,

볼보의 자동차부문은 고전을 면치 못했다. 2013년 본전치기 목표를 최종 달성할 정도로 생산량이 증가했지만, 2015년까지 중국에서 연간 20만대를 판매하겠다는 계획은 지나치게 야심찼던 게 분명했다. 2010년에서 2015년까지 중국 시장의 자동차 매출이 총 500만 대를 넘어섰지만, 볼보의 판매량은 2014년 8만 1,000대에 불과했다.

그럼에도 리슈푸는 전혀 동요하지 않았다. 오히려 런던의 상징인 블랙택시 제조업체 망가니즈브론즈Manganese Bronze, 호주의 변속기 전문업체 DSIDrivetrain Systems International 등 볼보보다 적자가 심하거나 파산한 업체들을 인수했다. 또한 전기자동차 개발에 막대하게 투자했으며, 볼보의 기술력을 이용하여 플러그인 하이브리드카Plug-in hybrid car(전기자동차와 하이브리드카의 중간 단계로 내연기관과 전기모터의 동력을 조합해 구동하는 자동차) 개발에 착수했다. 리슈푸는 여기서 멈추지 않았다. 그는 저장성에 소재한 또 다른 민영기업 칸디테크놀로지Kandi Technologies Group와 함께 1억 6,000만 달러 규모의 전기차 합작사를 설립했는가 하면, 미시간에 본사를 둔 디트로이트일렉트릭Detroit Electric과 제휴 협약을 체결하여 중국 내수시장용 전기차 생산에 돌입했다. 게다가 5년간 2억 달러를 투자하는 조건으로 영국의 전기차 신생기업인 에메랄드오토모티브Emerald Automotive를 인수했다.

리슈푸가 장기간 지속가능한 사업을 위한 기반을 다졌는지 쉽게 판단하기 어렵다. 그럼에도 분명한 것은 세계 무대로 진출하는 중국 기업들이 수많은 도전과 기회에 부딪히고 있다는 점이다. 무엇보다도 더 큰 전체를 창조하는 방향으로 사업부문들을 통합할 수 있는가가 관건이다.

2017년 중국 자동차 수출은 이란, 태국, 인도 등 신흥국을 중심으로 전체 생산량의 3.7%(106만 대)에 달하고 있으며 토종 브랜드 중에는 지리가 30%를 점유해 선두를 지키고 있다. 지리는 2020년 생산·판매 300만 대로 세계 10위 자동차메이커가 되겠다는 야심을 키우고 있다. 또한 아무리 잘나가는 민영 자동차업체[6]라 해도 시장점유율 기준 중국 10대 자동차 판매업체 순위에 오른다는 보장은 없다. 2018년에는 폭스바겐, GM, 현대, 르노·닛산, 창안Chang'an, 토요타Toyota, 포드, 베이징자동차BAIC, 동펑Dongfeng, 혼다Honda가 10대 자동차업체 순위에 올랐다. 목록에 있는 중국 기업 세 곳은 모두 국영기업이다. 그럼에도 리슈푸는 이 책에 소개된 어느 기업가 못지않게 두드러진 성과를 달성 중이다. 정부 당국의 지원이 부족한 상황에서 그는 세계적인 자동차 자산들을 통합하는 한편, 수요가 보장될 때 곧바로 시장에 진출할 수 있도록 전기자동차 기술을 충분히 확보했다. 볼보는 미국과 유럽에서 여전히 고전을 면치 못하고 있다. 그럼에도 중국 민영 자동차업체들이 대부분 저가 기본형 자동차 생산에 주력하고 있는 상황에서 리슈푸는 지리자동차를 가치사슬Value chain 중심부로 계속 이동시킬 것이다.

물론 그에게 상황이 불리하게 돌아갈 가능성을 배제하지 못한다. 해외 시장에서도 그렇고, 세계에서 경쟁이 가장 치열한 중국 자동차 시장에서도 마찬가지다. 다른 무엇보다도 리슈푸가 전망한 것처럼 볼보를 부활시키기 위한 수십 억 달러의 자금을 어떻게 조달할지 아직 답을 구하지 못한 상황이다. 그런데도 어느 업종을 막론하고 중국 기업이 세계를 제패할 가능성이 짙어지고 있다. 대표적인 사례로 완샹그룹은 자동차 부품으로 글로벌 시장을 선도하고 있다.

만약 지리자동차가 실패한다면, BYD가 그 자리를 차지할지 모른다. 선전에 본사를 둔 전기자동차 제조업체 BYD는 이미 캘리포니아에 전기버스 공장을 건립하여 생산에 들어갔으며, 지금까지 전기자동차와 하이브리드 차량 신 모델을 속속 선보였다. 중국의 또 다른 민영 자동차 제조업체인 체리자동차Chery는 세계 각지에서 자체 공장 아홉 곳을 운영하고 있다. 또한 유럽 시장에 진출하는 첫 단계로 이스라엘의 투자기업인 이스라엘코퍼레이션Israel Corporation과 합작 투자해 코로스자동차Qoros Automobile를 설립했다.

다국적 기업의 컨트롤센터

중국이 기업들의 최대 수출국으로 나아가는 과정에서는 국내 시장을 더 이상 주요 시장으로 삼지 않을 때 발전의 최종 단계를 맞이하게 된다. 알다시피 중국 기업들이 지금의 미국 기업들처럼 세계 각지에 상당한 시설을 갖출 때, 또 다양한 시장의 수요에 즉각 반응할 수 있을 때, 최대 수출국으로의 이행이 완성된다. 늘 중국 토종 기업들을 지원하기 위한 자금과 인력을 조달하는 형태에서 탈피해야 한다는 말이다.

중국의 인터넷 기업들은 최근 실리콘밸리에서 다수의 인수합병을 진행하며 세계 시장을 주도하고 있다. 텐센트는 미국의 게임 개발회사 라이엇게임즈Riot Games를 2억 3,100만 달러에 인수했는가 하면 에

픽게임즈Epic Games에 3억 3,000만 달러를 투자해 48%의 지분을 확보하는 등 2011년 이래 해외 인수에 20억 달러 이상을 투자했다. 또한 미국의 모바일 메시징 업체 스냅챗Snapchat에 투자함으로써 미국 스마트폰 통신시장 진출의 문을 스스로 열었다. 위챗의 영향력을 전 세계에 확대하고 있는 모양새다. 뿐만 아니라 고속 성장하는 신생 벤처기업의 아이디어와 기술을 도입하고자 벤처캐피털 펀드 여러 곳에 투자하고 있다.

한편 미국 기업들에 대한 알리바바의 지분도 급속히 확대되고 있다. 알리바바의 미국 투자팀이 미국 기업들에게 투자를 진행한 것은 알리바바가 뉴욕증권거래소에 상장되기 전의 일이다. 빠른 배송 서비스를 제공하는 온라인 쇼핑몰 샵러너Shoprunner, 모바일메시징업체 탱고Tango, 명품 전자상거래업체 퍼스트딥스1stDibs, 차량 공유 서비스 업체 라이프트Lyft 등 여러 업체의 소수지분을 확보하는 데 알리바바는 5억 달러가 넘는 자금을 투자했다.

세계화에 박차를 가하는 중국 기업들은 국내에 존재하지 않는 기술을 도입하려고 외국인 임원과 직원들을 사상 최대 규모로 고용할 것이다. 그러면 그들이 해외 사업부문을 구성하고 운영하는 방법이라든가 마케팅과 같이 현재 중국 기업들이 특별히 약한 분야에 역량을 집중하는 방안을 가져올 것이다. 또한 미국처럼 중국과는 환경이 전혀 다른 시장에 진출하는 최선의 방법을 제시하는 등 각종 지식과 노하우를 전수할 것이다. 그에 대한 보상으로 그들은 세계에서 가장 빨리 성장하고 가장 역동적인 기업과 함께 일하게 된다.

거듭 말하지만 중국의 인터넷 기업들은 이런 면에서 앞서 나가고 있다. 1장에서 언급했듯이, 조 차이는 잭마가 알리바바를 설립하고 처음으로 영입한 핵심 인력 중 한 사람이었다. 텐센트 역시 마틴 라우^{Martin Lau} 대표를 비롯하여 해외에서 경험을 쌓은 임원들을 고용했다. 마틴 라우는 세계 최고의 컨설팅업체 맥킨지^{McKinsey}에서 근무한 후 골드만삭스^{Goldman Sachs}로 자리를 옮겨 통신·미디어·기술 그룹 최고운영자를 역임한 인물이다. 최고전략책임자로 임명된 제임스 미첼^{James Mitchell} 역시 골드만삭스 뉴욕 본사 대표로 글로벌 인터넷 커버리지 부문을 이끌다가 2011년 텐센트에 합류했다. 2001년 조직에 가담한 미국 출신 데이비드 왈러스타인^{David Wallerstein}은 현재 해외 사업 이니셔티브를 감독하고 있다. 여타 업종의 기업들도 선례를 따르고 있다. 선전에 본사를 두고 화웨이와 경쟁하고 있는 ZTE는 신흥 스마트폰 제조업체로서 영역을 확장하고 있다. ZTE는 캐나다의 블랙베리^{BlackBerry}나 미국의 모토로라 등 미국과 유럽의 적자기업 출신들을 고용했다.

국영기업과 민영기업의 영향력

미래를 생각해볼 때, 국영기업들이 계속해서 해외 벤처에 투자를 하더라도 중국의 글로벌 투자에서 그들이 차지하는 몫은 감소할 것으로 보인다. 이유는 간단하다. 성과가 부진하기 때문이다. 경험과 책임감의 부족이라는 요인이 심화되어 많은 국영기업들이 기업 인수에 지나치게 많은 자금을 투자했고, 이후 인수한 기업들을 경영하면서 난관에 부딪혔다. 일례로 구체적인 인수 액수는 밝혀지지 않았지만, 2005년 난징자동차Nanjing Auto가 영국의 MG로버MG Rover를 인수했다. 그로부터 2년 후 난징자동차는 연간 매출이 8만 대에도 미치지 않자 상하이자동차SAIC Motor Corp에 MG로버를 매각하고 만다. 그런데 GM 및 폭스바겐과 중국 합작투자를 진행한 상하이자동차 또한 별다른 성과를 보지 못했다. 이후 몇 년 동안 영국 시장에서 MG로버 자동차의 판매량은 매출이라고 할 수 없는 수준에 머물렀다.[7] 상하이자동차가 5억 달러 이상을 투자했음에도 2012년 총 판매량은 782대에 불과했다. 그래도 중국에서는 그나마 사정이 나았다. 2013년 MG 차종의 판매량은 7만 5,000대에 불과했지만, 로버 플랫폼이 인수조건으로 확보되어 적용된 로위Roewe 브랜드는 15만 5,000대가 판매됐다.

국영기업들은 해외에서 임원을 영입하기를 꺼려한다. 그들은 대개 지역 주민들을 대하는 면에서 무감각한 모습을 보였고, 결국 스스로에 대한, 또 중국에 대한 평판을 크게 훼손했다. 아프리카에서는 중국 기업의 교역과 투자가 크게 증가한 데 대해 반응이 엇갈렸다. 아프리카 각국 정부는 인프라 프로젝트에 대한 중국의 투자 의지에 만족해했다. 반면에 그들을 도우려고 파견된 중국 노동자들에 대한 반감이 만연하여 잠비아, 앙골라, 콩고에서 시위와 폭동이 일어났다.

게다가 중국 경제가 투자 중심, 에너지 집약적 모델에서 생산성을 향상하는 쪽으로 전환되고 있다. 정부는 국영기업들이 더욱 효율적으로 운영되길 바라지만, 변화를 유도하는 일은 여간 어렵지 않다. 알다시피, 중국의 거대 에너지자원 기업 같은 조직들은 규모를 확대하고 자원통제력을 강화하여 성장을 구가한다.

마지막으로, '분열된 충성심'으로 인해 국영기업들 중 진정한 글로벌 정체성을 개발하는 기업은 흔치 않을 것으로 보인다. 그럼에도 국가가 소유한 기업이라는 점에서 국영기업들은 국익을 증진할 책임을 가져야 한다.

그래도 중국 정부가 현실을 인정한 듯 보인다. 2012년부터 2013년까지 중국 당국은 해외에 진출한 민영기업들을 대상으로 정부 차원의 지원을 조용히 늘렸다. 그 전에는 특혜를 입은 몇몇 기업들, 화웨이와 ZTE 같은 인프라 관련 기업들 또는 자동차 업체 체리처럼[8] 정부와 긴밀한 관계를 맺은 기업들이 수출보조금이나 대출 등의 지원을 받아 해외에 공장을 건립했다.

갈수록 많은 기업들이 정부의 지원을 받고 있다. 2012년 중국개발은행Development Bank은 푸싱Fosun과 개발금융 관련 업무협약을 맺고 상하이 소재 대기업에 38억 5,000만 달러를 지원했다. 지원금의 상당 부분은 선진국의 적자 기업들을 인수하는 데 책정됐다.

오랫동안 중앙 정부로부터 외면당했던 지리자동차도 정부의 지원을 받기 시작했다. 2013년 중국개발은행은 볼보가 중국에 2차, 3차 공장을 건립하는데 지원을 하겠다고 리슈푸와 약속했다. 또한 2014년 중국 수출입은행은 지리자동차의 해외 사업 확장을 지원하기 위해 32억 달러의 신용한도액을 허용했다. 영국 〈파이낸셜타임즈Financial Times〉에 따르면, 중국 수출입은행은 다음과 같이 언급했다. "국가 금융기관인 우리 중국 수출입은행은 중국 기업들의 해외 확장을 돕는 것을 우리의 책임이라고 생각합니다."

성공전략을 학습한 중국 기업들

2010년 이후 중국이 세계 2위의 경제대국으로 부상하면서 국제적 영향력도 갈수록 커지고 있다. 선진국은 물론이고 신흥국들까지 세계의 공장이자 시장인 중국의 일거수일투족에 촉각을 곤두세우고 있다. 특히 차이나 머니로 일본을 제치고 미국에 이은 세계 2위 국외 투자국가로 등극하였으나, 미중 무역전쟁이 점입가경으로 치달으면서 2017년부터 그 기세가 다소 꺾이고 있다. 그러나 중국 기업가들의 해외를 지향하는 도전정신과 야망은 여전히 진행 중이다. 그들은 새로운 업종으로, 새로운 시장을 향해 계속 진군할 것이다.

해외로 진출하는 창업가들은 가파른 학습곡선에 직면한다. 중국이 개방을 확대하고 해외 사업에 대한 장벽이 무너지면서 창업가들과 그 기업들은 글로벌 비즈니스 실무에 노출됐다. 여러 국가에서 사업체를 운영하는 일은 여전히 초보 수준이지만, 끊임없이 연구하고 새로운 실례를 채택하는 역량에 위험을 감수하는 의지가 더해져 예상보다 훨씬 빨리 그들의 국제적 입지가 강화될 것이다.

게다가 해외로 진출하는 민영기업이 늘어나고 있어서 상품과 서비스의 가시성이 확대될 것이다. 중국 기업들이 어느 분야에서 시장을 선도할지 짐작이 간다. 현재 샤오미와 레노버, 또는 화웨이가 만드는 스마트폰이 해외에서 인기몰이를 하고 있다. 중국산 자동차의 공세도 거세다. 중국 인터넷 기업들은 공격적으로 세력을 확장하고 있다. 2014년 9월 IPO의 극적인 성공에 힘입은 알리바바는 글로벌 시장의 강자가 되기 위한 발판을 마련했다. 특히 주식시장 상장 전 활발히 진행했던 기업인수를 계속한다면, 훨씬 큰 시너지를 발휘할 것이다. 텐센트는 여러 미국 기업에 투자를 진행한 덕분에 현지에서 중요한 입지를 차지했다. 게다가 위챗은 세계 최고의 모바일 메신저가 될 잠재력을 가지고 있다. 텐센트는 2013년과 2014년 해외에서 위챗을 홍보하는 데 2억 달러를 투자했다.[9] 마찬가지로 로빈리 회장이 이끄는 바이두는 2014년 중반 브라질에서 포르투갈어 검색 사이트를 개선한다고 공식 발표하는 등 새로운 시장을 적극적으로 개척하고 있다.[10] 구글을 버리고 바이두의 검색사이트를 이용하라고 설득하느니 인터넷 보급률이 낮은 국가의 사용자를 끌어오겠다는 계획이었다.

한편, 해외로 진출하는 중국 기업들은 자국에서 개발한 기술을 현지에 보급할 것이다. 그런 점에서 세계 각지 기업들이 맞닥뜨릴 중국 기업들은 자국 시장의 지배력을 해외 시장 진출의 발판으로 활용할 것이다. 또한 중국 기업들이 누리는 '규모의 경제'는 그들의 활동을 강화하는 요인으로 작용할 것이다. 뿐만 아니라 끊임없는 반복과 변화가 요구되는 환경에서 그들은 유연함과 임기응변을 발휘해야 하는데, 그 또한 그들의 활동이 강화되는 계기가 될 것이다. 중국 기업들은 어느 시장에서나 강력한 경쟁자로 대두될 가능성이 높다. 화웨이는 자체 통신네트워크 장비로 가능성을 증명했다. 레노버는 사뭇 다른 방법을 적용했는데, PC 중심 모델로 시장에 지각변동을 일으켰다.

중국 창업가들의 세계적인 성장은 중국이 글로벌 경제강국으로 도약하기 위해 어떤 단계로 나아가야 할지 그 방향을 암시한다. 영국 EUI Economist Intelligence Unit 의 연구에 따르면, 민영기업들이 중국의 국외 투자 중 그들의 비중, 더 중요하게는 총 투자를 견인하는 역할을 할 것이다. 그러한 과정을 통해 더 많은 민영기업들이 글로벌 투자기업으로 자리를 굳힐 것이다. 그와 같은 성과로 인해 중국은 경제적 성장궤도에서 중대한 전환점을 맞이할 것이다. 덩샤오핑이 세계에 중국 경제를 개방한 이래 40년이 훨씬 지났다. 그동안 국내 외국인 직접투자가 성장의 핵심 동인이 되었다. 국내 외국인 직접투자로 중국의 수출 경제를 개발한 것은 물론 지금의 경제를 움직이는 데 사용되는 기술의 대부분을 지원받았다. 지금의 중대한 시기에 세계 각국에서 공장 건립, 일자리 창출, 생산량 증대 등 성장의 기회를 창출하는 주인공은 바로 중국의 해외 진출 기업들이 될 것이다.

중국이 경제규모 2위를 차지하고 있는 세계에서 기업가적 기업들의 전 세계적인 확장은 자연스러운 단계다. 앞서가는 기업가적 기업들이 위협이 되는 반면에, 그들이 스스로 다국적기업으로 성장할 수 있다면 엄청난 혜택을 받을 것이다. 중국뿐만 아니라 전 세계가 혜택받을 것이다. 그와 더불어 중국이 세계에서 몇 안 되는 글로벌 혁신 동력이 될 것이다. 해외로 진출하여 세계에 혜택을 미친 일본 기업들, 또 이후 한국 기업들이 그랬던 것처럼 동아시아의 디아스포라(팔레스타인을 떠나 세계에 흩어져 살면서 유대교 종교규범과 관습을 유지하는 유대인이나 그들의 거주지를 말한다. 여기서는 해외로 진출한 중국 기업들을 비유)인 중국 기업들이 혁신과 경제 활성화의 핵심 세력이 될 것이다.

장기적으로 중국과 세계 각국 간의 투자가 진정으로 양방향으로 진행될 때, 세상 모든 사람이 혜택을 보게 된다. 부유해진 중국 시장에서 각국 기업들은 기회를 발굴하고 중국 기업들이 이룩한 혁신, 제공하는 상품과 서비스가 전 세계 소비자들에게 혜택을 줄 것이다.

5장

변화하는 중국

CHINA

중국 기업가들은
어떤 비전과 가치관을 지녔는가?

사회적 목소리를 내는 기업가들

2013년 2월, 중국 최초로 인터넷 서비스를 도입한 엠톤Mtone Wireless 의 회장 빅터 왕Victor Wang[1]이 강연을 하려고 동료 수백 명 앞에 자리 했다. 중국에서 가장 영향력 있는 민영기업 조직인 중국기업가포럼 CEF, China Entrepreneurs Forum이 주최한 자리였다. 회의는 매년 겨울 중국 북동부 야불리 스키리조트에서 4일간의 일정으로 진행된다. 빅터 왕 은 먼저 지난 30년 중국에서 일어난 변화에 대해 간략히 요약했다. 중국이 도시화되었고 글로벌 신흥 강국이 되었으며 온라인에 진출 했다는 사실에 모든 사람이 동의했다. 하지만 중국 창업가들과 그 기 업들의 몫이 GDP의 3분의 2 수준이나 된다는 사실을 그들은 알았을까? 중국 창업가들이 현재 세금의 60%, 일자리 10개 중 9개를 책임지고 있다는 사실을 알았을까? 중국 창업가들은 무에서 유를 창조한 셈이다.

빅터 왕은 강연을 계속 이어갔다. 그는 국가가 발전을 지속하려면 지배체제가 바뀌어야 한다고 소리를 높였다. 향후 30년 동안 중국이 법치주의 국가로 전환되고 다양한 목소리와 시각을 가진 시민사회로 발전해야 한다고 말했다. 이런 각본에 따르면, 정부는 더 이상 중국을 지배하는 유일한 권위기구가 아니다. 앞으로는 중국에서든 해외에서든 사회적 기업가들, 각 분야의 지식집단, 성숙된 비정부기구가 정부를 이끌어나갈 것으로 보인다. 그런데 이러한 변화가 실현되지 않는다면 어떻게 될까? 빅터 왕은 구식 폭탄 이미지가 그려진 슬라이드를 올리며 현재의 방식을 고수하기 위한 비용이 언젠가는 바닥날 것이라고 말했다.

멀리서 중국을 바라보는 사람들에게는 그의 발언이 꽤 자극적이었을지 모르겠다. 혹은 순진한 생각으로 보였을 수도 있다. 분명한 건 빅터 왕의 발언은 정치적 변화를 주장하는 것처럼 보여서 중국 정부의 비난을 살만 했다는 점이다. 그럼에도 동료 기업가들은 빅터 왕의 발언과 열정적 태도에서 중국의 새로운 현실을 발견할 수 있었다. 비록 중국 외부에서 그것을 제대로 인식하거나 이해한 경우는 드물었지만 말이다.

빅터 왕은 지금의 여느 중국 창업가들과 다를 바가 없다. 그는 중국이 나아가야 할 미래를 날카롭게 다방면에서 바라보고 있다. 또한 그는 조국을 진심으로 사랑하며 중국 정부를 존중한다. 그래도 개혁을 추구하는 마음에는 변함이 없다. 그는 국가를 변화시키는 일에 동참할 권리를 가지고 있다고 생각한다. 사실 그를 비롯한 중국 창업가들은 사회의 안녕에 기여해야 한다는 책임감에 더해 그간에 획득한 부와 영향력을 사회를 위해 투자할 의무가 있다. 각각의 사례를 들며 빅터 왕은 법치, 개개의 자율성을 가진 현대 국가로의 평화적 이행을 확실히 하는 동시에 불안을 없애고 혼란을 최소화하는 것은 '불가피한 역사적 책임'이라고 말했다.

빅터 왕이 자신의 관점을 표현했던 방식에 주목할 만하다. 그는 중국의 정치체제를 바꿔야 한다고 주장하지 않는다. 그보다는 중국 창업가들을 비롯한 각계의 요구가 현재 체제 안에서 충족되어야 한다고 말한다. 그렇게 하면 시간이 지남에 따라 지금의 체제 내에서 권력이 균형을 찾아가는 것은 당연한 일이다. 빅터 왕은 그런 식으로 말하긴 했지만, 아주 절묘하게 핵심을 전달했다. 요컨대 균형 잡힌 시민사회가 출현하고 법 체계가 잘 정비되어야만 중국이 발전한다는 말이 아니었다. 민영기업들이 이미 변화를 이끌어가고 있지만, 정부가 추구하는 개발 일변도의 목표를 위태롭게 하면 이전의 상태로 되돌아갈지도 모른다는 의미였다. 달리 말해, 중국이 번영하려면 창업가들이 또한 번영해야만 한다. 이를 실현하려면, 2002년에서 2012년 후진타오Hu Jintao와 원자바오Wen Jiabao가 통치한 중국이 창업가 정신을 적극 고취했듯이, 정부가 소극적인 태도에서 벗어나야 한다.

CEF포럼, 특히 야불리에서 진행되는 겨울 회의뿐만 아니라 여러 지역에서 개최되는 여름 회의는 중국에서 그와 관련된 토론이 이뤄지는 중요한 행사라고 할 수 있다. 여기서 중국에서 가장 부유하고 영향력 있는 민영기업 소유주들이 한 자리에 모인다. 행사는 다채로운 순서로 진행되는데 스키타기, 비즈니스 및 경제 관련 강연, 저녁 식사, 비공식 토론 등이 이어진다. 중국에서 잘 알려진 경제 관련 회의로는 아시아 국가 지도자들이 참석하는 보아오포럼Boao Forum, 중국에서는 다롄과 톈진에서 열린 바 있는 세계경제포럼World Economic Forum을 들 수 있다. 그래도 아시아에서는 야불리포럼이 가장 중요한 행사라고 할 수 있다. 창업가들이 모여 어떻게 해야 국가 체제에 큰 영향력을 미칠지 의견을 나누는 자리이기 때문이다.

CEF포럼은 2000년 비공개로 시작됐다. 중국 최초의 인수합병 기업 차이나엠엔에이그룹China M&A Group의 설립자 왕웨이[2], 또 중국 최초의 선물회사 차이나인터내셔널퓨처스코퍼레이션China International Futures Corporation의 설립자이자 경제학자 로렌스 티엔Lawrence Tian[3]이 지인들과 정부 관료들을 모아놓고 짧게 콘퍼런스를 진행한 것이 시초였다.

CEF를 설립한 이래 핵심 원동력이 된 인물로 천둥셩을 꼽을 수 있다. 1장에서 확인한 바와 같이, 그는 중국 최대 민영 보험회사 타이캉생명보험을 창립한 인물이다. 2002년 CEF의 의장직에 오른 그는 사적인 친목단체였던 포럼을 하나의 의제로 진행되는 공적인 기구로 전환했다. 더불어 재정 및 회원관리 제도를 재편성했는가 하면, 1년 동안 회의에 참석하지 않은 회원에게 벌금 10만 위안(1만 5,000달러가량)을 부과하여 포럼 참석을 독려했다. 또한 연구재단을 설립했다. 처음에는 회원들의 후원을 받아 와인 경매로 자금을 조달했으며, 민영기업들을 위해 비즈니스 환경을 개선하겠다는 목표를 명확히 설정, 홍보했다.

CEF포럼은 설립 후 몇 년 동안 회원가입이 철저히 제한되었다. 회원들은 대부분 '92파' 출신이었다. 그들은 1992년 덩샤오핑이 경제 개혁에 다시 박차를 가한 이후 정부와 학계의 안정된 일자리를 떠나 창업가의 삶을 택한 사람들이었다. 당시 CEF에는 중국에서 가장 영향력 있는 인물들이 회원으로 활동하고 있었다. 알리바바의 잭마, 레노버의 양위안칭은 말할 것도 없고 중국의 대표 IT 기업 디지털차이나Digital China의 구오웨이Guo Wei, 중국 최대 가전업체 TCL의 리동쉥Li Dongsheng, 중국 최대 민영기업 상하이푸싱그룹의 궈광창, 반툰의 펑룬, 부동산 개발업체 반케Vanke의 왕시Wang Shi, 이 책의 마지막 장에서 소개하는 냉난방기 제조 및 건설회사 브로드그룹의 장유에 등이 대표적이었다. 그럼에도 2010년까지 CEF의 회원은 50명에 지나지 않았다.[4]

현재 회원 수는 몇 백 명에 머물러 있긴 하지만, CEF는 지난 몇 년간 계속해서 성장했다. 현재 창업가로 활동하는 회원들은 대부분 서로에 대해 잘 알고 있다. 그들은 늘 민영기업의 이익을 보호하고 증진하기 위한 활동에 초점을 맞춰 토론을 진행한다. 주목할 점은 매회의 때마다 중앙 정부와 지방 정부의 고위 관계자들이 참석한다. 중국 최대 국영은행 ICBC의 회장 장젠칭Jiang Jianquing, 중국은행업감독관리위원회China Banking Regulatory Commission의 전 의장 류밍캉Liu Mingkang, 국부펀드인 중국투자유한책임공사CIC, China Investment Corporation 회장 딩쉐둥Ding Xuedong 같은 인물들이 회의에 동참한다.

야불리 센터에서는 주로 비즈니스와 경제 이슈를 주제로 토론을 진행하지만, 애초부터 주제가 확대되어 왔었다. 이를테면 중국의 개발이 자연환경에 미치는 영향, 기업가들이 사회를 향해 가져야 하는 폭넓은 책임, 또는 빅터 왕의 강연에서 볼 수 있듯 중국이 겪고 있는 변화의 본질 및 앞으로의 전망 등에 관한 주제로 토론이 진행되기도 했다.

빅터 왕은 민영기업들이 경제에 변화를 준다는 점에 초점을 맞춰 주장을 펼쳤다. 성공적인 기업을 세우는 일에 그치지 않고 기간산업이 운영되는 방식을 새로이 해야 한다는 말이었다. 이와 관련하여 금융, 보건, 미디어를 예로 들 수 있다. 이 세 부문은 대대로 정부가 운영해왔다. 또한 정부는 각각의 부문을 계속 전략적 영역으로 바라보고 있다. 이에 정부가 책임을 지고 통제해야 한다는 기조를 유지하고 있다. 그런데 각각의 업종에서 제한 규정이 있음에도 창업가들은 중국의 발전이라는 정부의 광범위한 목표를 증진시키는 방향으로 기회를 발굴하고 규제 장벽을 뜯어고치고 있다.

새로운 재벌 탄생을 기다리는 중국

금융부문에서는 어떻게 알리바바가 저축의 방식을 변화시키고 중소기업들에게 유용한 대출의 기회를 확대하고 있는지 이미 확인했다. 상하이에 본사를 둔 자산관리기업 노아자산운용 역시 급성장한 고액순자산보유자들HNWIs, Hight-net-worth individuals에게 자산운용 컨설팅을 제공하며 금융부문의 변화를 선도하고 있다.

노아의 설립자 왕징보는 1972년 쓰촨성에서 태어났다. 그는 청두 소재 쓰촨대학Sichuan University에서 경제학 학사학위와 경영학 석사학위를 이수한 후 1992년 상하이로 건너가 금융계에 발을 들였다. 당시는 마오쩌둥 시대 이후 최초로 주식시장이 개장되었을 즈음이었다. 2000년 중국의 대표적 증권회사인 샹차이증권Xiangcai Securities에 합류한 그녀는 처음에 자산관리 부서를 이끌다가 네덜란드의 ABN 암로ABN AMRO와 합작한 펀드관리업체의 책임자 대리로 임명되었다. 그러다가 2003년부터 2005년까지 PBPrivate Banking 부문을 관리했다.

당시 중국의 자산관리 업종은 방향을 상실한 상황이었다. 경제가 가파르게 성장하고 있었음에도 국내 주식시장에 닥친 어려움이 해소될 조짐을 보이지 않아 모든 IPO가 2년 동안 유예되는 지경에 이르렀다. 이에 샹차이는 프라이빗뱅킹을 종료하기로 했다. 왕징보는 사업이 폐쇄될 때까지 기다리지 않았다. 대신에 사업을 인계받아 2005년 노아라는 이름으로 사업을 재개했다.

이후 첫 몇 달 동안은 엔젤 투자자들이 힘을 실어주었다. 이에 미국 유명 벤처캐피털 세쿼이아캐피털Sequoia Capital을 설득할 수 있는 충분한 발판을 마련했다. 이렇게 2007년 450만 달러를 유치한 그녀는 향후 6년 동안 60개가 넘는 지점을 설치하는 등 회사의 조직망을 확장했다. 결과적으로 노아는 5만 명이 넘는 부유층 고객들과 계약을 체결하여 그녀의 회사, 또 중국 내 거의 모든 지점을 통틀어 1,130억 위안, 대략 180억 달러의 투자를 유치했다.

노아는 뇌물비리의 여지를 없애는 차원에서 정부 관료와 일체 거래를 하지 않는다. 대신에 40대에서 60대가 대부분인 자수성가한 사업가들과 상인들을 주요 고객으로 삼았다. 2017년 말 기준 100만 달러 이상의 금융자산을 보유한 중국 내 고액순자산보유자는 197만 명에 이르는 것으로 추정된다.[5] 이들의 투자 가능 자산은 65조 위안, 약 1,811조 원에 육박하며, 연평균 20%씩 증가하고 있다. 그들의 부는 그들의 수보다 훨씬 빠르게 성장하고 있다. 그들은 전국 전역에 분포되어 있다. 컨설팅회사 베인앤컴퍼니Bain&Co에 따르면, 20여개 지역에 각각 1만 명 이상 분포되어 있다. 그중 국가 내 부자들의 30% 가량이 거주하는 상하이는 부자들의 최고 밀집 지역이라고 할 수 있다.

노아의 성공은 빙산의 일각에 지나지 않는다. 홍콩에 본사가 있는 영국계 은행 스탠다드차타드Standard Chartered에 따르면, 2014년을 시작으로 중국 자산관리 업종에서 관리된 총 자산은 11조 위안, 대략 1조 8,000억 달러의 가치가 있었으며, 매년 60%나 성장하고 있다.

그와 같은 놀라운 성장의 배경에는 고액순자산보유자가 급증한 것뿐만 아니라 1장에서 소개한 것처럼 소비계층이 출현했다는 점에서 이유를 찾을 수 있다. 노아와 여러 금융서비스업체들이 개척한 상품들은 본래 부자들을 겨냥한 것이다. 그런데 지금은 일반 예금자들의 폭넓은 수요를 충족시키는 쪽으로 적용되고 있다. 알리바바와 텐센트가 고객들에게 인터넷 기반의 단기금융시장 상품을 제공하고 있듯이 말이다.

자연히 정부는 고민거리가 생겼다. 그와 같은 상품을 단속해야 할까, 아니면 독려해야 할까? 투자로 인한 위험성이 여전히 분명치 않기에 엄격한 규제가 필요한 것은 두말하면 잔소리다. 때문에 불가피하게 일부 상품을 시험할 수밖에 없다. 그로 인해 관련 기관 몇 곳은 폐쇄될 가능성이 높다. 투자자들이 투자금을 상실할 수도 있다. 아니면 공식적인 구제금융에 들어갈 가능성도 상당히 높다.

제한이 지나친 경우에도 문제가 생길 수 있다. 예금이자 높이는 법을 알아낸 투자자들에게 불리하게 작용할 수도 있고, 개인소비가 위축되어 광범위한 정책적 목표가 훼손될 수도 있다. 그래서 해법으로 가능한 것이 있다면, 바로 단계적인 자유화다.

예를 들어 금리자유화가 실현되면, 은행들이 보다 효율적으로 자산의 가치를 정하고 자산을 할당하게 될 것이다. 더 나아가 기업들, 특히 국영기업들이 자산을 낭비하지 않게 될 것이다. 또한 기업들, 특히 민영기업들의 신용거래가 활발해지고, 금융상품의 범위가 확대될 것이다.

2012년 집권을 한 시진핑 정부는 이후 6년 간 지속적으로 국유기업을 개혁하고 있으며, 금리와 환율자유화라는 두 가지 방향으로 금융개혁을 진행하고 있다. 또한 민영기업의 국유기업 지분 참여를 허용하는 '혼합소유제'로 방향을 틀어 기업의 경영효율을 높이는데 주안점을 둔다. 이러한 과정에서 왕징보 같은 민영 기업가들에게 기회가 확대되어 수년 전에만 해도 존재하지 않았던 금융 시장의 세분화 Market segment를 할 수 있는 여건을 만들어 주고 있다. 한편으로, 이 기업들은 중국의 신흥 부자들에게 유용한 서비스를 개발함으로써 중국에서 창출되는 부를 관리할 뿐 아니라 부를 형성하고 있다.

이 과정을 밟는 신생기업들이 계속 원하는 방향으로 나아갈 것이 거의 확실하다. 그러면서 서서히 정부를 움직여 나갈 것이다. 주요 거시경제의 지렛대를 통제하고 있기에 정부는 필요에 따라 권력을 행사할 수 있다. 이를테면 위안화의 가치를 조정하여 수출업자들을 지원하는가 하면, 자본 통제력을 가지고 자금이 불안정하게 유입되거나 새어나가지 않도록 조치를 취할 수 있다. 또한 필요하다면, 국영은행 시스템을 통해 자금을 손쉽게 조달할 수 있도록 하여 단기 성장을 촉진할 수 있다. 이외에도 기꺼이 민영기업들에게 자유재량을 부여할 수 있다. 그렇게 함으로써 정부가 궁극적으로 실현하고자 하는 목표를 알려나가는 것이다.

상품과 서비스를 창출하면, 소비자들에게 돌아가는 보상과 관련하여 선택과 기회가 확대된다. 그러면 정부가 바라는 대로 개인소비가 확대되어 국가 자본에 의한 투자를 경제성장의 주요 동력으로 대체할 수 있게 된다. 또한 민영기업들은 국영기업과 은행들이 실적을 개선하도록 압박수위를 높일 수 있다. 그러면 자원배분이 개선되어 장기적으로 생산성 수준을 높이도록 유도할 수 있다.

수년 간 민간 자산관리업체들이 생겨나면서 불가피하게 금융제도에 대한 정부의 지배권이 약화되었지만, 정확히 그 점이 핵심이다. 1990년대와 2000년대 정부에게 필요했던 것은 사회기반시설 및 건축물 공사에 자금이 향하도록 만드는 것이었다. 근본적으로 민간 금융기관들은 자금이 어디로 향해야 하는지 가장 잘 판단할 것이다. 그들이 노아의 투자자들로부터 자금을 끌어오려면, 혹은 알리바바의 머니마켓펀드 위어바오Yu'e Bao에 일반 예금자들이 투자한 자금을 끌어오려면, 적절한 투자 기회를 잘 발굴해야 한다. 민간 금융업체들이 증가하고 있는 상황에서 그런 변화의 시작을 우리는 목격하고 있다.

국가와 기업이 발을 맞추는 의료 분야

의료 서비스 분야에서도 유사한 과정이 나타나고 있다. 중국의 의료체계는 가까운 미래까지 공영화된 체계로 남겠지만, 민영기업들이 서비스의 질과 범위를 확대하고 있다. 중국이 공급 쪽의 자유화를 채택함에 따라 향후 10년 동안 급격한 변화가 일어날 것이다. 민영기업들이 새로운 서비스를 대거 내놓으면, 의료 분야가 중국 최대의 서비스 부문 성장 영역이 될 가능성이 있다. 고급 서비스를 바라는 전국 부자들의 요구가 빗발치고, 노령화 인구가 급증하여 생기는 문제들로 인해 특히 민간부문의 의료제공자들을 위한 기회가 급격히 증가할 것으로 보인다.

21세기 첫 10년 동안 시행된 개혁조치들 덕분에 중국은 현재 전 국민 의료보험 가입이 거의 마무리되었다. 농촌 가정의 경우 높지 않지만, 전체 의료비 지출에서 현금 지불 경비가 차지하는 비중이 거의 60%였다가 35% 가량으로 떨어졌다. 정부는 의사와 간호사를 교육하고 약값을 내리고 환급률을 높이는 등 현재 공급자 쪽에 초점을 맞추고 있다. 이런 조치들로 전 국민에게 기초 치료가 가능해지고, 그 과정에서 사람들의 저축률을 낮추고 소비를 진작시키는 효과가 나타난다.

중국 정부는 지출을 늘린 데 더해 민영투자와 외국인 투자를 모두 개방했다. 그 결과, 2015년 민영병원의 수가 1만 2,745개에 달해 국영병원 1만 3,302개에 근접하게 됐다.

중국 사람들의 생활수준이 높아지면서 그들이 받을 권리가 있는 치료에 대한 기대치도 올라갔다. 병원들 역시 좀 더 많은 치료를 제공하려고 한다. 그렇지만 전 세계 의료체계가 그렇듯이 의료비용이 급상승하고 있다. 게다가 중국 인구가 향후 20년 동안 고령화되어 의료 서비스에 대한 수요와 비용이 계속 가파른 상승곡선을 그릴 것으로 추정된다.

또한 효율성과 효과성의 측면에서 수많은 변화가 일어날 것으로 예상된다. 그러한 변화를 보건당국이 통제할 것이다. 그럼에도 의료 서비스가 질적으로 개선되고 신규 의료기술이 도입되고 있기에 기업가적인 민영기업들이 서비스 수준을 높이고 수익을 얻을 수 있는 기회가 창출되고 있다.

천하이빈이 이끄는 항저우 소재 중국 최대 진단검사기관 디안진단이 밟아온 길을 보면, 민영기업들이 어떻게 서비스 수준을 향상시켜 나가고 있는지 확인할 수 있다. 전국 각지에 의료연구소를 설치, 운영하고 있는 디안진단은 10억 달러가 넘는 연간 매출을 자랑한다.

1996년 회사를 설립한 천하이빈은 수입한 장비를 이용하여 분자진단Molecular diagnosis 검사 서비스를 제공했다. 푸싱의 분자진단업체 설립을 도왔던 경험이 있었기에 디안진단의 매출은 사업 초기 2년 동안 급속히 성장했다. "많은 사람들에게 있어서 최초의 100만 달러를 벌어들이는 것은 어려운 일입니다." 천하이빈은 이렇게 말했다. "하지만 제게는 매우 쉬운 일이었습니다."

그렇지만 1998년, 예기치 못한 일이 일어났다. 새로 설립된 국가식품약품감독관리국SFDA, State Food and Drug Administration 지금은 중국식품약품감독관리국China Food and Drug Administration으로 알려져 있는 곳에서 승인 대기 중이었던 다양한 약품들에 대해 사용중단 조치를 내렸는데, 그중에 디안진단이 사용하던 시약이 포함되어 있었다. 디안진단은 하룻밤 사이에 매출이 바닥을 찍었다.

이에 천하이빈은 70명이었던 직원을 20명 이하로 줄인 다음, 로슈진단Roche Diagnostics의 진단용 제품을 유용하는 업체로 조직을 재정비했다. 로슈진단은 다국적 제약회사인 스위스의 호프만라로슈Hoffman-La Roche에서 뻗어 나온 업체였다. 정책이 바뀌더라도 다시는 같은 실수를 반복하지 않겠다고 천하이빈은 다짐했다.

이후 홍콩과 싱가포르 소재 병원과 의료 서비스업체들을 둘러본 천하이빈은 500만 위안(당시 대략 60만 달러)을 들여 독립된 시험 연구소를 설립하는 등 자체 의료검사 서비스를 가지고 시장을 시험해보기로 했다. 중국 내 모든 병원, 또 부설 병동에서 의료 검사가 실시되고 있었기에 동료들은 신규 사업의 성공 가능성에 대해 회의를 품었다. 그래서 그는 병원 및 부설 병동에 독립된 연구소의 이점을 알리기 위해 의사와 의료직원들을 포럼에 초대하여 디안진단의 서비스를 소개했다. 중국국립의료연구소China's National Clinical Laboratory가 전국 각지 연구소의 서비스 품질에 대한 감독 역할을 축소하고 있으며 시험 자체를 진행하지 않는다고 발표했던 즈음이었다. 그들의 지원에 힘입어 디안진단의 신규 사업은 나날이 번창했다. 시작한지 며칠 만에 병원과의 계약이 30건이 넘어갔으며, 1년도 채 지나지 않아 수지가 맞아떨어졌다.

사업을 확장하겠다는 디안진단의 결단은 2005년 결실로 이어졌다. 그런데 그해 정부가 비용을 줄일 목적으로 병원 처방 약품에 대한 환급률을 축소하겠다고 발표했다. 결국, 병원들은 값비싼 수입약품의 유통을 줄일 수밖에 없었다. 디안진단은 로슈진단 제품의 유통에 어려움을 겪게 되었다. 흑자 기업을 운영하던 천하이빈은 하룻밤 사이 또 다시 적자 기업을 운영하는 신세로 전락했다.

이처럼 새로운 정부정책이 발표될 때마다 디안진단의 사업은 큰 어려움을 맞게 되었다. 그런데 한편으론 약품 판매수익이 감소한 병원들이 시험작업을 비롯한 여러 작업을 외부에 위탁하게 되면서 동시에 디안진단의 연구소 서비스에 대한 수요가 대폭 확대됐다.

수요가 가파른 상승곡선을 타던 상황에서 천하이빈은 연구소 관계망 확대에 착수했다. 2009년 그는 상하이 소재 대기업 푸싱그룹과 일본 소프트뱅크에 디안진단의 지분을 매각했다. 그리고 2년 후 선전 증권거래소에 회사를 상장시켰다.

그때부터 디안진단의 상품 범위가 꾸준히 확대되어 병원들이 큰 비용이나 위험 없이 보다 다양한 방식으로 최신 진단검사를 접할 수 있게 되었다. 2014년 전국에 14개 연구소 관계망을 운영하게 된 디안진단은 향후 2년 안에 16개의 연구소를 추가 설치하겠다는 계획을 세웠다.

디안진단은 현재 독점 기술을 개발하겠다는 목표를 가지고 연구개발시설을 확충하고 있다. 목표대로라면 다른 기업들로부터 빌려온 기술을 보완할 수 있게 된다. 또한 연구소 범위 안에 영상진단센터를 구축하고 환경시험 같은 새로운 영역으로 진출하는 등 진단검사의 범위를 확대할 방법을 찾고 있다.

최근 중국의 의료개혁은 디안진단에 유리한 방향으로 진행되었다.

특히 2013년 민영기업과 외국 기업의 투자에 대한 의료시장 개방을 확대하는 쪽으로 정책의 전환이 이루어진 일에 주목할 만하다. 구식 의료체계에서는 성장이 저해되고 약물이 오남용되는 일이 빈번히 일어났다. 정부 관료들이 회사별로 허가를 해주는 시스템 아래에서 자기 구역에 경쟁업체들이 진입하지 못하도록 정부관료들을 뇌물로 매수하는 기업들도 있었다.

디안진단 같은 기업들이 발전을 이끌어가고 있다 해도 중국의 의료체계는 한동안은 가장 주목받는 공공의 영역으로 남을 것으로 보인다. 그럼에도 정부 정책에 의해 민영 의료서비스가 꾸준히 확대되고 있다. 이런 여건에서 천하이빈이 보여주었듯이 기업가들이 정책의 효과를 높이고 의료 서비스의 범위를 확대하는 등 중국의 의료체계를 변화시키는 일에서 큰 몫을 담당할 것이다.

통제를 벗어나 폭발하는 미디어 분야

금융과 의료부문에서 기업가들이 주도한 변화는 본질적으로 기존의 체계를 확대하고 개선한 것이다. 중국의 미디어 산업에서는 그보다 훨씬 더 급진적인 개혁이 일어났다.

수십 년 동안 중국의 방송, 영화, 출판은 대중의 생각에 영향을 미친다는 이유로 엄격하게 통제되었다. 중국은 여전히 국영 방송사와 출판사가 뉴스 배포를 전담하고 있다. 그런데 이 기관들은 10년 전과 달리 더 이상 정보와 엔터테인먼트를 독식하지 않는다.

중국 정부는 사람들이 보고 읽거나 듣고 싶어 하는 것을 거의 다 제공하면서 대대적인 성장을 촉진시켰다. 스포츠와 TV 드라마는 모두 큰 인기를 누리고 있다. 이와 같은 방송 프로는 대부분 최근까지 지역 케이블TV망을 통해 가정에 공급되었다. 그런데 광대역 통신망, 특히 광대역 이동통신망의 부상으로 사람들의 콘텐츠 소비방식에 근본적인 변화가 일어났다. 2013년 실시된 중국 TV 및 온라인 비디오 소비행태에 관한 조사에 따르면, 응답자의 거의 절반이 TV가 아닌 인터넷에서 콘텐츠를 시청하며 시간을 보낸다고 밝혔다.[6] 이런 경향은 30세 이하 응답자들에게서 더욱 강하게 나타났다.

세분화된 중국의 온라인 동영상 시장은 바이두와 텐센트, 그리고 중국 최대 포털 사이트이자 안정된 영상사업 부문을 갖춘 소후닷컴 Sohu이 주도하고 있다. 그럼에도 높은 시장점유율을 자랑하는 유쿠투도우는 이 영역에서 흥미로운 기업으로 꼽힌다. 중국의 유튜브라 불리는 유쿠투도우[7]는 2014년 8월 고유방문객 수가 5억 명을 넘어서기도 했다. 현재 유튜브는 중국에서 차단되어 있는데[8] 당시 유튜브 고유 방문객의 거의 절반에 이르는 수준이었다. 유쿠투도우의 방문객은 현재 4억 명 정도로 주춤하다. 이는 유튜브 고유 방문객의 3분의 1에 이르는 수준이다. 차별화 실패로 중국 내 동영상 서비스업체 순위에서도 바이두의 아이이치iQiyi, 텐센트의 텐센트비디오Tencent Video에 밀려 3위로 하락했다. 또한 유쿠투도우의 총 매출액은 2017년 약 20억 달러로 유튜브의 6분의 1 수준에도 미치지 못했다. 그러나 2014년에서 2016년 사이 중국 온라인 동영상 업종의 가치가 2배 상승해 앞으로의 행보를 기대해 볼만하다.

유쿠투도우의 설립자이자 회장인 빅터 쿠는 중국 본토 출신의 부모 아래 홍콩에서 태어났다. 자라면서 표준 중국어와 광둥어, 영어를 배운 그는 오스트레일리아 소재 기숙학교에 다니다 이후 미국의 캘리포니아 버클리대학에서 수학했다. 대학을 졸업한 후에는 컨실팅회사 베인앤컴퍼니에서 3년 동안 일하다가 스탠퍼드 경영대학원에서 MBA를 이수했다. 이후 1994년에 베이징으로 건너가 벤처캐피털업체 리차이나그룹Richina Group과 함께 일했다.

그러다 1999년, 인터넷 불모지였던 중국에서 빅터 쿠는 소후닷컴에 들어갔다. 포털 부문에서 6년 동안 일하며 그는 회사의 나스닥 상장을 이끌었다. 성공적인 회사생활이었지만 여타의 모험심 풍부한 창업가들과 다를 바 없이 그는 자신의 사업이 하고 싶었다. 결국 2005년 회사를 떠나 유쿠닷컴을 설립하기에 이른다.

그 후 8년 동안 회사는 뉴욕 증권거래소에 상장되어 2억 달러의 자본을 조성할 정도로 훌쩍 성장했다. 2012년 경쟁업체 투도우닷컴Tudou과 10억 달러 규모 합병을 추진하여 중국 2위 온라인 동영상 서비스업체로 등극한 것은 창립 이후 사상 최대의 성과라고 할 수 있다. 이렇게 확장된 회사는 막대한 투자를 단행하여 중국 TV 드라마 및 전문 콘텐츠에 대한 저작권을 확보했다.

여타의 인터넷 기업들과 마찬가지로(텐센트 제외), 유쿠투도우의 경우에도 주요 소득원인 광고가 매출의 90%를 차지했다. 원저작권과 구독권을 판매하는 등 소득원을 다양화하려고 노력했지만 말이다.

유쿠와 투도우의 합병으로 '규모의 경제'가 확대되어 설비비용 이외 여러 측면에서 혜택이 뒤따르긴 했지만, 콘텐츠 확보 비용이 증가했다. 이는 2013년 마지막 분기에 수익성이 약화된 이후 2014년에도 재무상태가 적자를 유지했다는 것을 의미한다.[9]

유쿠투도우의 미래는 절대적으로 모바일 인터넷에 달려 있다. 유쿠투도우에서는 일일 시청 조회가 4억을 돌파했는데, 사용자들은 컴퓨터보다는 대개 모바일 기기에서 동영상을 시청한다. 2014년 초 사용자들이 모바일 동영상 애플리케이션으로 콘텐츠를 시청한 시간은 대략 월 450억 분에 달했다.[10] 이로써 유쿠투도우의 동영상 애플리케이션은 텐센트의 위챗 메신저와 QQ모바일메시징 애플리케이션에 이어 중국 인기 3위 모바일 애플리케이션이 되었다.

유쿠는 웹 코미디 시리즈 〈서프라이즈Surprise〉를 비롯한 자체 콘텐츠 생산비율을 높이면서 총 수입의 35에서 40% 가량을 콘텐츠에 투자하고 있다.[11] 〈서프라이즈〉는 한 회당 2,200만 시청자들의 호응을 끌어내었으며, 빅데이터 분석도구에 의한 시청률 조사로 다음 회를 제작했다. 사용자생산 콘텐츠UCC, User-generated content도 꾸준히 증가하고 있다. 최고의 수입을 올리는 콘텐츠 제작자들은 정기적으로 매달 8만 위안, 대략 1만 3,000달러를 벌어들인다.

유쿠는 명백히 세계 최대 온라인 동영상 스트리밍업체인 넷플릭스Netflix의 활동을 본받았다. 넷플릭스와 마찬가지로 2014년 8월 자체 영화제작사를 설립한 유쿠는 그해 9월 20편의 TV 시리즈를 배포했다. 빅터 쿠는 〈버라이어티Variety〉와의 인터뷰에서 이렇게 말했다. "현재 우리의 구독자층은 두텁지 않지만 해마다 세 자리 수 성장률을 기록하고 있습니다."[12]

온라인 엔터테인먼트에 대한 인기가 급상승하면서 유쿠와 경쟁업체들은 정부 당국으로부터 철저한 감시를 받게 되었다. 중국 관영언론은 공산당 선전부와 국영 뉴스 웹사이트, 기타 업체들 사이에 200만 명가량의 '여론 분석가들'을 배치하여 민감한 표현물을 즉시 삭제하면서 콘텐츠와 게시물을 검열할 것이라는 뜻을 내비쳤다.[13]

정부의 선전부는 민감한 사안을 어떻게 다뤄야 하는지, 가령 정부의 뉴스 사이트에 발행된 보고서를 활용하기만 하면 된다는 식으로 매일 기업들에게 지침을 내렸다. 시진핑 정부는 인터넷 언론에 대한 검열을 강화했는데, 2013년 중반 타인비방, 허위사실 유포 등의 내용을 담은 글이 5,000번 이상 열람되거나 500회 이상 재게시되는 경우 3년 이하 징역형에 처해질 수 있다고 발표했다.

또한 마이크로블로그를 통제하겠다는 정책의 일환으로 중국 선전부는 유명 독립 블로그들을 타깃으로 삼았다. 그들 중에는 벤처투자가이자 웨이보 계정 1,200만 팔로워를 거느린 찰스 슈에Charles Xue도 포함되어 있었다. 알려진 바에 따르면, 베이징 경찰이 찰스 슈에를 매춘 혐의로 8개월 동안 구금했지만, 사람들은 그를 비롯한 영향력 있는 블로거들이 여론을 통제하려는 공권력을 비판한 것이 숨겨진 이유라고 믿었다.

정부의 인터넷 검열로 인터넷 공론장 전반이 위축되었다. 주요 인터넷 기업들의 사업 이익에는 어떠한 해가 되지 않았지만 말이다. 그럼에도 인터넷 기업들이 중국 미디어 산업의 경계를 넘어서는 것을 막을 가능성은 희박해보인다. 정부는 2014년 9월 해외 온라인 동영상 서비스 30% 내 제한조치를 발표했듯이 주기적으로 제한조치를 내세워 반격에 나설 것이다. 그렇지만 스마트폰과 태블릿 같은 인터넷 기기의 수요가 확산되며 다양한 콘텐츠는 계속 생산될 것이다.

민감한 업종의 기업들이 중국에 진출하지 못하게 가로막는 제한요인에는 무엇이 있을까? 답은 물론 환경에 따라 달라진다. 그런데 대부분의 경우에 그런 기업들은 경계가 어디에 있는지, 어떻게 그 안에서 잘 살아남을 수 있는지 잘 알고 있다. 대개는 정부의 이익과 광범위하게 연계하여 그들의 이익을 발견하기 때문이다. 이와 관련하여 유쿠투도우의 CEO 빅터 쿠는 이렇게 말했다. "불안의 근원이 된다고 해서 우리가 얻을 건 하나도 없습니다." 유쿠투도우, 텐센트, 바이두 등 사용자 기반 콘텐츠를 갖춘 기업들은 상업적 자유를 보장받는 대가로 검열 직원을 고용하여 민감한 주제의 표현물을 발견 즉시 삭제하는 검열조치를 묵인한다.

분명한 사실은 중국의 검열조치가 계속된다면, 더욱 강화된다면, 중국 인터넷 기업들의 장기적 전망에 대해 중요한 물음이 제기될 것이라는 점이다. 서구사회의 관찰자들은 콘텐츠 검열은 의심에서 비롯되는 일이라고 말한다. 그들이 생각하기에, 국제적 야망을 가진 기업들은 스스로를 검열하는 모습을 보일 수 없다. 혹은 자유를 구속하는 정권을 대신하여 사람들의 활동을 추적할 수는 없다. 중국 기업들 내부의 관점은 약간 다르다. 기업들은 사업을 지속적으로 성장시키기 위한 협상의 과정에 계속 참여하고 있다고 생각한다. 특히 시민들이 지난 30년 간 접근할 수 있는 정보원의 범위를 확대해온 시점에서 수십 또는 수백만 명의 사람들이 사용하는 서비스를 위태롭게 하는 것은 아무런 의미가 없을 것이다.

게다가 유쿠투도우를 비롯한 중국 최대 인터넷 기업들 앞에는 최대의 난제가 놓여있다. 정부에 의지하지 말고 서로가 협력해야 한다는 것이다. 우선 한 가지 이유로 유쿠의 시장 지배력이 바이두의 동영상 사이트인 아이치이닷컴iQiyi.com, 그리고 텐센트로부터 위협을 받고 있기 때문이다. 유쿠는 지위를 공고히 하려고 2014년 4월 알리바바에 지분을 팔아 12억 달러를 확보했다. 또한 그로부터 7개월 후 새로운 소식을 발표했다. 레이쥔의 샤오미가 스마트폰 등 모바일 기기용 동영상 콘텐츠 확대전략의 일환으로 유쿠투도우의 지분을 인수한다는 내용이었다.[14]

현재 미디어 업계의 지형변화가 너무 가속화되고 있고, 순위 변동이 심해 미래 상황을 예측하는 것이 쉽진 않다. 모바일 인터넷이 이제 막 중국 엔터테인먼트의 최대 동력이 되었기에 그만큼 업계는 계속해서 유동적인 상황에 놓일 것이 분명하다. 어쩌면 예상보다 훨씬 더 유동적인 상황이 전개될지도 모른다.

경제개발과 중앙집권의 위태로운 동거

이번 장에서 살펴본 영역들, 즉 금융, 의료, 미디어 전반에 걸쳐 민영기업들은 국영기업과 정부 양쪽에 압박을 가할 것이다. 은행들은 서로 경쟁해야 할 처지에 놓일 것이다. 의료체계는 사용자들의 수요에 맞춰 보다 시장 지향적으로 변화되어야 하고, 민영기업들이 환자들이나 의료공급자들의 수요를 더 잘 충족시켜야 한다. 또한 민영기업들은 주요한 콘텐츠 전달자로서 거의 전국의 사용자들에게 동영상 콘텐츠를 제공할 것으로 보인다.

국영기업들은 국가의 기초 인프라를 구축하는 등 기초적 임무를 수행하는 면에서 탁월하지만, 경제혁신을 위한 '창조적 파괴Creative destruction(오스트리아 경제학자 조셉 슘페터가 제시한 개념)'에 착수하는 일에서 큰 허점이 드러난다. 문어발식으로 사업을 확장하고 무분별하게 신제품 개발 과정을 밟는 것도 큰 이유로 작용한다. 그렇게 진행하는 사업은 대부분 실패로 끝난다. 또한 소비자들의 관심을 끌기 위해 치열한 경쟁을 하는 것도 한몫한다. 국영기업들이 제공하지 않은 정보나 서비스에 접근할 수 있는 기업들에 의해 그런 경쟁이 불가피하게 일어난다.

그래서 정부 쪽에서 영향력을 유지하고 위에서부터 지원을 잘 받고 있는 반면, 전망은 하락세로 떨어지기 시작했다. 중국의 GDP 대비 국영부문의 수익은 2007년 최고점을 찍었다. 이후 글로벌 금융위기 와중에 성장을 유지하기 위해 정부가 막대한 재정을 투입하면서 몇 년 동안은 인위적인 지원이 이루어졌다.

국가가 곤란한 시기를 헤쳐 나가는 데 있어서 그 전략은 딱 맞아들었다. 하지만 시간이 지나고 현재 정부는 모든 것을 털어내야 하는 문제를 안고 있다. 특히 철강, 탄광, 알루미늄 제련, 시멘트 등 여러 산업이 과잉설비 문제를 겪고 있다. 2008년부터 2010년까지 정부의 후한 지원으로 불균형적으로 혜택을 입은 지역들이 바로 지금 문제를 겪고 있는 곳들이다.

앞으로 국영기업들은 시련을 겪을 것이다. 값싼 재원과 국가 보조금 등을 확보할 기회가 줄어들었을 뿐 아니라 2013년 11월 제18기

3중 전회(중국 공산당 제18기 중앙위원회 제3차 전체회의)에서 국영기업 수익의 30% 이상을 정부에 납부해야 한다는 계획이 추진되었다. 또한 그보다 훨씬 더 큰 시장의 힘으로부터 압박이 거세질 것이다. 뿐만 아니라 대출금리 하한 폐지로 은행들, 또 그들의 국영 차입자들이 재정 압박을 받게 된다.

그런데 정부가 이 모든 것에 영향을 받지 않는 게 아니라 오히려 그 반대다. 정부는 인프라, 교육, 연구에 투자를 계속하는 것은 물론 거대 국영기업들로 하여금 경제의 핵심전략 요소들을 감독하게끔 할 것이다. 사실 정부는 중국의 개발 방향을 설정하는 가장 중요한 원동력으로서 스스로를 인지할 것이 분명하다.

그래도 민영기업들이 여러 부분에서 주도적 역할을 해야 하는 책임이 있다. 요컨대, 서비스의 수준과 다양성을 개선해야 하며, 시장에 경쟁을 도입하여 보다 효율적인 운영을 촉진해야 한다. 또한 중소기업들이 감당하지 못하는 수요를 충족시켜야 한다. 장기적으로 매우 중요한 문제일 수 있는데, 기업가들 또한 사업뿐만 아니라 일상생활을 체계화하는 방안을 매우 다른 방식으로 내놓을 책임을 가진다.

모바일 인터넷이 부상하고 모든 유형의 서비스(소매와 금융부터 엔터테인먼트, 교육, 의료에 이르는 분야)에 영향력이 미치면서 사람들 사이에서 인터넷식 사고, 투명성과 개방성의 원칙을 바탕으로 삶을 바라보는 태도가 확산될 것으로 보인다. 기업 수준에서는 고객 접점에 있는 사업단위의 의사결정 책임이 더욱 커지면서 조직의 분산화가 더욱 강화되고 의사결정의 수단을 확보해야 하는 상황으로 이어질 것이다.

이러한 실례가 궁극적으로 삶의 여러 영역으로 퍼져나갈지는 여전히 매우 불분명한 상태다. 그럼에도 세상에서 가장 권위주의적이고 통제 일변도인 정권임을 볼 때 어느 정도 역설적인 측면이 존재한다. 그들은 세상에서 가장 열린 조직들이 급격히 출현하는 모습을 목격하고 있다.

한편, 창업가들은 아이디어 실험을 계속 해나가고 세계를 무대로 경쟁을 해나가면서 정부에 부담을 가중시킬 것이다. 정부는 경제를 계속 신장시키고 개발 목표를 실현하기 위해 기업들의 요구를 충족시켜야 할 것이다. 그래서 부득이하게 성장과 통제 사이에 절충이 필요한 상황이 올 것이다. 우리가 이미 확인했듯이, 중국의 정부 지도자들과 신흥 기업가들은 그와 같은 상호절충에 대해 이미 의식하고 있다. 때문에 통제에 관한 논란은 의심할 여지없이 계속되겠지만, 서로 간의 공개적인 다툼은 벌어질 것 같지 않다.

성장과 안정이라는 두 마리 토끼

2023년인 시진핑 중국 국가주석의 남은 임기 동안 우리는 신흥 재벌과 더욱 강력해진 중국, 더 나아가 더욱 안정되고 자신감 있는 중국의 출현을 보게 될 것이다. 시진핑 정부는 현재로는 위험을 감수하려고 하지 않는다. 차기 경제개혁이 진행되고 있지만 대체로 중국의 성장전망이 약세를 이어갈 것으로 보이기 때문이다. 경제개발을 적법성에 대한 주된 이유로 삼아 권력을 키운 국가 지도자들에게 있어서 지금은 위태로운 시기다.

그럼에도 창업가들은 이 시기 동안 그들의 조직을 전진시킬 것이다. 그들이 정치적 필요에 따라 정부와 흥정을 할 것처럼 보이지는 않는다. 그렇지만 기업인들은 끊임없이 정부와 협상을 해나갈 것으로 예상된다. 변화가 필요한 부분을 요구하고, 확실한 지지로 보답할 것이다.

한편, 정부는 선택의 기로에 서게 된다. 효율성이 부족한 국영기업들을 보호할 것인가, 아니면 그들이 효율적인 민영기업들로 대체되게 해야 할 것인가 선택을 내려야 한다. 정부는 상황에 따라 국영기업들을 지원하겠지만, 또 다른 경우에는 민영기업들의 손을 들어줄 것이다. 그럼에도 전반적으로 민간부문은 거의 모든 부문에서 상당한 비중을 차지할 정도로 확장될 것이다. 그로 인해 중국의 산업구도에 대대적인 변화가 초래될 것이다. 민영기업들은 지금보다 더 경제의 상당 부분을 운영하게 될 뿐만 아니라 비즈니스 경쟁환경도 갈수록 평등해질 것이다.

야불리포럼에 참석하는 창업가들은 대부분 그와 같은 변화를 인지하고 있다. 그들은 중국의 개혁기 전반을 다 겪었을 정도로 충분히 나이를 먹은 사람들이다. 또한 중국이 중앙계획 통제체제에서 자유시장의 방식을 받아들이는 와중에 그들의 눈앞에 펼쳐진 엄청난 변화를 목격했다.

그들은 지난 40년간 변화하는 중국에서 가능성을 발견했을 뿐 아니라 앞으로도 변화를 피할 수 없다는 점을 확인했다. 그러한 변화에서 자신들을 비롯한 민영기업 경영자들이 맡은 역할을 그들은 잘 알고 있다. 그렇다고 그들은 혼자서 모든 것을 다 했다고 주장하지 않는다. 고립된 상태에서는 어떠한 성과도 실현할 수 없다는 점을 그들은 잘 알고 있다. 그들은 또한 그와 같은 성과를 달성하기 위해 정부에 매우 특정한 환경을 요구했다. 정부가 여러 부문에서 자유화를 추진하여 외국 기업의 투자를 허용하고 교역을 촉진하며 인프라를 구축하길 바랐던 것이다.

그들은 또한 자신들이 대부분 간접적인 영향을 미치긴 했지만 자신들이 없었다면 중국의 변화가 불가능했다는 것을 알고 있다. 그들이 구축한 기업들은 영향력을 확대하고 있으며, 중국에 새로운 바람을 불러일으켜 많은 것을 변화시키고 있다.어떤 부분에서는 직접적으로, 대부분 간접적으로 영향을 미치고 있다.

한편, 그들은 지난 40년간 쌓은 성과가 없던 일이 될까봐 걱정하는 경우는 드물다. 경제개혁은 정부의 정치적 의지로 시작되었다. 정부가 모든 것을 되돌릴 일은 거의 상상하기 어려운 반면, 개혁을 지속하려는 의지가 부족하다는 것은 쉽게 상상이 된다. 게다가 창업가들의 성과를 보호하기 위한 장치는 여전히 미비하다. 경제개혁에 반전 같은 게 일어나지 않으면, 지방 및 중앙 정부 요직에 있는 관료들의 약탈로 그간의 성과가 없던 일이 될지도 모른다. 이는 빅터 왕을 비롯한 창업가들이 법률제도의 중요성을 강조한 이유를 반증한다.

중국 정부가 갈림길에 섰다는 것은 분명하다. 그토록 많은 성공으로 이어진 복합모델(정부의 통제 및 경제 자유화)은 계속 유지될 수 있을까?

여러 중요한 관점에서 볼 때, 선택의 여지가 많지 않다. 중국 정부가 1970년대로 되돌아가려고 애쓰지 않는 한, 민영부문에서 이룩한 지난 40년의 성과를 되돌리거나 밀어낼 일은 없을 것이다. 만약 과거로 되돌아간다면, 정치적, 경제적으로 너무도 큰 대가를 치러야 한다. 게다가 정부는 예전과 달리 기업가들에게 필요한 것과 우선순위를 더 잘 알아가고 있다.

시진핑은 현실을 파악한 것 같다. 시진핑 행정부는 취임 이래 자유시장에 더 큰 역할을 부여하기로 한 데 더해 수많은 NGO들, 특히 사법개혁의 목소리를 내는 단체들을 더욱 주시하는 등 반대파들을 단속했다. 그런데 정부가 그런 조치를 내린 주요한 동기는 경기침체 여파에 대한 두려움에서 비롯된 것 같다. 현재 정부 당국은 글로벌 금융위기의 후유증을 겪으면서 부채 주도의 모델에서 벗어나려 하고 있다.

이는 한 가지 사실을 암시한다. 중국이 경제개발의 다음 단계로 이행할 수 있도록 하는 것이 시진핑 정부 최대의 난제로 남은 반면 급격한 성장세 둔화로 사회 불안이 초래될지 모른다는 두려움이 깊어졌다는 점이다. 사실을 하나 더 추가하자면, 중국에선 지배계층의 만연한 부정부패로 시민들의 불만이 누적되어 1989년 학생들이 민주화운동을 주도했다. 그 과정에서 내재된 불만족이 상당한 상황이다. 이 점을 고려하면 시진핑 정부가 최근 다른 무엇보다도 반부패 정책을 광범위하고 심도 깊게, 또 지속적으로 시행한 이유가 분명해진다.

요컨대, 시진핑은 경제개혁을 진지하게 생각하고 있을 뿐 아니라 개혁이 가져올 위험에 대해서도 알고 있다. 그는 단기적인 비용에서 기인한 사회 불안으로 인해, 혹은 부와 권력이 약화될까 우려하는 기득권의 정치적 반대로 인해 개혁조치가 진로에서 벗어나지 않기를 바라고 있다. 한편으로, 그를 비롯한 당 지도자들은 그들만의 역량을 구축해야 할 필요성을 알고 있는 듯 보인다. 갈수록 더 번영하고 다변화되는 사회를 감독하기 위해 역량을 넓히고 심화시켜야 하는 것이다.

그럼에도 시진핑의 반대편 단속조치와 반부패 캠페인은 중국 외부에서 언론 보도로 널리 알려졌지만, 정치 무대 밖에서는 거침없는 목소리가 쏟아졌다. 우리가 살펴본 바와 같이 잭마를 비롯한 앞서가는 창업가들은 중국의 지독한 환경문제에 대처해야 한다고 강조한다. 또한 황누보 같은 기업가들은 특히 도시화로 인한 문화적 관습 파괴 현상 등 경제개발로 인한 사회적 문제를 해결하는 데 더 큰 관심을 기울여야 한다고 촉구하고 있다. 그밖에 천동쉥 같은 92파, 빅터 왕 같은 인물들은 무엇보다도 법의 지배를 강화해야 한다고 주장한다. 그들은 주로 중국 기업가 포럼에서 점진적 개혁을 위한 폭넓은 의제를 추진하고 있다.

그런데 그들이 살고 있는 중국은 여전히 일말의 정치적 반대도 용납하지 않는 곳이다. 그렇다고 해서 중국이 다양한 의견 표출을 억압하는 국가는 아니다. 중국은 갈수록 더 국가 너머를 바라보고 있다. 민영기업들을 포함하여 추가적인 국가적 문제해결 수단을 제공할 기관을 물색하고 있다. 요컨대, 중국 정부는 민영기업들이 제 역할을 해주기를 바라고 있다. 이를테면 자산관리업체들은 국영은행들을 압박하여 대출 관행을 개선하도록 할 수 있다. 또한 의료기업들은 의료 서비스의 범위와 질을 확대할 수 있다. 인터넷 동영상 제공업체들은 사람들을 행복하게 만드는 콘텐츠와 정보를 제공할 수 있다.

빅터 왕처럼 중국의 발전방향에 대한 견해를 표출하는 기업가들은 본질적인 부분을 지적한다. 새롭게 떠오르고 있는 중국이 20년 전보다 훨씬 더 복합적인 지역이 될 것이라는 내용이었다. 빅터 왕 같은 기업가들은 그와 같은 새로운 중국을 만들어내는 데 일조를 했다. 새로운 중국을 어떻게 운영해야 하는지, 또 자신들은 어떻게 기여하면 되는지 잘 알고 있다.

또한 그들은 자신들의 영향력이 얼마나 엄청난지 알고 있다. 쇼핑, 금융, 통신 등 다수의 업종을 재편하고 중국의 사회구조를 변화시키는 과정에 있으니까 말이다. 그들은 자신들이 중국에서 힘의 균형을 바꾸는 일을 하고 있으며 그 활동이 인정받고 또 거부당하리라는 점을 잘 알고 있다. 한편으로, 그들은 장래를 내다보면서 사업적 성과를 쌓을 수 있는지, 다른 영역에서 변화를 주도할 수 없는지 생각한다.

예컨대 잭마처럼 자리를 확고히 한 사람은 자신의 명성을 이용해 중국이 환경오염에 대한 대처방식을 재고해야 한다고 촉구할 수 있다. 잭마는 자신이 던진 말을 행동으로 뒷받침했다. 알리바바는 2014년 4월 전국 수질지도 작성을 전개했다. 사용자들이 자발적으로 수질을 측정하고 그 결과를 스마트폰으로 공개하는 방식이었다.

지금 다양하게 얽혀 다투는 힘들이 얼마나 미묘하게 균형을 유지해나갈지 알 수 없다. 빅터 왕이 강연에서 분명히 말했듯, 중국 창업가들의 대부분, 특히 1980년대와 1990년대에 기업을 설립한 사람들은 중국 사회 전반에 걸쳐 이미 자신들이 얼마나 많은 변화를 주도했는지 매우 잘 알고 있다. 그들은 결국 1990년대에 떠오른 기회를 붙

잡은 사람들이다. 그 기회를 활용하여 사업체를 세워 사업을 일궜으며, 기업가적인 중국을 만들어가며 다음 세대 창업가들에게 도약의 발판을 제공하고 있다. 이제 그들에 대해 궁금증이 생긴다. 그들의 사업으로 인해 어떠한 변화가 일어날까? 또한 그들은 미래의 변화를 주도할 수 있을까? 혹은 주도해야 할까?

법의 지배가 강화되어 사유재산이 한층 더 보호를 받고 정부 관료들의 고의적 간섭에서 자유로워져야 한다는 것이 창업가들 대부분의 생각이다. 그런데 지금까지 그들이 정치활동에 자기 개인의 부를 사용한 경우는 별로 없다.

그 소수의 사람들 중에 주목할 만한 인물이 있다. 기술 및 부동산 투자로 재산을 모은 벤처투자가 왕궁취안王功权 Wang Gongquan은 중국이 정부와는 독립적인 법률체제를 확립하여 진정한 시민사회로 발전해야 한다고 공개적으로 주장했다. 그는 '신공민운동New Citizens Movements'이라는 시민단체를 만들었으며, 그의 시나웨이보 계정에 150만 명의 팔로워를 모집했다.

중국 정부는 2013년까지 신공민운동과 같은 단체들을 조심스럽게 지켜보았다. 그러다 시진핑이 국가주석으로 취임한 후 상황이 바뀌었다. 시신펑이 취임하자마자 반대편 단속조치로 찰스 슈에가 구금당했던 것처럼 왕궁취안 또한 구류되었다.[15]

놀라운 일은 아닌데, 창업가들은 앞의 사례처럼 노골적인 정치개입을 대개 하지 않으려 했다. 레노버의 명예회장이자 전 CEO, CEF의 유명인사인 류촨즈는 오랫동안 '정치 거절' 의사를 밝혀왔다. 빅터 왕과 달리 류촨즈는 중국이 '부의 창출자들'을 지원하고 보호해야 한다고 주장한다. 결국 경제적 변화 그 이상의 것이 필요하다는 말이었다. 2013년 CEF 모임에서 중국 창업가들에게 강연을 한 그는 CNBC 기자에게 이렇게 말했다. "제 생각은 이렇습니다. 중국 정부는 개혁과 관련하여 한층 더 체계적이고 포괄적인 접근법을 채택해야 합니다. 예를 들어 어떻게 이 나라에 법치주의를 확고히 하여 정부에 대한 신뢰를 쌓는 가에 따라 대중은 더 확신을 가지고 상호 신뢰와 정직의 문화가 정착되도록 할 것입니다. 그런 식으로 정부는 지금보다 더 사회 정치적 개혁에 박차를 가할 수 있습니다. 그것은 경제개혁을 강화하는 발판이 될 수 있습니다."[16]

류챤즈와 빅터 왕이 전하는 메시지를 정부는 받아들일까? 이미 그들의 목소리를 들은 것이 거의 확실하다. 특히 민영부문의 경제가 갈수록 빠르게 발전하고 있는 상황에서 중국 지도자들은 현지 창업가들에게 더 많은 관심을 기울이게 될 것이다. 그래서 CEF 같은 소통 채널이 더욱 필요하게 될 것이다.

중국이 변화하고 있다는 점을 중국 지도자들은 인정한다. 또한 변화를 주도하는 힘은 직접 통제할 수 있는 대상이 아니며 변화로 인한 결과를 예측할 수 없다는 점도 그들은 알고 있다. 그럼에도 그들은 강력한 '집단 기억 Collective memory(기억을 사회적 또는 집단적, 구성적 관점에서 바라보는 개념)'으로서 중국의 재출현이 주로 사회 정치적 안정에 대한 확고한 헌신에서 비롯된다고 믿는다. 그러다보니 그들의 지배권을 문제 삼는 것에 무관용 원칙을 적용하려고 한다. 중국 창업가들은 중국을 변화시키는 사람들일지 모르지만 중국을 지배하는 사람들은 아니다. 이 점을 창업가들은 잘 알고 있다. 그래서 도를 넘어서지 않을 것이다. 이를 달리안 완다의 회장이자 중국 최고 갑부 중 한 사람인 왕젠린이 간략히 묘사했다. "정부와 가까이 지내되 정치에서 멀리 떨어지십시오."

올바른 대처

CHINA

중국의 부상에
어떻게 대응해야 하는가?

야망을 숨기지 않는 중국기업들

"저는 재능이 뛰어난 사람이 아닙니다. 시골 출신인 저는 배우는 것 외에 다른 선택권이 없었어요." 쉬렌제가 빙그레 웃으며 말했다.[1] 쉬렌제는 중국 최대 위생용품업체 헝안국제그룹의 CEO이자 최대 주주로 회사를 시장 점유율 1위로 성장시킨 장본인이다. 헝안그룹은 27억 달러 규모의 기업이지만 진장이라는 작은 해안 도시에 설립된 이래 그곳에 본사를 유지하고 있다. 상하이와 홍콩의 중간인 푸젠 지방에 위치한 진장은 쉬렌제의 고향이기도 하다.

쉬렌제는 외진 곳에서 사업을 운영하고 있지만, 중국의 시장 규모와 변화 속도를 충분히 활용하고 있다. 사실 화웨이의 런정페이, 하이얼의 장루이민, 지리자동차의 리슈푸 등 중국 최고의 창업가들 또한 그러하다. 쉬렌제는 동료 창업가들과 마찬가지로 외국 경쟁업체들, 특히 프록터앤갬블Procter&Gamble, 킴벌리클라크Kimberly-Clark, 존슨앤드존슨Johnson&Johnson, 일본 카오주식회사Kao 등 해외 경쟁업체들의 거대한 도전에 대처하고 있다.

얼굴이 검게 그을린 쉬렌제는 회사를 설립했던 1985년 당시처럼 여전히 농부처럼 보인다. 중국 개혁기 초반에 사업을 시작한 동료 창업가들과 마찬가지로 그는 거의 아무런 지식 없이 사업에 첫발을 내딛었다. "저는 아는 게 하나도 없는 농부였습니다." 그는 말한다. "저는 초등학교도 안 나왔는걸요. 경영이 뭔지도 몰랐습니다. 재무제표를 읽지도 못했어요." 그럼에도 그는 30년 만에 헝안을 세계적인 야망을 가진 기업으로 초고속 성장시켰다. 헝안의 수익은 최근 4년간 2배가 늘었다. 또한 중국 시장에서 미국과 일본의 기업들, 또 여러 중국 기업들과의 경쟁이 치열한 상황에서 20%에 가까운 이익률을 유지하고 있다.

쉬렌제가 지금의 회장 스원보와 함께 1985년 헝안을 설립했던 당시, 진장에는 소규모 봉제공장들이 밀집해 있었다. 그 업체들은 상표 없는 옷을 만들며 근근이 버티고 있었다. 그보다 거의 5년 이른 시기에 덩샤오핑이 경제개혁 조치를 단행했기에 이미 시민들의 생활수준이 높아지고 있었다. 이웃들이 삶에 유용한 편의상품을 찾고 그에 대한 지출을 늘리는 모습이 쉬렌제의 눈에 들어왔다. 사람들의 수요를 충족시키는 상품을 발굴하기 위해 그는 생리대 시장을 개척하기로 결심했다.

그는 원자재를 수입하지 않고 대다수의 제조업체들이 그러했듯 자체 제지공장 설립에 투자를 했다. 그 때문에 비용이 상승하긴 했지만, 품질만 좋다면 고객 충성도가 높아질 것이라는 예감이 적중했다. 헝안은 창립된지 2년도 안 되어 푸젠성과 인근 해안지역 도시들에 소재한 생리대 제조업체들을 제치고 현지 점유율 1위 업체로 등극했다. 헝안에 자리를 물려준 업체들은 대부분 국영업체들이었다.

헝안은 1980년대 중반 시장에 진출한 이래 다양한 경쟁업체들과 맞부딪혔다. 특히 프록터앤갬블이 중심이 된 다국적 기업들이 대표적이었다. 쉬렌제와 스원보, 두 공동창업자는 생산을 확대하고 제품의 품질을 계속 개선하며 경쟁에 대처했다. 그런 일환으로 장비의 해외 수입을 확대했으며 브랜드 구축에 막대한 비용을 투자했다. 아마도 가장 중요한 점은 내부에서 영업팀을 꾸려 전국 각지로 파견한 일일 것이다.

현재 총 1만 5,000명이 넘는 이 '거리의 판매사원들'은 전국 80만 개가 넘는 점포에서 헝안의 제품을 구입할 수 있다는 사실을 알리고 있다. 도매업자들에게 판매를 맡기는 다국적 기업들과의 경쟁에서 앞서며 헝안은 초고속 성장을 달성하는 동시에 제품군을 확대할 수 있었다. 가장 핵심적인 품목은 화장지와 일회용 기저귀였다. 중국 시장에서 헝안의 화장지 점유율은 20%에 육박했다. 덕분에 현재도 화장지 매출이 총 매출의 거의 절반을 차지하고 있다.

그러다 1990년대 중반 조직의 진로에 일시적인 변화가 일어났다. 생산과 유통에 경영상의 장애가 발생해 영업 부진으로 이어진 것이다. 그처럼 의도치 않은 결과를 가져온 원인은 회사의 고용 관행이었다. 회사 설립 초기 경영진과 주주는 대부분 창립자의 친인척과 지인들로 구성돼 있었다. 그들은 큰 사업체로 성장한 회사를 운영하고 관리할만한 역량과 배경이 부족했다.

쉬렌제는 조직의 운영을 전문화해야 할 필요성을 인식했다. 또한 회사를 다음 단계로 이동시키기 위해 1998년 홍콩 주식거래소에 주식을 상장했다. 그에 따라 충분한 자금을 조성하여 원년 멤버들의 주식을 사들인 것은 물론 조직을 재편하고 회사 소유권과 지배구조를 합리적으로 개선할 수 있었다. 뿐만 아니라 임원진을 대부분 전문 경영인들로 교체할 수 있었다.

이후 세상 밖으로 눈을 돌린 쉬렌제는 미국의 자문회사인 토마스그룹Thomas Group에 250만 달러를 지불하면서 도움을 구했다. 다음 단계는 형안을 개혁하기 위한 청사진을 그리는 일이었다. 경영의 수준을 높이고 조직을 회사의 성장에 발맞추게 하는 전략의 일환으로 그는 그와 같은 조치를 여러 차례 반복했다. 참고로 나는 2007년 그와 함께 일했는데, 전략 컨설팅업체 부즈앤컴퍼니와 컨설팅 프로젝트에 참여했다. 그보다 더 최근인 2013년에는 IBM으로부터 형안의 공급망과 정보기술체계를 점검받았다. 두 요소는 향후 몇 년간 매출을 2배 이상 늘리겠다는 그의 계획에서 중요한 부분을 차지할 터였다.

쉬렌제는 현재 식품과 스낵을 비롯한 상품군을 확대해나가고 있다. 또한 중국의 여느 성공한 창업가들 못지않게 쉬렌제 역시 해외로 발걸음을 넓히고 있다. 지금까지 형안의 해외매출은 총 매출의 5%로 미비한 수준에 있지만, 모두 아시아 신흥시장에서 발생하고 있다. 중국 자체의 성장세가 둔화되는 상황에서 그는 중국과 사정이 비슷한 국가를 물색하고 있다. 헝안의 경험을 적용하고, 국내에서 축적한 대량생산 능력을 유리하게 활용하겠다는 계획이다.

다국적 기업들의 무덤 중국

가전기기, TV, 오토바이, 통신장비 관련 시장 등 자유화된 상품 시장에서 중국 제조업체들은 이미 외국 제조업체들을 향한 도전을 성공적으로 마쳤다. 또한 컴퓨터, 산업장비, 자동차 부품, 의료장비, 빠르게 움직이는 소비재 등의 시장에서는 헝안국제그룹, 싸니, 민드레이메디컬인터내셔널, 완샹, 레노버 등의 민영기업들이 중국에 진출한 해외 기업들의 대항마로 자리를 잡았다. 경우에 따라서는 해외 시장에서 입지를 다지기도 했다. 그들은 해외 상품과 비슷한 저가 상품으로만 승부를 본 것이 아니었다. 저가 전략이 그들 모두에게 중요한 전술이었지만 말이다. 그보다는 끊임없이 상품과 생산 프로세스를 개선하는 일에 주력했다.

그들은 중국의 강점을 활용하는 동시에 서구의 전문기술을 도입하여 경영을 개선하고 있다. 또한 중국 시장의 규모를 성장시키는 일에 주력하는 한편 시장의 팽창과 변화에 발맞추기 위한 유연성을 조직구조에 적용하고 있다. 뿐만 아니라 거의 예외 없이 각자의 영역에서 최고가 되기 위해 달리고 있다. 각 기업의 소유주들은 해당 업종의 일등이 되기 위해 저마다 시장선도자가 되려고 한다.

다국적 기업들이 중국 경쟁업체들에게 효과적으로 대응하려면, 경쟁자들이 주력하는 영역 외에 광범위한 부분을 고려해야 한다. 단순히 가격만 중요시한다거나 저가 시장만 겨냥해서는 안 된다는 말이다. 혹은 다른 곳에서 개발된 제품을 모방하거나 복제하는 일에 치우쳐서는 안 된다. 그보다는 조직을 중국에서 경쟁하기에 적합한 사업체로 성장시키는 것이 바람직하다. 복합적인 요인들이 얽히고설켜 빠르게 성장하는 시장에서 성장을 꾀하려면, 다방면의 역량을 갖춰야 한다. 그러고 나서 국내 시장과 해외 시장을 비롯해 다양한 시장에 사업체를 진출시켜야 한다.

많은 다국적 기업들이 중국에서 20여 년 동안, 경우에 따라 그보다 더 오랜 기간 동안 사업을 운영해왔지만, 그들은 앞에 놓인 도전의 본질을 더 깊이 이해할 필요성이 있다. 지난 20여 년을 돌아봤을 때, 주목할 만한 성공 스토리를 몇 가지 꼽을 수 있다. 일례로 자동차 제조업체 폭스바겐Volkswagen과 GM은 토종 국영 자동차산업을 키우려는 중국 정부의 50대 50 출자 규제조치에도 불구하고 거대 자동차기업으로 자리를 잡고 중국 시장에서 지배적인 지위를 유지했다. 얌브랜드의 자회사인 KFC 레스토랑은 세계적인 경쟁업체 맥도날드McDonald를 훨씬 능가하는 실적으로 해당 영역에서 엄청난 성공을 거두었다. 또한 모든 유형의 고가 브랜드들이 지위 상승 욕구를 가진 중국 중산층 사이에서 굉장한 인기를 증명했다.

물론 눈여겨봐야 할 실패 사례도 있었다. 중국에 진출한 미국의 가정용 건축자재 유통업체인 홈데포Home Depot는 현지의 신규 주택보유자들 사이에서 DIY 상품이 인기를 끌 것으로 기대했다. 하지만 예상은 빗나갔다. 새로운 아파트를 자랑거리로 삼는 주택보유자들이 주거지를 치장하는 일을 무척 싫어했기 때문이다. 유사한 사례로 영국 슈퍼마켓 체인 테스코^{Tesco}는 중국 진출 9년 동안 충분한 고객을 확보하기 위해 20억 달러 이상을 투자했지만 결국 실패했다. 2013년 중국 최대 유통 국영기업인 화륜창업^{華潤創業, China Resources Enterprise}에 점포를 양도하고 말았다.

그런데 다른 유형의 업종에서도 실패는 점점 더 흔한 일이 되고 있다. 수많은 업체들이 중국에 쏟아져 들어갔지만, 괄목할만한 성과를 발표하지 못했다. 펩시^{Pepsi}를 예로 들어보겠다. 펩시는 수년 간 중국에서 사업을 성장시키려 애썼지만, 계속 고전하다 결국 병입공장을 대만의 즉석라면 및 음료 제조업체 팅이^{Tingyi}에 매각했다. 마찬가지로 닛산^{Nissan}의 인피니티, 토요타^{Toyota}의 렉서스는 하나같이 BMW, 폭스바겐의 아우디^{Audi}, 다임러^{Daimler}의 메르세데츠 벤츠^{Mercedes-Benz} 같은 독일 고급 자동차업체들보다 몹시 뒤떨어졌다.

한마디로 말해, 외국인 소유의 기업들은 대부분 다음에 일어날 일에 대비하지 않고 있다. 중국이 전략적으로 피할 수 없는 시장이라는 것을 그들은 알고 있다. 중국이 이미 세계 최대 상품 시장으로 성장했다는 사실도 알고 있다. 알다시피, 중국은 현재 새로운 경쟁우위의 원천이 되고 있다. 다양한 기업과 연구기관에서 나오는 신제품과 프로세스, 엄청난 생산능력을 갖춘 기업들이 세계 각지로 영역을 확대하고 있다. 중국 시장에서 좋은 기회를 놓쳐서는 안 된다는 것을 외국 기업들은 잘 알고 있다. 글로벌 산업으로 갓 진출한 중국 기업들과 경쟁하기 위해서 중국 시장에서 입지를 다져야 하는 것이다. 하지만 그들은 새로운 흐름에 대응할 방법을 찾지 못했다.

중국에 진출한 외국 기업들이 주저하는 이유는 갈수록 어려워지는 경영환경에서 찾을 수 있다. 중국에서는 땅값과 노동력은 말할 것도 없고 마케팅과 광고에 이르기까지 전반적으로 모든 비용이 상승하고 있다. 중국 정부는 법인세 감면, 투자지역 우선접근권 등 1990년대와 2000년대에 해외자본을 유치하기 위해 외국 기업들에게 제공했던 특혜 중 일부를 폐지했다. 시진핑 주석이 추진하는 경제개혁 조치의 목표는 자유시장이 경제구조 개혁에 한층 더 큰 기능을 하도록 만드는 것으로 보인다. 하지만 대외투자 확대에 대한 시장 자유화는 약 20여 년 전 끊겼던 양상이 지속되면서 점진적으로 진행될 것으로 보인다.

2014년 상반기 중국에 대한 미국과 유럽의 투자는 1년 전 같은 시기에 비해 약 5% 떨어지면서 주춤한 듯 보였다.[2] 또한 일본의 투자는 동중국해 영유권 분쟁이 확산된 탓에 거의 50%나 떨어졌다. 일본이 센가쿠 열도라 부르고 중국이 다이아오유라고 부르는 섬을 두고 두 나라는 팽팽히 대립하고 있다. 게다가 외국 기업들이 부당한 대우에 불만을 표출하고 있다. 중국의 막대한 인구를 바라보고 수조 달러를 쏟아 부은 외국 기업들 대부분은 기대했던 거대한 전망이 부질없는 일이 될까봐 몹시 애를 태우고 있다. 또한 중국에서 사업운영이 매우 어려워지지 않을까 우려하고 있다. 급격히 변화하는 시장은 그들이 통달하기에는 너무도 복잡하게 얽혀 있다. 또한 현지 지식이 풍부한 중국 기업들의 영향력이 만만치 않다. 중국 정부 또한 국내 금리에 대해 너무도 방어적인 태도를 취하고 있다.

벼랑에서의 경쟁

컨설턴트이자 구글 부사장 출신인 쇼나 브라운Shona L. Brown과 스탠
포드대학의 캐서리 아이젠하트Kathleen M. Eisenhardt 교수는 급속히 변화
하는 컴퓨팅과 정보기술 업종에 관한 저서를 쓰면서 '벼랑에서의 경
쟁Competing on the edge'이라는 용어를 제시했다. 이 용어, 그리고 관련 조
직 행태는 오늘날 중국의 비즈니스 환경에 적용할 수 있다. 브라운과
아이젠하트는 1990년대의 정보통신산업이 질서와 혼돈 사이의 중
간단계에 있었다고 보았다. 유례없고 예측할 수 없는 방식으로 변화
가 일어나고, 과거 독립된 업종들 사이의 경계가 허물어지며, 초경쟁
Hypercompetition으로 인해 기업들의 부상과 추락이 빠르게 진행되었다
는 것이다. 그런 조건에서 비즈니스 전략에 세 가지 주요한 특성이
있었다고 두 사람은 주장했다.

첫째, 경쟁우위는 일시적인 것에 불과할지 모른다. 기업이 성공하
려면 끊임없이 우위의 원천을 발굴해나가야 한다. 또한 변화는 기존
사업에 대한 위협으로 바라보지 말고 새로운 성장기회의 주요 근원
으로 다뤄야 한다.

둘째, 경쟁우위가 일시적이기에 전략은 늘 다변화되어야 하며, 성
급한 일반화에 빠져서는 안 된다. 기업들은 늘 광범위한 선택을 고려
해야 한다. 상황에 따라 전술을 바꿀 수 있는 유연한 융통성을 갖춰
야 하는 것이다. 그래서 목표와 계획은 항상 비즈니스 환경의 기회와
제약에 따라 변화시켜야 한다.

셋째, '재발명'이 기업활동의 핵심에 놓이게 될 것이다. 끊임없이

새로운 가치창출 방법을 발굴하는 과정에서 상품뿐만 아니라 프로세스의 혁신이 핵심을 이루게 된다. 기업 조직들이 상품개발과 경영의 측면에서 끊임없이 변화를 꾀해야 한다는 말이다. 기업들은 또한 특히 신뢰할만한 장기 수익원이 희소한 상황에서 자원을 절약해야 한다. 그럼에도 효율성보다는 새로운 아이디어를 창출하고 시험하는 역량이 더욱 중요해질 것이다.

지금과 같은 초경쟁과 변화의 환경에서 기업들은 절대로 안정된 평형상태를 이룰 수 없다. 그럼에도 한편으로 기업들은 미래에 집착하는 태도의 위험성을 알아차려야 한다. 사실, 브라운과 아이젠하트는 넌지시 그런 생각을 전하고 있다. 미래를 상상하며 그 미래상에 가까워지려는 태도를 지양하고, 현재에 뿌리를 내려야 한다는 말이다. 그래서 새로운 세분시장에 제공품을 확대하고 거기서 파생된 상품을 개발, 활용하는 등 기존 상품을 바탕으로 최대 이익을 달성해나가야 한다. 이 과정을 브라운과 아이젠하트는 '과거를 확장하는 일'이라고 말한다. 기존의 강점을 활용하여 상품과 서비스를 시장에 출시, 시험하거나 새로운 비즈니스 영역으로 진출해야 한다는 말이다. 동시에 기존 사업에 충분한 관심을 기울이는 것은 물론 새로운 상품과 사업방향에 적합한 자원을 개척하고 발굴해나가야 한다.

중국 최고의 기업가적 기업들은 거의 다 위 세 가지 트렌드를 실증적으로 보여주고 있다. 중국 시장은 복합적인 발전단계에 놓여 있다. 때문에 어느 시장에서 하나의 상품에 대한 기능을 점검, 개선해야 할 필요성이 임박하는 경우 해당 상품을 '확장'해야만 하는 시장이 분명히 존재하게 된다. 이 사실을 그들은 알고 있다. 예컨대, 하이얼은 상품의 기능을 추가함으로써 끊임없이 틈새시장을 발굴해왔다. 이를테면 재래시장을 겨냥해 채소 세척기를 제조했으며, 비좁은 주거공간에서 생활하는 학생층에 호소하기 위해 냉장고 크기를 줄였다. 마찬가지로, 화웨이와 레노버는 스마트폰과 태블릿 같은 상품의 신 모델을 계속 적용, 출시하고 있다.

이 기업들은 모두 장기적 지속가능성을 원하지만, 한편으로 지금 시기 이후의 일이 불확실하기에 임박한 미래를 겨냥하여 상품과 시장성에 대한 시험이 이루어져야 한다고 생각한다. 이런 점에서 알리바바는 끊임없이 새로운 비즈니스 영역으로 뛰어드는 동시에 기존의 역량을 계속 확장해나가고 있다. 알리바바닷컴으로 대표되는 B2B 비즈니스 모델을 적용해 C2C 서비스인 타오바오를 도입한 것이 좋은 예다. 그 이외에 알리바바닷컴과 타오바오의 비즈니스 모델 및 소비자 모델을 조합하여 티몰을 도입하였다. 뿐만 아니라 소규모 기업들을 대상으로 대출 서비스를 시작했다. 이로써 자사 기업고객들의 거래정보로 신용을 판단할 수 있게 되었다. 이어서 알리페이로 소비자 금융 서비스에 발을 들여놓았다.

시장의 변화가 극심한 상황에서 기업들은 제품과 서비스 출시에 대한 리듬과 템포를 설정해야 한다. 반대로 시장의 템포와 리듬에 맞춰 제품과 서비스를 새롭게 출시하기도 한다. 이 모든 과정의 순서와 시기에 세심한 주의를 기울여야 한다. 너무 더디면 경쟁자들이 선수를 칠 것이고, 그렇다고 너무 서두르면 문제가 생길 수 있다. 특히 새로운 제품과 서비스가 시장에 확산될 단계에 이르지 못한 경우를 주의해야 한다.

조직의 측면에서는 구식 경쟁모델에 갇히는 일을 막기 위해 끊임없이 조직 운영체계를 재편성하고, 떠오르는 기회를 바탕으로 제품 개발 방향을 조정해야 한다. 또한 업무의 집중도를 높이기 위해 구조적 체계를 확립해야 한다. 성공은 민첩하고 빠른 조직운영에서 비롯되기에 전략이 하향식으로 개발되어서는 안 된다. 그보다는 사업단위 규모의 상향식 전략수립이 이루어져야 한다.

중국의 기업가적 기업들은 재발명과 반복을 되풀이했다. 요컨대, 텐센트는 컴퓨터용 메시징 프로그램에서 온라인 게임으로, 이후 모바일 메시징 서비스로 거듭났다. 그런데 분명한 사실은 모바일 메신저 위챗이 인스턴트 메신저 QQ를 모방해 뿌리를 내렸다는 점이다. 새로운 것을 찾는 고객들을 만족시키기 위해 일련의 새로운 기능들을 추가하는 방식으로 끊임없는 반복이 요구되고 있다. QQ 메신저와 관련해서는 유료 서비스가 부가된 공짜 모델이 온라인 게임에 적용되었다. 또한 이 모델은 게임과 결합되어 현재 텐센트가 지향하는 모바일 전략의 중추를 이루고 있다.

전반적으로 결과는 전략이 다변화되는 것으로 나타났다. 알리바바와 텐센트에서 분명히 그러했고, 지리자동차 같은 기업들에서도 또한 그러했다. 지리자동차의 리슈푸 회장은 볼보자동차의 운영과 관련하여 해외 사업부와 중국 사업부들을 독립적으로 운영하는 한편, 두 사업부와 지리자동차 사업부 간에 거리를 두고 있다. 또한 전기자동차업체를 인수하면서 지금과는 완전히 다른 미래를 준비하고 있다. 이런 접근법을 하이얼의 최고경영자인 장루이민이 아주 잘 설명했다. "기업의 최고경영자는 체계, 질서, 혼란 사이에서 균형을 찾아야 합니다. 다른 한편으로는 세상과 함께 변화해야 합니다. 그러나 또 다른 한편으로 혼란스러운 변화를 피하고 변화에 대한 내적 규칙을 만들어야 합니다."

전복적인 사고의 필요성

브라운과 아이젠하트는 그들의 모델을 미국 기업들을 위한 전략으로 제안했다. 그런데 사실 중국에 훨씬 더 적합한 접근법이다. 중국에서는 세계 최고의 기업가적 기업들이 두 사람의 말대로 이미 현지 환경에 적합한 방식으로 사업을 운영하고 있기 때문이다.

그래서 다국적 기업들은 브라운과 아이젠하트의 식견에 기대어 중국의 비즈니스 환경을 형성하는 힘에 대해 다시 논의해야 한다. 중국의 시장개방, 성장을 이루고 지원하는 정부 관료들의 역할, 기술, 특히 인터넷의 영향력 등에 관해 고찰해야 한다.

2장에서 확인했듯이, 앞선 세 가지 요인으로 인해 산업들 간 경계가 허물어져 초경쟁 비즈니스 환경이 조성된다. 장기 수익을 보장하는 자원이 매우 드물기 때문에 중국 기업들은 민첩하고 영리하게 움직일 수밖에 없다. 또한 전문분야 이외의 영역에서 스스로를 변화시키고 기회를 붙잡을 줄 알아야 한다.

선진국에서는 인터넷과 디지털화의 영향을 받는 업종에서 유사한 트렌드가 나타날 수 있다. 관련 업종을 세 가지만 꼽자면, 음악과 미디어, 출판 업종에 일대 지각변동이 일어났다. 그런데 인터넷의 영향력이 증대하고 있지만, 여러 업종에서 여전히 정상의 자리를 유지하고 있는 기업들이 있다. 은행과 금융업체들은 여전히 금융을 지배하고 있다. 자동차 제조회사들은 여전히 자동차 제조업체로 남아있다. 에너지기업들은 여전히 에너지기업의 자리를 유지하고 있다.

그럼에도 중국에서는 인터넷의 영향력이 날이 갈수록 커지고 있다. 게다가 모바일 인터넷이 확산되는 상황에서 인터넷업체들이 금융, 물류, 미디어 등의 업종에 뛰어들고 있고, 택배기업들이 소매와 전자상거래 사업에 진출하고 있다. 배터리업체들이 자동차 제조업에 뛰어들고 가전기기 제조업체들이 인터넷업체로 재출발하는 모습을 우리는 지켜보고 있다. 몇몇 업체들만 예로 들어도, 컴퓨팅이나 통신장비를 전문으로 하는 신생업체들이 하나같이 스마트폰 사업으로 진출하고 있다.

이처럼 방향을 급선회하여 새로운 분야로 진출하는 것은 두 가지 이유에 기인할지 모른다. 첫째, 불과 몇 년 사이 많은 업종들이 처음 생겨났기에 중국 시장은 여전히 불모지 같은 특성을 드러내고 있다. 둘째, 시장의 변화속도가 너무 빨라서 장기 지속적인 우위를 확립한 기업들도 대부분 예상치 못한 어려움에 부딪히고 있다. 이에 기업들은 주변상황에 끊임없이 대처하며 상품과 제품믹스Product mix를 변화시키고 새로운 영역으로 진출해야 한다. 더불어 새로운 방면에서 사업을 모색해야 한다. 하이얼처럼 성공한 기업이라 해도 늘 불안한 상태에 있기 마련이다. 하이얼이 백색가전 산업에서 확고한 자리를 차지한 것처럼 보여도 시장 상황이 한 치 앞을 내다보기 어렵기 때문이다.

변화를 거듭하고 새로운 영역으로 사업을 확장하는 기업, 규모를 확대하고 경쟁기업들의 공격을 막아내는 기업이 최고의 번영을 누릴 수 있다. 또한 중국 시장의 변화를 감안하여 꾸준히 상품을 변형, 수정하고 경쟁업체들보다 앞서나가는 기업들이 최고의 지위를 누릴 수 있다.

그래서 브라운과 아이젠하트의 추상적인 개념을 구체적인 전략으로 전환하여 중국 시장에 적용하는 일이 기업들에게 도전과제로 남는다. 여기서 한 가지 분명한 사실이 있다. 다국적 기업이 중국을 얼마만큼 사업의 기반으로 삼아야 하는가를 두고 모든 상황에 적용되는 해결책이 없다는 것이다. 그렇더라도 오늘날 기업가적 사명과 열망을 가진 중국 기업들이 부상하는 상황에서 장기적 생존을 유지하는 데 중국이 제공하는 잠재성을 재평가하는 것이야말로 오늘날 다국적 기업들이 직면한 본질적 도전이라고 할 수 있다.

그러기 위해 종래의 관습적인 사고를 전환해야 한다. 전통적으로 다국적 기업들은 글로벌 전략을 실행하여 사업 영역을 확대해나가는 과정에서 매우 힘든 과정을 겪었다. 요컨대, 그들은 대부분 몇몇 지역에서 성공을 거두고 나서 관련 사업모델과 전략을 전 세계 여러 시장에 적용했다. 그렇지만 중국 시장에서는 정반대로 움직여야 한다. 먼저 중국 현지에서 활동을 최적화할 수 있는 최선의 방법을 찾아야 한다. 그렇게 현지에서 개발한 역량을 바탕으로 전 세계 시장에서 성과를 향상시켜야 한다.

중국시장과 시대의 맥락을 이해하라

향후 10년과 그 이후에 사업을 번창시키기 위해 기업들은 '벼랑에서의 경쟁'을 할 수 있어야 한다. 기업들이 그 역량을 개발하는 곳이 바로 중국이 될 것이다. 시장의 규모뿐 아니라 시장의 변화 속도와 그 규모가 합해져 중국에서의 경쟁은 더 치열해질 것이다.

우리가 확인했듯이, 지난 20년간 다국적 기업들은 장기적 활동에 대한 사전 준비 없이 유행을 타듯 중국 시장에 뛰어들었다. 그들은 주변 사정을 살피며 관리자들을 교대로 국내외로 파견했다. 또한 그들의 최고경영자들은 때만 되면 현지를 방문해 관료들에게 눈도장을 찍었다. 그들 중 상당수는 광동성 주강 삼각주와 상하이 양쯔강 삼각주 등 여러 지역에서 신속히 구축한 소싱 네트워크Sourcing network를 활용했으며, 성공적으로 자원을 확보하고 교역의 발판을 마련했다.

하지만 중국 시장에 투자를 확대하려던 그들은 고전을 면치 못했다. 소위 글로벌 경험과 재정력, 기술 우위를 가졌음에도 그들은 중국 시장에서 당황할 수밖에 없었다. 그들이 세계 여러 지역에서 시험하고 시도한 전략이 중국에서는 먹히지 않았다. 현지 기업들에게 기습 공격을 당하기도 했고, 기술을 빼간 동업자들이 독립 사업체를 차려 유사한 제품, 경우에 따라 동일한 제품을 만들어 판매하는 통에 심각한 혼란에 빠지기도 했다. 많은 기업들이 인프라의 결함, 인재부족, 소비자들의 변덕, 현지의 저가 대체품 판매에 제대로 대처하지 못했다.

이유는 단순했다. 그들이 진출한 중국, 그리고 그 시대의 맥락, 중국의 복잡한 역사와 문화, 지리, 정치에 대해 너무도 몰랐기 때문이다. 그와 같은 무지는 더 이상 용납될 수 없다. 중국에 진출한 외국 기업이라면, 현지에서 경쟁력을 갖추기 위해 먼저 중국에 대해 되도록 빈틈없이 파악해야 한다.

이런 유형의 지식을 획득하고 흡수하기까지는 시간이 걸린다. 기업들은 중국 관련 정보를 확보하고 보유하는 독자적인 방법을 개발해야 한다. 중국은 더 이상 다국적 기업의 임원들이 들어갔다 나갔다 하는 곳이 아니다. 사실 기업이 이런 상황에서 취할 수 있는 한 가지 중요한 방법은 확실히 지역에 전문화된 팀을 만드는 것이다.

요컨대 중국을 깊이 이해할 준비가 되어야 기업은 성공에 필요한 역량이 무엇인지 파악할 수 있다. 그간에 다국적 기업들은 대개 확실하고 효과적인 역량을 개발해왔다. 또한 같은 방법으로 세계 어느 지역에서나 사업을 운영할 수 있다고 믿어 왔다. 중국이 세계 여느 지역과 같을 것이라고 기대하다보니 그들은 종전의 전략 및 비즈니스 모델을 그대로 따서 적용하는 경향이 있다. 이런 방법이 통할 때도 있겠지만, 대개는 중국 현지에서 활동하는 관리자들 사이에 혼란과 불안이 퍼진다. 구식 모델이 안 먹힌다는 것을 현지 관리자들은 너무도 똑똑히 확인하게 될 것이다. 글로벌 역량을 갖춘 관리자들은 대개 그들의 성과와 지위를 자랑스럽게 여기는데, 세계 어느 지역에나 동일한 기준과 프로세스가 적용되어야 한다는 믿음을 그들은 버리지 않을 것이다. 그들 또한 좌절과 혼란을 겪게 될 것이다.

중국의 실정에서는 정반대의 방법이 요구된다. 글로벌 운영모델 중 어떤 부분이 중국에서 효과가 있을지 따지기 보다는 중국 현지 시장에 적합한 역량이 무엇인지 고민해야 한다. 양자 사이에서 균형을 잡으려면 사업 프로세스의 변화, 의사결정권, 핵심 성과지표, 특히 조직 구성원들의 사고방식과 문화와 관련하여 깊게 고찰해야 한다.

대부분의 기업들 사이에서 이와 같은 의식의 변화가 일어나고 있다. 기업들이 중요한 사실을 받아들이고 있다는 것이 핵심이다. 요컨대, 중국이 변화하는 속도에 맞춰 기업들은 끊임없이 전략과 관행을 재정비해야 한다. 중국이 급격히, 대개는 불연속적으로 변화하고 있는 상황에서 다국적 기업의 관리자들은 기회와 위협을 예측, 포착, 다루는 방법을 파악해야 한다. 이와 관련하여 미국계 글로벌 보안업체 하니웰Honeywell의 '글로벌 고성장 지역Global High-Growth Regions(하니웰은 중국과 인도, 인도네시아 같은 새로운 시장을 신흥시장이 아니라 고성장 지역이라고 부른다)' 담당 사장으로 상하이에서 활동하고 있는 셰인 테드자라티 Shane Tedjarati가 다음과 같이 말했다. "우리는 중국인이 되지는 않지만 중국인과 경쟁해야 합니다. 즉 그들이 어떻게 경쟁하는지, 더 중요하게는 그들이 어떻게 생각하는지 파악해야 한다는 말입니다."

이런 환경에 대처하는 최선의 길은 중국의 방식을 채택하는 것이다. 중국 기업들이 그들 앞에 놓인 장애를 극복하기 위해 활용하는 전략을 고찰해야 한다는 말이다. 마찬가지로, 특히 다음과 같이 의사결정, 조직의 유연성, 혁신 등의 영역과 관련된 유연하고 기능적인 접근법과 프로세스를 채택해야 한다.

★ 의사결정 가속화
중국에서 성공은 발 빠른 움직임에 달려 있다. 잠재적 성공 기회가 발견되면, 현장에서 즉시 의사결정이 이루어져야 한다. 반응이 빨라야만 신제품과 서비스가 도입되는 신흥시장에서 고속성장의 기회를 활용할 수 있다. 또한 본사에서는 중국 현지 사업부에 상당한 자율권을 부여해야 한다. 늘 일은 꼬이기 마련이기에 본사는 현지 사업부가 위험을 감수하고 최대한 많은 실험을 하도록 지원해야 한다. 그래야 새로운 비즈니스 영역을 개척하고 현지 기업들과 같은 방식으로 역량을 쌓을 수 있다. 그러다 보면 본사가 진출하기 꺼려했던 세계 여러 지역으로 영역을 확대하게 될지도 모를 일이다. 이를테면 기업이 기본 사양의 저가모델을 출시한다고 할 때, 다른 지역에서 판매되는 제품들의 매출이 잠식될 위험이 있다면 어떻게 해야 할까? 이런 유형의 물음에 대한 답은 좀처럼 딱 떨어지지 않는다. 그런데 답을 찾기 전에 몇 가지 쟁점을 고찰해봐야 한다. 가령, 중국에서 사업이 성장하면 생산을 확대하여 여러 지역에 수출할 수 있을까? 다른 중국 기업들이 유사한 제품을 생산하지 않는가? 그 때문에 다국적 기업들의 영업 기반이 약해지고 있지 않은가? 어느 쪽이든 기업은 민첩하게 움직여야 한다. 의사결정 안건이 조직의 위아래를 오르락내리락하며 지연된다면, 많은 기회가 사라지도록 내버려두는 꼴이다.

★ 유연성 확대

중국의 정세가 상황에 따라 달라지고 급격히 바뀌는 상황에서 현지 기업들은 조직운영과 의사결정이 상당히 유연해야 한다. 또한 교통, 통신, 금융 관련 기반시설이 취약한 영역에서 물류와 공급망에 장벽이 되는 요소를 극복해야 한다.기반시설 여건이 개선될 때 진입 장벽이 무너진다. 예를 들어 중국 기업들은 여러 시장에 진출하고 사업을 성장시키기 위해 으레 다른 곳에서 아이디어를 모방해 자기 것으로 만든다. 알다시피, 알리바바, 텐센트, 바이두, 메이투안은 하나같이 그들의 사업에 미국 비즈니스 모델을 적용하되 중국 사용자들에게 적합한 기능을 추가하여 변화를 꾀했다. 그래서 머지않아 우리는 그 흐름이 다른 방향으로 이어지는 것을 보게 될 것이다. 트위터 또는 페이스북 소유의 왓츠앱 등 미국 인터넷 기업들이 시나웨이보 또는 텐센트의 위챗 같은 중국 기업들에게서 기발한 아이디어를 빌려오는 날이 올 것이다. 외국 기업들은 또한 소비자들에게 초점을 맞추는 중국 기업들의 방식을 배울 수 있다. 중국 기업들은 소비자 수요와 취향의 변화에 맞춰 끊임없이 제품을 개선, 변형시킨다. 이런 점에서 샤오미가 사용자의 참여를 이끌어내는 이유는 단순히 사용자의 목소리를 듣는 차원을 넘어 사용자의 의견에 즉각 대응하기 위한 것이다.

★ 중국의 방식을 혁신
혁신방안을 강구하는 외국 기업들은 중국 현지 기업들의 사례를 분석하고 연구하면 된다. 화웨이 같은 기업들은 제품과 기능을 끊임없이 개선하고 강화하여 시장에 진입한지 얼마 되지 않아 첨단기술 영역의 신흥 강자로 우뚝 섰다.

상품개발은 전통적인 방법으로 해결할 수 있다. 현지에서 과학기술 전공자들을 고용하여 R&D 부서에 투입한 후 신제품 개발 및 기존 제품의 품질개선 업무를 맡겨 급변하는 예측불허의 현지 수요에 부응하도록 하는 것이다. 이미 여러 기업이 이 길을 따르고 있다. 현재 중국에 R&D 센터를 설치한 다국적 기업의 수는 무려 2,000개가 넘는다.[3] 현지에서 개발한 초저가 의료장비로 성공을 거둔 GE, 중국을 LED 조명 연구를 위한 글로벌 센터로 만든 네덜란드 전자회사 필립스가 대표적이다.

현지 경영의 어려움을 극복하는 것을 목표로 해법을 강구한다면 더 많은 결실을 얻을 수 있을지 모른다. 다국적 기업들을 보면, 대개 혁신의 방향을 신제품과 첨단기술 쪽으로 맞춘다. 중국에서는 거의 모든 방면에서 직면하는 문제들을 극복하도록 다수의 대응방안을 모색하는 쪽으로 혁신의 방향이 바뀐다. 알리바바가 알리페이를 도입했을 당시, 중국에 금융 기반시설이 취약한 문제(온라인 결제 시스템 미비)를 극복해야 했다. 게다가 은행과 관계없는 전자결제 시스템 설치에 관한 조항이 없었기에 규제의 한계와 관련된 문제를 풀어야 했다. 중국에 진출한 외국 기업들은 현지 당국의 규제로 너무 많은 위험을 안지 말라는 조언을 받지만, 그 때문에 혁신적인 활동이 위축되어서는 안 된다. 경영상 난관을 극복하는 숙제를 풀어야 하고, 성장에 도움이 된다면 새로운 영역으로 사업을 확장해야 한다.

중국 내 혁신의 가능성은 중국 기업들에게 국한되지 않았다. 10년 전, 산업재벌인 하니웰의 중국 사업 규모는 아주 미비한 수준이었다. 그렇지만 오늘날 중국은 연간 20% 성장률을 기록하면서 미국 다음으로 최대의 수익원이 되고 있다. 이와 같은 성장은 거의 다 중국에서 개발된 제어시스템의 매출에서 기인한다. 상하이, 베이징, 톈진, 난징, 충칭 소재 R&D 센터에서 개발된 현지시장 특화제품들도 한몫을 했다. 1,400명이 넘는 연구원과 기술자들을 거느린 하니웰은 2010년부터 연구개발시설에 5억 달러 이상을 투자했다.[4]

합작을 통해 효율적으로 공략하라

1990년대, 중국과 외국 기업의 합작투자 사업은 중국 정부가 해외 투자자들을 유치하고자 주로 택했던 기업구조였다. 당시 중국 정부는 현지 기업들에게 최대한 많은 기술이 전수되길 바랐다. 그러다 2000년대로 접어들어 합작투자 사업은 유행에서 멀어졌다. 다국적 기업들이 그들의 중국 사업부문을 보다 잘 통제하려고 했기에 전적으로 외국인 소유의 기업들은 사업을 직접 주도하려고 했다. 그러다 또 다시 1990년대의 방식이 통하게 되었다. 지금은 함께 할 적절한 협력자를 찾는 것이 수많은 기업들이 진출한 중국에서 확고한 입지를 다지는 최선의 방법이 되었다.

이처럼 1990년대에는 외국 기업들이 적합한 합작투자 파트너를 찾았던 반면, 지금은 여러 다양한 영역에서 적합한 파트너를 찾는 것이 좋은 해법이 될 수 있다. 바로 요점을 얘기하자면, 지분을 인수하는 일 외에 별다른 것은 없을지 모른다. 조기에 지분을 인수하는 경우, 그 보상이 엄청날 수 있다. 남아프리카공화국의 거대 미디어 그룹인 내스퍼가 2001년 텐센트의 지분 34%를 인수했던 사례[5]나 소프트뱅크(32%의 지분)와 야후(22.6%의 지분)가 알리바바의 지분을 인수했던 사례[6]가 대표적이다. 이하오디엔은 2016년 징둥에 매각되기 전까지 월마트가 2012년에 확보한 지분 51%를 소유하고 있었다. 잘 확립된 현지 브랜드를 인수, 획득하는 것은 중국 시장으로 사업을 점차 확장하는 핵심적인 방법이다. 예를 들어, 2014년 9월 초 미국 초콜릿 제조업체 허쉬는 5억 7,700만 달러를 투자하여 민영 제과업체인 상하이 골든몽키Golden Monkey를 인수하여, 미국 이외의 지역에서 중국을 최우선 순위의 시장으로 삼았다고 발표했다.[7] 이 노선을 따르는 여타 기업들 중에 영국의 일반의약품 및 생활용품업체인 레킷벤키저Reckitt Benckiser가 포함되어 있다. 레킷벤키저는 중국에서 손꼽히는 한약 제조업체인 구일롱제약Guilong Pharmaceutical을 인수한 바 있다. 또한 스위스 식품업체인 네슬레Nestlé는 중국 현지 기업들을 연달아 인수했다. 네슬레의 인수기업 목록에는 중국 10대 통조림 음료수 생산업체인 인루식품그룹Yinlu Foods도 포함되어 있다.

외국산 제품을 중국 소비자들에게 전달하는 현지 기업을 발굴하는 것도 좋은 방법이다. 상하이의 부동산 개발 대기업인 푸싱은 2010년 프랑스 리조트 운영업체 클럽메드Club Med로부터 10%도 안 되는 지분을 인수하려고 4,600만 유로를 투자했다.[8] 덕분에 6개월 후 클럽메드는 중국 최초의 휴양단지를 열 수 있었다. 2015년 초, 푸싱이 클럽메드로부터 지배적 지분을 인수한 이후 추가적인 계획이 실행되었다.

2013년 미국 자동차 대여서비스업체 허츠글로벌홀딩스Hertz Global Holdings는 중국 최대 민영 자동차 대여업체인 차이나오토렌탈China Auto Rental의 지분을 20%나 인수했다. 이로써 하룻밤 사이 점포수가 5개에서 700개로 늘어나면서 미국 기업인 허츠의 중국 내 입지가 매우 확고해졌다. 또한 차이나오토렌탈은 사업의 핵심원천인 허츠의 고객명단에 접근하게 되었다. 뿐만 아니라 연평균 30%씩 성장하여 현재 중국의 자동차 대여 시장은 100억 달러 수준에 이르고 있으며 조만간 200억 달러 규모로 커질 것으로 예상된다. 아마 미국과 대등한 수준이 될 것이다.

아주 간단히 말해서, 중국 내 소비자 전자상거래가 대부분 기업의 웹사이트보다는 마켓플레이스를 통해 이루어지면서 기업은 알리바바의 티몰 같은 온라인 종합쇼핑몰에서 판매를 할 수 있게 되었다. 아디다스Adidas, 나이키Nike, 막스앤 스펜서Marks and Spencer, 리바이스Levi's, 포에버21Forever 21 등 많은 브랜드들이 온라인 쇼핑몰에 매장을 두고 있다.

이로써 기업들은 독립적인 전자상거래 사이트를 구축, 운영하는 번거로움을 없앨 수 있다. 경우에 따라서는 중국 현지에서 판매 허가권을 받아야 하는 복잡한 절차를 생략할 수 있다. 실제로 알리바바는 2014년 초부터 티몰 글로벌을 도입하여 외국에서 고객에게 상품을 직접 배송하는 등 다양한 지원 서비스를 제공하고 있다. 덕분에 중국 현지에 사무소가 없는 기업들도 사이트에서 판매활동을 할 수 있게 되었다.

리더십 있는 현지 관리자를 뽑아라

마지막으로, 다국적 기업들은 중국 현지 관리자들의 자질에 초점을 맞춰야 한다. 중국에 파견되었든 현지에서 선발되었든지 간에 관리자들은 중국의 정세와 문화를 이해하고 내면화해야 한다. 또한 현지에서 지식과 경험을 습득하여 사업운영에 필수적인 제도적 지식을 조직에 주입해야 한다. 뿐만 아니라 총괄 본부의 기대치, 현지 사업장의 실정, 이 양자 사이에서 균형을 잘 맞춰야 한다. 사실 중국의 잠재적 비즈니스 기회뿐만 아니라 현지에서 부딪히는 운영상 제약을 본사가 이해하도록 하는 것이 중국에서 사업을 성공시키는 가장 핵심적인 요인이다. 중국에 진출한 다국적 기업들을 보면, 짧은 기간 안에 중국 사업에 대한 기대감이 지나치게 낙관적이거나 비관적이다 보니 의사결정이 번복되는 일이 잦다.

두 말하면 잔소리인데, 해외에서 파견된 팀이 중국 현지 사업을 완전히 통합적으로 운영하는 것은 더 이상 불가능하다. 오늘날 외국 기업들은 대부분 현지 직원을 선발하여 훌륭한 인재로 육성하는 일이 얼마나 중요한지 잘 알고 있다. 그럼에도 현지 리더십을 구축하거나 지역화하는 것은 현지 출신의 임직원 몇 사람을 선발하는 일에 국한되지 않는다. 거기서 더 나아가 팀 전반의 공감대를 형성하는 사고방식과 문화, 목적의식을 배양하는 일을 의미한다. 실제로 현지 관리자가 중국인인지 아닌지는 중요하지 않다. 조직에 적합한 사고방식과 통솔력, 문화적 친화력, 현지 상황에 적응할 수 있는 유연한 조직을 만들고자 하는 노력과 의지가 중요한 것이다.

지난 10년 간 중국 시장에서 두각을 나타낸 경영자들 중에는 얌Yum 브랜드를 책임지고 있는 샘 수Sam Su, 제너럴 밀스General Mills의 게리 추Gary Chu, 테트라팩Tetra Pak의 허드슨 리Hudson Lee가 포함되어 있다. 그들은 모두 화교 출신이다. 그 외 레킷벤키저Reckitt Benckiser의 아디트야 세갈Aditya Sehgal 북아시아 지역 책임자, 하니웰Honeywell의 셰인 테드자라티Shane Tedjarati 글로벌 고성장 지역 담당 사장, 네슬레의 롤런드 디코르벳Roland Decorvet 중국 법인 회장, 보시 지맨스의 롤랜드 겔커Roland Gerke 중국 CEO는 화교 출신은 아니지만 중국으로 건너가 수년 간 거주하며 사업운영과 관련된 현지 상황과 지역특색을 현지인 못지않게 파악했으며, 각자의 조직에서 최상층부까지 중국의 실정에 대한 이해의 폭을 넓히고 있다.

그와 동시에 중국의 기업가적 기업들 중 상당수가 국제적 인재들의 집합소가 되었다. 예컨대 중국 최고의 인터넷 기업들 곳곳에 해외 근무 경험이 풍부한 외국 임원진과 현지 직원들이 대거 발을 들였다. 앞서 소개했듯이, 알리바바에서 잭마의 오른팔 격인 조 차이는 대만 출신으로 미국에서 교육을 받은 인물이다. 텐센트의 포니마 역시 자신의 주변에 해외 경험이 풍부한 중국 및 외국 임원진을 포진시켰다. 두 사람은 모두 그 인력들을 활용하여 해외 자본과 기술을 유치했다. 마찬가지로 샤오미의 레이쥔도 구글 안드로이드팀 부사장 출신의 휴고 바라Hugo Barra를 글로벌사업부 부사장으로 영입하여 해외 시장을 확대하는 발판을 마련했다.

다국적 기업들의 도전은 앞으로도 계속될 것이다. 그들이 중국식 관행을 통합하려는 노력은 중국 기업들이 국제적 역량을 늘려가는 속도와 적절히 맞물려갈까?

중국을 성장발판 삼아 세계로 확장하라

위에서 언급한 것과 같이 다국적 기업들은 대부분 중국 시장을 여전히 글로벌 사업의 한 부문으로 바라보고 있다. 하지만 그보다는 중국 사업이 사업 전반의 기본 토대가 될 수 있는지 자문해봐야 한다.

가령, 스스로 이렇게 자문해봐야 한다. 중국에서 쌓은 역량으로 중국에서 성공을 거둘 뿐 아니라 전 세계로 사업을 확장할 수 있을까? 중국에서 확보한 우위를 글로벌 사업운영에 적용할 수 있을까? 그렇게 하면 실제로 중국이 글로벌 전략의 핵심 영역이 될 수 있을까? 꼭 '그렇다'는 답이 나오지 않아도 된다. '아직 아니다.'라는 답이 나와도 된다는 말이다. 중국 시장은 대개 규모와 성장속도, 복합적인 특성으로 인해 다양한 영역에서의 수요 패턴이 세계 각지의 시장에 비해 훨씬 더 복합적이고 다변화된 형태를 띤다. 이런 상황에서 기업들은 한가지 사실을 알게 된다. 중국 전역에 상품을 판매하고자 한다면 예상했던 것보다 많은 세분 시장을 찾아야 한다는 것을 말이다.

게다가 대개 최근의 기술 진보에 영향을 미친 무선 인터넷의 부상과 함께 신기술의 출현으로 산업들 간의 경계가 재정립된다.

복합적이고 급변하는 수요 패턴, 초경쟁 환경, 재정립된 산업 간 경계, 규제환경의 불연속성 등 여러 요인이 얽혀 있는 상황에서 외국 기업과 중국 기업들은 경쟁우위의 새로운 원천을 발굴해야 시장 포지션을 공고히 할 수 있다. 그와 같은 경쟁우위의 새로운 원천은 다양한 형태로 나타날 수 있다. 새로운 제품과 기술, 브랜드, 시장진입 방법, 서비스 모델, 심지어 비즈니스 모델 전반이 경쟁우위의 원천이 될 수 있다.

이런 점에서 외국 기업들은 그들의 중국 현지 사업부가 확보한 우위를 글로벌 가치체인에 통합시키려 할 것이다. 이를테면, 중국에서 제품을 개발하여 현지 시장에서 판매한다. 그 다음 규모의 경제를 이용하여 세계 각지에 그들의 제품을 공급한다. 이는 중국 기업들이 이미 실천하고 있는 일이다. 중국 기업들은 그 소유주들의 야망과 갈망에 이끌려 모든 곳, 특히 전 세계 선진시장에 제품 공급을 확대하고 있다.

이에 다국적 기업들은 관점을 전환해야 한다. 중국은 '또 다른' 시장이 아니다. 중국 사업부문이 조직의 전략화 과정에서 핵심적 위치로 인정받지 못한다면, 성장을 위한 자원과 지원을 얻지 못할 공산이 크다. 중국 시장을 글로벌 비즈니스의 필수 영역으로 만들려면, 대개 현지 관리자들에게 종전보다 훨씬 더 많은 의사결정권을 부여하는 등 조직 편성을 조정해야 한다. 중국뿐만 아니라 세계 각지의 사업부문에 해당하는 얘기다. 그와 같은 변화를 위해서는 조직의 문화와 사고방식에 중대한 전환이 일어나야 한다. 그런데 그런 변화는 저절로 생기는 것이 아니라 만들어져야 하는 것이다.

요컨대, 많은 기업들에게 있어 중국은 세계 성장과 혁신의 원천동력이 될 잠재력을 가지고 있다. 중국을 비롯한 세계 각지의 사업 본부 관리자들은 그 사실을 파악해야 할 중대한 책임을 가지고 있다.

부족함을 인정할 수 있는 겸손

오늘날 중국이 중요한 국가로 자리매김한 이유는 무엇일까? 지난 20년 동안 집중적으로 부를 창출했고 그간의 산업 발전으로 세계무대에서 효과적으로 경쟁하게 되었기 때문이다. 중국이 부를 축적할 수 있었던 이유를 하나 더 들자면, 성공한 기업가적 기업들이 출현하여 전체적으로 수백 만 개의 일자리를 창출하고 임금을 지불했기 때문이다. 그들이 성공을 거듭함에 따라 다국적 기업들이 설 자리가 좁아지고 있다. 그들은 더 이상 하위시장Lower-tier market만을 노리지 않는다. 헝안국제그룹처럼 중위시장Middle-tier market에서 상위시장Upper-tier market까지 진출하고 영역을 더욱 확장해나가고 있다.

그러하기에 중국에 진출한 다국적 기업들은 중요한 사실을 이해해야만 한다. 작금의 비즈니스 환경은 예전보다 훨씬 더 척박하고 복잡해졌다. 정부에 대한 비난, 불공정 경쟁, 지적 재산 침해 등의 사례만 따지다보면, 진짜 이유에 집중하지 못한다. 중요한 사실은 점점 더 많은 중국의 로컬기업들이 국내 및 해외 시장에서 경쟁력을 갖추고 독자 생존할 수 있는 단계에 도달했다는 점이다.

그와 같은 상황에 대처하기 위해 다국적 기업들은 중국의 상황을 깊이 이해해야 한다. 중국 기업들이 그들의 전문영역은 말할 것도 없고 그들의 홈그라운드를 비롯한 세계 각지 시장에서 더욱 경쟁력을 발휘하는 상황에서 사업운영과 직원고용을 철저히 현지화해야 한다.

다국적 기업들이 철저한 중국화가 되어야 한다는 말은 아니지만, 중국 시장에서 목표를 달성하기 위해 대다수 성공한 중국 기업들의 방식을 채택, 적용해야 한다. 중국 창업가들이 두각을 나타낸다고 하여 모든 곳에서 중국 중심의 경제로 전환이 이루어지지는 않겠지만, 갈수록 많은 기업들이 중국 기업들과 유사한 방식으로 사업을 운영하게 될 것이다. 현실에 적합한 운영을 하고, 스스로를 끊임없는 흐름의 상태로 바라보며, 더 큰 무대로 뻗어나가기 위해 늘 새로운 비즈니스 영역을 찾고 있는 것이다.

30여 년 전 중국 기업들은 많은 것을 배워야 했다. 그럼에도 그들은 그간의 학습으로 많은 것을 나눌 수 있게 되었다. 특히 훙안 국제 그룹의 쉬롄제, 하이얼의 장루이민, 화웨이의 런정페이 같은 최장기 CEO들은 큰 자산이 되고 있다.

이 리더들을 관찰하면서 장루이민의 생각을 면밀히 들여다볼 필요가 있다. 모든 것이 급변하는 상황에서는 성공을 결코 단언할 수 없다는 것이다. 그들이 바랄 수 있는 최선은 그들 앞에 놓인 시대 흐름을 따를 수 있는 능력이다. 중국 또한 변화를 거듭하는 상황에서 그 기업가들은 끊임없이 그들의 조직을 재편해야 한다. 장루이민이 하이얼에서 또 다시 조직을 개편하고 있고, 텐센트의 포니마가 QQ 메시징 서비스에서 온라인 게임으로, 또 현재는 위챗으로 사업의 초점을 전환한 것처럼 말이다. 물론, 알리바바의 잭마도 조직을 거듭 정비했다. 중국의 부상에 어떻게 대응할지 고민하는 다국적 기업들은 그들을 비롯하여 불과 몇 년 만에 세계 시장의 큰 손으로 부상한 기업들을 분석, 연구해야 한다.

다국적 기업들에게도 마찬가지로 겸양이 요구된다. 다른 무엇보다도 이 사실을 인정하고, 아직 새로이 배울 게 많다는 점을 받아들여야 한다. 그것이 중국에 진출한 다국적 기업들의 성공요인이 될 것이다.

중국의 현재와 미래

CHINA

앞으로 중국은
어떻게 변할 것인가?

도전하는 젊은 기업가들

서른 두 살의 제시카 웡Jessica Wong, 서른 살의 프랭크 야오Frank Yao는 2001년 화장품 브랜드 판다WPanda W를 출시했다. 베이징과 상하이 소재 명문대를 졸업한 두 사람은 하나같이 신망 받는 유명 기업에서 경력을 쌓았다. 제시카는 프랑스 화장품 업체 로레알L'Oréal에서 프랭크는 중국 최대 민영은행인 초상은행China merchants Bank에서 일했다.

두 사람 다 대기업에서 많은 업무를 습득하긴 했지만, 한편으로 뭔가 만족스럽지 못했다. 로레알과 초상은행은 하나같이 중국의 이례적인 성장속도에 맞춰가려고 몸부림치고 있었다. 두 기업은 제시카와 프랭크 같은 젊은 관리자들을 대거 기용했고, 사업을 성장시키기 위해 그들의 아이디어를 수용했다. 그런데 비슷한 사람들이 모인 곳에서 스스로 눈에 띌 방법이 없었다. 대학을 졸업한지 얼마 안 되는 그들은 거대한 기계의 톱니바퀴가 된 것 같은 기분을 느꼈다. 제시카와 프랭크는 어땠을까? 분명한 사실은, 모든 성장이 거기서 멈췄다면, 두 사람은 그 상황을 다시 이용하지 않았을까? 두 사람은 위험을 무릅쓰고 자신들만의 길을 개척하기로 결정했다.

제시카와 프랭크는 타사의 제품을 판매하는 일부터 시작했지만, 스스로를 발전시키는 데 훨씬 더 나은 전망이 있다는 것을 알게 되었다. 이에 두 사람은 '매직미러'라는 이동전화 애플리케이션을 개발하기에 이른다. 매직미러는 사용자의 얼굴 사진으로 피부관리 제품과 화장품을 추천해주는 것이었다. 처음에는 다른 업체들에게 허가를 내주고 단일 판매채널로 활용했지만, 그런 유형의 마케팅 역량을 활용하여 자체 피부관리 브랜드를 개발할 잠재성을 확인했다.

그들의 첫 제품은 얼굴의 주름을 경감시키는 페이셜 마스크^{Facial mask}였다. 첫 제품을 출시하기까지 지인들의 도움이 컸다. 대만 출신의 디자이너 친구는 포장에 관한 아이디어를 제공했다. 그 밖의 지인들은 판다W라는 브랜드 네임과 판다곰 만화 로고를 제작하는 데 힘을 보탰다. 또한 타사 제품판매로 창출한 수익금을 활용해 패션잡지에 광고를 내고 브랜드를 홍보했다. 뿐만 아니라 알리바바의 티몰에서 모든 주문을 처리하는 방법으로 비용을 절감해나갔는데, 알리페이로 결제를 받고 택배로 중국 전역에 제품을 발송했다.

3년이 지나면서 그들의 사업은 번창하기 시작했고 직원은 20명으로 늘었다. 직원들은 모두 20대에서 30대 초반 연령층으로 상하이 중심부에서 멀지 않은 창업보육센터에서 바쁘게 뛰어다니며 일하고 있다. 그들은 스킨케어 크림으로 제품군을 확대했는가 하면, 중국 최대 화장품 웹사이트이자, 뉴욕증권거래소에 상장될 만큼 기반을 잘 잡은 쥬메이닷컴과 브이아이피숍을 비롯한 여러 온라인 판매점에 제품을 입점시켰다.

그들은 아직 부자가 아니다. 어쩌면 그럴 일이 전혀 없을지도 모른다. 제시카 웡에 따르면, 현재 중국에는 3만 개가 넘는 화장품 브랜드가 있으며, 중국 인터넷에 군집한 수천여 전자상거래 판매점에서 그들의 제품을 판매하고 있다.

"하루하루가 걱정이에요." 웡은 말한다. "우리 앞에 수많은 문제가 산적해 있어요. 매일 '가오카오Gaokao(중국의 대학입학시험)'를 치르는 기분이랄까요." 그녀는 경쟁률 높기로 악명 높고 매년 수백 만 어린 학생들의 미래를 결정짓는 중국의 대학입학 시험에 빗대며 말했다. 그럼에도 그녀가 느끼는 두려움보다 훨씬 더 강력한 힘은 사업을 운영하며 얻는 자유와 자율이다. 자유와 자율은 많은 돈을 벌 수 있는 가능성보다 더 강렬하게 그녀를 이끌었다. 그녀와 야오는 몇 십 년 전만 해도 중국에서 상상조차 할 수 없었던 일을 하고 있다. 인터넷과 스마트폰 같은 첨단기술을 이용해 제품을 판매하는 일은 차치하고라도 당시에만 해도 그런 화장품 브랜드를 소비자들에게 판매하는 일은 전혀 상상조차 할 수 없었을 것이다. 무엇보다 가장 놀라운 점은 웡과 야오처럼 온라인 비즈니스를 운영하는 사람들이 정부의 감시망에서 멀리 벗어난 채로 생계를 유지하고 있다는 사실이다.

두려움과 희망이 공존하는 창업

판다W의 창립자들이 미래를 두려워할만한 이유가 몇 가지 있다는 주장이 있을지 모르겠지만, 그들은 비교적 근심에서 자유로운 편이다. 중국은 초경쟁 비즈니스 환경에 놓여 있다. 그래서 무엇보다도 중국 현지에서 활동하는 민영기업들에게 실패는 흔한 일이다. 일부 기업가들, 주로 1990년대 초에 사업에 뛰어들었던 세대 사람들은 빠르게 성장하고 있다. 하지만 급속도의 성공은 도달할 때보다 훨씬 더 빨리 사라질 위험도 내포하고 있다.

둘째, 불확실성이 위험을 증가시킨다. 중국 외부의 관찰자들은 대개 그런 위기감이 중국인의 정신, 특히 문화혁명의 혼란기와 이후 정치적 전환기를 겪은 50대 이상 연령층의 의식에 얼마나 깊이 뿌리박혀 있는지 이해하지 못한다. 지난 세기에 중국이 겪은 이례적인 대격변은 현재의 안정을 영구적인 것으로 바라보는 사람을 주저하게 만들었다. 어쩌면 그것이 지속될지 모르지만, 중국의 최근 역사에 비추어 볼 때 어느 누가 확신할 수 있을까? 중국의 통치자들은 확신하지 않는다. 이런 이유로 공공질서를 유지해야 한다는 생각에 사로잡혀 있다.

셋째, 지금의 변화속도로 인해 불안감이 끊이지 않는다. 하이얼의 장루이민 같은 고령의 창업가들이 성공에 대한 양면적인 태도를 취하는 이유도 여기에 있다. 그들은 언제나 새로운 경쟁자 또는 새로운 기술이 등장하여 그들의 안정된 지위를 위협하기에 절대로 안주해선 안 된다고 생각한다. 반면에 중국의 젊은 세대는 희망에 가득차 있다. 이를테면 제시카 윙의 어머니는 여느 노인들 못지않게 중국이 사회복지가 거의 없었던 시대로 돌아갈까 걱정하지만, 제시카는 그렇게 생각하지 않는다. 중국의 실업 건강관리 안전망은 취약한 수준에 있을지라도 존재는 한다. 물론 판다W가 실패할 수도 있는 일이고, 제시카가 생계를 유지하기 위해 다른 일을 찾아나서야 할지도 모른다. 그렇지만 그녀는 실패를 걱정하지 않아도 된다. 실패가 굶주림으로 이어질 일도 없다. 그것은 수 년 전만 하더라도 매우 현실적인 관심사였지만 말이다. 또한 1970년 후반 이전이라면 모를까 지금은 정치적 박해를 당할까 걱정하지 않아도 된다. 1980년대 초반 이후에 태어난 사람이라면 누구나 경제가 급격히 성장하는 상황 속에서 일생을 보냈다. 이 세대 구성원들, 그들의 부모들에게 있어 변화는 일반적인 것이지만, 지금 일어나는 변화는 대부분 긍정적인 것이다. 오늘날 도시들은 전혀 몰라보게 변화했다. 자전거를 대신하여 자동차가 도로를 점거했고, 노점상들이 즐비했던 자리에 대형 쇼핑몰이 들어섰다.

아찔할 정도로 급속한 성장의 시기를 살아온 젊은 창업가들은 고령의 기업가들에 비해 실패에 대한 걱정을 그다지 하지 않는다. 실제로 두 세대는 거의 정반대의 관점을 가지고 있다. 노년의 창업가들은 대부분 안정 같은 것을 얻기 위해 자기 사업에 뛰어들었다. 반면에 청년 사업가 제시카가 자기 사업을 하는 이유는 스스로 자유의 영역을 확립하여 자기 삶을 책임지기 위해서다. 그녀를 비롯한 비슷한 연령대 젊은이들은 지난 30여 년 간 중국이 겪은 쓰라린 변화를 수용하고 있다. 중국의 사회구조는 어쩌면 확장되고 재조정되었을 것이다. 그런 가운데 삶은 더욱 편안하고 안정되고 흥미로워졌다.

외부인과 중국인의 생각의 격차

중국을 바라보는 현지 창업가들의 관점이 대다수의 서구 관찰자들의 주요한 관점과 얼마나 다른지 확인해보라. 서구 관찰자들은 환경 오염, 팽창하는 부채, 인구 노령화, 사회불안 가능성, 빈약한 인권 기록, 민주주의에 대한 불신 등 중국에 산적한 문제들에 초점을 맞춘다. 반면에 중국 사람들은 대부분 그와 같은 문제를 인지하고 있지만, 중국을 급속히 성장하는 기회의 땅으로 바라본다.

중국 사람들의 열망은 중국이 세계 최대 경제 강국으로 재부상한 사실과 밀접히 연관된다. 다시 말하지만, 중국인들은 중국이 다른 어느 곳보다 더 낫지 않더라도 어느 곳에도 뒤처지지 않는 새로운 아이디어와 발명의 원천지가 되길 고대하고 있다. 알다시피 중국의 기술 역량은 빠르게 발전해나가는 단계다. 중국에 진출한 사업가들 대부분이 그 사실을 깨닫고 그에 대처하고 있다. 중국 창업가들은 그들이 하는 일의 특성상 기술 발전을 실현하기에 아주 유리한 위치에 있다.

중국 정부는 예전과 달리 시민들의 삶에 직접적인 영향을 미치지는 않지만, 여전히 강력한 영향력을 발휘하고 있다. 예컨대, 1990년대 중반 도시 사람들은 대부분 국영기업에서 일했다. 그들은 그 기업가들이 소유한 집에 살았고, 주로 국영 가게에서 물건을 샀고, 대중교통을 이용해 여행을 다녔으며, 국영 TV 채널을 시청했다. 심지어

지역위원회의 심사를 거친 결혼할 배우자감을 만나기도 했다. 오늘날 많은 중국 시민들이 대개 자가 주택에서 생활하고, 민영기업에서 일을 하며, 온라인 쇼핑몰이나 민영 슈퍼마켓에서 물건을 구매한다. 또한 자가용을 몰고, 유쿠 같은 인터넷 동영상 서비스로 전 세계의 영화와 음악을 즐긴다. 그뿐인가. 그들은 일하고 싶은 곳에서 일하고, 만나고 싶은 사람을 만나고, 원하는 시기에 결혼을 하며, 휴일에 중국 국내이든 해외 여러 곳이든 가고 싶은 곳을 여행한다.

확실한 것은 정부는 그들의 생활과 전혀 무관하다는 사실이다. 제시카와 프랭크의 삶을 보면, 정부는 대부분 주변적인 존재다. 정부는 공공시설과 기반시설의 공급자이자 법과 질서의 근원으로 계속 남을 것이다.

통제와 경제자유화라는 갈림길

갈림길에 선다는 것은 흥미로우면서도 불안한 일이다. 이전에는 전혀 알지 못했을 법한 가능성을 창출하기에 흥미로운 일이고, 마찬가지로 어느 국가도 과거에 경험하지 않았던 일이기에 불안한 법이다. 결과가 어떻게 될지는 아무도 모른다.

정부의 고위 관료조차도 가까운 미래에 대해 무엇도 확신할 수 없다. 실제로 관료적인 중국은 갈림길에 섰다. 중국 정부는 통제와 경제 자유화로 많은 성공을 거두었다. 그와 같은 혼합모델을 얼마나 더 운용할 수 있을까? 혹은 개혁을 한층 더 강하게 추진해야 할까?

해법을 내놓는 일은 2012년 11월 공산당 총서기가 되면서 중국의 최고 권위자로 등극한 시진핑의 몫이다. 시진핑은 2013년 3월 국가주석으로 취임했다. 시진핑 정권의 핵심인물인 리커창 총리 역시 새로운 리더로 떠올랐다. 그는 특히 경제정책과 관련하여 시장 지향적 개혁 및 그 밖의 개방정책을 추진하는 것으로 널리 평가받고 있다. 그는 중국을 외부의 경쟁 환경에 더욱더 노출시킬 것으로 보인다. 그럼에도 시진핑이 최고 권력자라는 사실에는 의문의 여지가 없다.

시진핑은 2013년 11월 중국 공산당 18기 중앙위원회 3차 전체회의(이하 삼중전회)에서 새로운 10년에 대한 자신의 비전을 밝혔다(중국 국가주석 임기는 5년이지만, 한 차례 연임을 하기 때문에 시진핑은 10년 동안 국가주석을 맡게 되었다). 회의에서 나온 60개 항전문에는 시진핑이 공산당 총서기이자 국가 주석 취임 기간 동안 추진하려는 경제사회 개혁의 방향이 드러났다. 선언문에는 성과부진에도 불구하고 국영기업들이 시장을 보호받는 등 그간에 누렸던 특권을 대거 내려놓아야 한다는 내용이 포함되어 있었다. 또한 경제적 의사결정에서 시장이 '결정적' 역할을 하도록 하겠다는 뜻을 다시 한 번 확고히 했다.

시진핑은 정치적 통제는 오로지 공산당의 손에 계속 남겨두되 경제적 자유를 확대해야만 중국의 경제발전이 지속된다고 결론내린 듯 보인다. 성장을 유지하기 위해 민간부분은 자유화를 가속화해야 할 것이다. 창업가들은 이 점을 알고 있으며, 기회가 찾아올 것이라고 인지하고 있다. 한편으로 정부가 그 권력을 빼앗으려는 사람을 탐탁히 여기지 않는다는 점을 또한 알고 있다. 게다가 3차 전체회의의 결의에서 이후부터 자원배분 방식에 대해 시장이 결정적 역할을 해야 한다는 내용이 분명히 드러났지만, 공유제가 경제에서 지배적인 힘을 유지해야 한다는 점이 강조되었다. 두 요소간의 모순은 가까운 장래의 갈등을 암시한다.

이와 관련한 보고서는 중국 시장에 대한 지속적인 개방과 자유화를 암시하고 있다. 성장세가 유지되려면, 다양한 부문에 비국영 기업의 참여가 더욱 활발해지도록 해야 한다. 아울러 민영부문이 더더욱 확대되고 중국의 창업가 정신이 확산되도록 길을 열어주어야 한다.

비대한 국영기업들의 효율성을 높이려는 시진핑의 노력이 실제로 효과가 있을지에 대한 의문도 있다. 국영기업들은 여전히 엄청난 영향력과 기득권을 누리고 있다.

그런데 중국을 개발하는 일은 공권력을 축소시키는 일에 국한되지 않는다. 반대로 공권력을 증대시킬 필요도 있다. 이때 규모가 확대되면 이익이 생기지만, 동시에 문제가 발생할 수 있다. 중국과 같은 규모에서는 중앙 정부가 전국 곳곳을 통제하기는 어렵다. 이를테면, 많은 지역에서 환경오염을 일으키는 공장을 내버려두고도 처벌을 면할 수 있다. 혹은 정부 차원에서 현지 기술기업들에게 유리하도록 지적재산권 관련 법을 강화하고 부패와 범죄를 근절하려고 노력하는 와중에 복제품을 만드는 기업들을 은근슬쩍 눈감아줄 수도 있다.

앞으로 특히 서비스 부분에서 대규모 성장이 이뤄질 것이다. 오늘날 통신과 금융을 비롯한 여러 서비스 업종들을 정부가 장악하고 있다. 민간기업들의 산업투자 비율[11]은 10년 전 대략 40%에서 최근 70% 수준까지 상승한 반면, 서비스 업종에서는 그 수치가 30%를 웃돌던 수준에서 36%로 매우 더디게 올라갔다.

이와 관련된 핵심요인 하나는 여러 핵심 서비스 업종이 간단히 말해 민영기업들에게 대개 제한된 영역으로 남아 있다는 점이다. 유쿠 투도우, 노아자산관리, 지리자동차, 알리바바의 위어바오, 텐센트의 위챗 같은 기업들이 최근 서비스 업종에 진출했음에도 그들이 참여한 각각의 영역은 모두 국영기업들이 압도적으로 장악하고 있다. 그들과 비교하면 거대 민영 경쟁업체들이 보유한 수익과 자산이 보잘 것 없게 보인다. 텐센트의 2013년 총 수익은 100억 달러를 밑돌았다. 반면에 세계 최대 국영 이동통신사 차이나 모바일의 총 수익은 1,000억 달러로 10배 이상 많았다.

정부가 경제성장을 강하게 확대해나가려고 한다면, 서비스 부문의 시장진입에 대한 자유화가 최선의 정책이 될 것으로 보인다. 현재 여러 산업 영역에서 변화가 일어나고 있다. 5장에서 소개한 의료보건 부문의 경우, 민영병원의 수가 가파르게 증가하고 있다. 그러나 금융 부문의 규제철폐는 그보다 훨씬 더딘 속도로 진행되고 있다. 통신 서비스 부문에서는 규제철폐가 거의 진행되지 않고 있다. 미디어 업종에서는 아마도 트렌드가 뒤바뀌고 있을 것이다. 이와 관련하여 정부 규제당국은 2014년 말 온라인 동영상 서비스 시장에 해외 프로그램 제한 조치를 도입했다.

창업가와 정부의 협력관계

정부는 수십 년이라는 긴 세월 동안 국영기업들과 협력관계를 맺어왔다. 이제 그 미래에 관한 문제를 다룰 때가 되었다. 양자 사이의 협력관계는 약해지고 있을지 몰라도 없어지지는 않을 것이다. 정부는 여전히 중국 최대 규모이자 최고의 국유산업들에 대해 큰 희망을 가지고 있다. 예컨대 중국상용항공기유한책임공사COMAC, Commercial Aircraft Corporation of China 같은 국영 항공사들은 정부의 전폭적인 지원을 받으며 보잉과 에어버스의 아성에 도전하고 있다. 중국이 1970년대부터 시작한 여객기 개발의 꿈은 점차 빛을 보고 있다. 2015년 말 일반에 첫 선을 보인 COMAC의 C919는 중국 상업용 항공기 개발의 첫 걸음이라고 할 수 있다. 몸체가 가늘고 길며 통로가 하나인 것이 특징인 C919는 보잉737, 에어버스 A320과 경쟁할 수 있는 야심작이다.

그럼에도 정부가 창업가들과의 협력을 바라보는 관점이 달라지고 있다. 더불어 정부와 국영기업들과의 관계가 변화하고 있다.

시진핑 주석은 민영부문에 대한 정부의 지원이 중국의 발전에 가장 효과적이라고 인정한 듯 보인다. 그처럼 경제적 영역을 지원한다면, 여러 산적한 문제를 해결하는 데 도움이 될 것으로 보인다. 1인당 GDP는 2017년 말 기준 8,830달러이나 2018년 1만 달러를 달성하고 2020년에는 1만 2,000달러로 증가할 것으로 전망되는 중국은 현재 '중진국의 함정Middle-income trap(개발도상국이 경제개발 초기에는 순조롭게 성장하다가 중진국 수준에 와서 성장동력 부족으로 경제성장이 둔화되는 현상)'에 빠져 있다. 그런 구조적 문제를 해결하는 것은 물론 저가 수출상품을 생산하는 단순 노동집약적 산업에 유연성과 창의성을 불어넣고 숙련된 인력을 투입해야 한다. 그것이야말로 선진국으로 나아가기 위한 필수조건이다.

그런데 '중진국의 함정'에서 빠져나오겠다고 수출에만 의존해서는 곤란하다. 그보다는 기업들이 갈수록 성숙해지는 국내 시장에서 가치사슬의 위로 이동할 필요가 있다. 또한 부유한 사람들이 늘어가는 상황에서 더욱 복합적인 상품을 생산해야 한다.

이런 방향에 맞춰 중국은 지속적인 도시화를 추진하고 있다. 2013년 11월 삼중전회에서 발표된 새로운 정책 방향에서 중소 도시의 거주요건을 완화하여 총 인구의 5분의 1을 도시로 이동시킨다는 계획을 눈여겨볼만하다.

교육시스템에 대한 투자 역시 성과로 이어질 것으로 보인다. 중국이 단순히 필요 이상으로 대학 졸업생을 배출하고 있다고 볼 수 없다. 그보다는 제시카 웡과 프랭크 야오 같은 젊은이들이 성공에 대한 타당한 희망을 가지고 자기 사업을 시작할 수 있는 비즈니스 환경을 조성하고 있다. 중국은 대학을 졸업하고도 갈 곳 없는 젊은이들을 배출하기보다는 일을 갈망하는, 온전히 교육받은 인력을 보유하게 될 것이다. 그들이 그들 주변의 기회들을 본다면, 기꺼이 위험을 무릅쓰고 신생기업에 입사하거나 창업을 하여 새로운 것을 만들어갈 것이다. 그런 점에서 특히 서비스부문이 인기를 끌 것으로 예상된다.

중국의 전통이 또한 창업들에게 도움이 되어야 한다. 중국은 특히 오래 전부터 중소기업을 지원해왔다. 큰 성공을 거둔 대만의 전자기업들, 홍콩의 경공업 기업들을 눈여겨볼만하다. 그들은 대부분 현재 중국에서 사업을 운영하고 있다.

중국 정부와 창업가들 간의 관계를 협력관계라고 말하면 너무 멀리 나간 일이지만, 정부 당국이 민영기업들을 위한 사업 환경을 개선하고 있다는 점은 분명한 사실이다. 일례로, 중국 국무원은 2014년 초 기업 등록 자본금 최소요건을 철폐하는 등 불필요한 규제를 대폭 폐지했다. 이로써 2005년부터 늘어난 민간 주도의 창업이 빠른 속도로 활성화되고 있다.

2013년 리커창 총리는 투자 프로젝트에 대한 국무원 주도의 사전 심사를 대폭 축소하겠다고 약속했다. 3분의 1로 줄이겠다고 약속했다. 그리고 1년 만에 실제 수치가 40%까지 축소되었다. 또한 2013년 11월 중국 공산당 제3차 전체회의에서 개혁안이 발표되고 나서 결과적으로 중소 민영기업들에게 대출이 확대되게 되었다. 이로써 눈에 보이는 효과가 미비하긴 했지만, 민영부문에 대한 대출 확대를 목표로 5개의 민영은행이 신설된 것은 느리지만 진보가 이루어지고 있다는 점을 보여준다. 알리바바와 텐센트를 비롯한 10개 기업이 은행 사업에 참여했다.

민영기업들이 국영기업들보다 투자 자본에 대한 수익률이 좋다보니 성장과 민간소비가 더욱 촉진될 것이다. 민영기업들은 또한 혁신을 실현하는 동시에 그로 인한 기회를 활용하기에 아주 유리한 위치에 있다. 그 결과 민영기업들은 엄격한 통제를 받는 기업들에 비해 생산성을 대폭 향상시키게 될 것이다. 그에 따라 민간이 주도하는 기업가적 기업들이 경제에서 차지하는 비중이 늘어날 것이다.

실제로 시장이 자유화되어 자원과 자본이 효율적으로 배분된다면, 지역 정부가 소유한 국영 업체들 수십 만 곳이 폐쇄되거나 실적이 더 좋은 민간기업에 매각될 가능성이 크다. 향후 10년 동안 중국은 국영기업을 계속 축소해나갈 것이다. 그에 따라 국영기업의 수는 어쩌면 지난 10년에 비해 절반으로 뚝 줄어들지 모른다.

이해집단 사이의 균형

브로드그룹의 회장이자 CEO, 장유에는 중국의 베테랑 기업가다. 1980년대 중반 지방대학을 졸업한 장유에는 한동안 도서관 사서와 교사로 일하다가 1988년 사업에 뛰어들었다. 처음에는 친구와 지인들에게 빌린 3,000달러를 가지고 보일러 제조업을 시작했다. 그 후 20년간 자신의 보일러업체를 세계 최대 친환경 에어컨 제조업체로 성장시켰다. 주로 공장과 대형건물에 설치되는 에어컨을 제조했다. 회사가 성장하는 동안 그는 고급승용차와 전용기, 헬리콥터를 사들였으며, '브로드 타운'에 이집트 대피라미드와 프랑스 베르사유 궁전을 모방한 건축물을 세웠는가 하면, 후난성의 중심도시인 창사 외곽지역에 본사와 제조공장을 지었다.

혁신을 갈망한 장유에는 1990년대 말 전 세계 각지에 설치된 에어컨 설비를 둘러보았다. 이 여행을 계기로 에어컨 성능이 아무리 뛰어나도 에너지 효율의 상승은 꽤 제한적이라는 사실을 알게 되었다. 에너지 효율을 대폭 향상시키려면 건물 자체를 개선할 필요가 있었다. 그는 최고 효율의 에너지 건축물을 갖춘 독일과 일본의 사례에서 영감을 얻었다. 이에 여행에서 돌아오자마자 기술자들로 하여금 그런 유형의 건물을 설계하도록 했다.

그러다 2008년 중국 서부 쓰촨성 대지진으로 8만 8,000명가량의 인명피해가 발생한 일을 계기로 통찰의 폭이 넓어지게 되었다. 당시 지진으로 피해를 입은 도시 지역은 재건에 착수해야 했다. 장유에의 머릿속에 깨달음이 일었다. 최첨단 절연 소재, LED 조명, 자가발전 엘리베이터, 그의 회사가 보유한 냉각공기정화 기술을 활용한다면, 현대식 고층 건물보다 에너지 효율이 5배 이상 높은 건물을 지을 수 있었다.

다음 해 장유에는 브로드서스테이너블빌딩^{BSB, Broad Sustainable Building}이라는 빌딩 브랜드를 도입했다. 조립식 공법으로 건축물에 필요한 부품을 만든 뒤 건설현장으로 이동시켜 저에너지, 친환경적인 건물을 말 그대로 뚝딱 지어냈다. BSB는 지금까지 시험용 건물 7개를 지었는데, 특히 30층짜리 호텔 건물을 15일 만에 완성하여 세상의 이목을 집중시켰다. 이 호텔이 완성되는 동영상은 인터넷에서 전 세계 누리꾼들의 관심을 집중시켰다.[2]

브로드그룹의 조립식 공법이 널리 사용된다면, 에너지 사용과 자원 낭비, 환경오염을 대폭 줄일 수 있다. 또한 혁신적인 절연 소재와 LED 조명, 자가발전 엘리베이터, 열회수 장치가 사용되는 경우, 냉난방에 들어가는 에너지를 80%까지 줄일 수 있다. 동시에 건물 구조의 뼈대로 사용되는 강철은 흔히 사용되는 콘크리트에 비해 건물의 수명이 다했을 때 재활용이 용이하다.

2012년 브로드그룹은 또한 창사에 세계 최고층 건물인 '스카이 시티'를 착공하겠다고 발표했다. 해당 계획에 따르면, 스카이 시티는 지상 202층, 높이가 무려 838미터에 이르며, 5,000개 격실에 1만

7,400명까지 수용할 수 있을 터였다. 또한 엘리베이터가 104개나 가동되어 위 아래층을 오르내릴 것이다. 스카이 시티는 애초부터 공사기간이 10개월에 불과했지만, 2013년 공사 부지를 마련한 직후 정부 당국이 공사를 중시시켰다. 신공법에 대한 안정성이 우려된 데다 브로드그룹이 30층짜리 호텔 건물보다 더 큰 건물을 지은 경험이 전혀 없다는 게 이유였다.

스카이 시티 건설계획은 중도에 백지화되었지만, 장유에의 접근방식은 중국 최고의 야심찬 창업가들, 그들의 사업 스타일을 여실히 보여준다. 중국 시장은 성장을 계속하고 갈수록 복잡다단해지고 있다. 경쟁 또한 매우 치열하게 전개되고 있다. 특히 개방된 영역에서는 늘 새로운 비즈니스와 기술을 찾아야 한다. 그래야 국내와 해외에서 경쟁자들을 뛰어넘을 수 있다.

중국에서 파괴적 혁신을 추구하는 사람은 비단 장유에 뿐만이 아니다. 빅터 쿠의 유쿠투도우 역시 멀지 않은 미래에 중국이 어떻게 달라질지 그 일면을 보여주고 있다. 그의 회사는 사용자들이 언제, 어디서나 원하는 동영상을 시청할 수 있도록 해주고 있다. 중국 사용자들에게 온갖 다양한 유형의 소셜 미디어와 메시징 앱에 더해 전자상거래 옵션까지 제공한다. 유쿠투도우를 비롯한 중국 온라인 동영상 서비스는 이미 컴퓨터보다 모바일 기기에서 더 많이 시청되고 있다. 향후 몇 년 동안 스마트폰과 태블릿 수십 만 대가 중국 시장에서 팔려나가면서 그와 같은 트렌드가 더욱 현저해질 것이다.

중국 공산당은 더 이상 그들의 입맛에 맞는 것만 보라고 시민들에게 강요하지 못한다. 시민들은 전혀 차원이 다른 것을 선택하여 볼 수 있게 되었다. 유튜브 같은 동영상 사이트가 제공하는 미디어만 보더라도, 인기 TV 연속극부터 〈위기의 주부들Desperate Housewives〉과 〈더 엑스 펙터The X Factor〉 같은 수입 TV 프로그램에 이르기까지 그 범위가 매우 광범위하다. 이런 현상은 몇 년 전만 하더라도 상당히 급진적인 일이었기에 상상하지 못할 일이었다.

현재 정부 당국은 간접적으로 미디어를 통제하고 있다. 스트리밍 동영상 웹사이트는 중국 미디어 정책 규제를 담당하는 광파전영전 시총국SARFT, The State Administration of Press, Publication, Radio, Film and Television의 허가를 받아야 한다. SARFT는 2015년 3월부터 자신들이 보여주려고 하는 해외 영화와 TV 콘텐츠를 모두 등록했다. 그런데 규제 당국은 가끔 기업들에게 특정 프로그램을 사이트에서 삭제하라고 명령을 내리곤 한다. 그들은 해외 영상물이 영상 저작물 총 수량의 30%를 초과하지 못하게 하겠다고 발표했지만, 해당 사이트들 대부분은 범위를 초과하여 경찰 당국에 맡겨졌다.

물론 관료적인 중국이 그토록 많은 자유를 허용하는 이유 중 하나는 어쨌든 최종적인 통제를 계속 할 수 있다고 믿기 때문이다. 그러한 확신은 대규모 불안에 직면하지 않을 것이라는 자신감에서 기인한다. 그렇지만 중국에 불행한 사람들이 있다는 점은 부인할 수 없는 사실이다. 해외에 자주 보도되는 것처럼 평화적이든 아니든 시위를 벌이는 사람들 수가 연간 수만 명에 이른다.

이런 현상을 두고 중국이 혼란 직전에 처했다고 말한다면, 중국의 상황을 잘못 이해하고 있는 것이다. 해외, 특히 미국과 유럽에서는 중국이라고 하면 으레 기본권과 자유가 잘 보장되지 않는 국가로 묘

사된다. 반면에 중국에서는 국가가 상승세에 있는데다 생활수준이 향상되고 있으며 결과적으로 개인의 자유가 그 어느 때보다 보장되고 있다는 견해가 우세하다. 미국의 여론조사 전문기관 퓨리서치센터Pew Research Center가 거듭 조사한 바에 따르면, 지금 중국의 경제상황과 장래성으로 두고 볼 때 중국인들이 세상에서 가장 행복한 사람들 축에 들어간다고 한다.[3] 중국의 미래를 위협하는 실제 위협은 국가의 붕괴가 아니다. 그 통치자들이 발전하는 중국을 제대로 관리하지 못하는 것이 정말로 무서운 일이다.

그리고 이렇게 말하고 싶다. 중국이 실현해야 할 정치적 이행은 중간소득 국가에서 고소득 국가로 발전하는 것보다 훨씬 더 어려운 일이다. 그런 이행을 중국 외부의 사람들이 중요하게 바라보듯 대의민주주의로 향하는 길이라고 지나치게 단순화해서는 안 된다. 국가라는 것은 시간이 지남에 따라 점점 복잡해진다. 그런 국가를 운영해야 하는 부담과 중압감에 대처하기 위해 그에 적합한 제도를 만들어야하는 것이다.

중국에는 정부 관료제라는 대안적 정치 전통이 있다. 황제가 모든 백성의 이익을 독점하겠지만, 관료제는 황제에게 권력을 집중시키는 구조다. 이런 통치방식은 여러 시험을 거쳐 그 가치에 의해 선택된 것이다. 분명한 사실을 말하자면, 20세기 이전에만 해도 실제로 지리적인 이유로 권력이 매우 분산되었지만, 공산당은 대개 '중앙집권화된' 통치 모델을 선호한다. 아무튼 기업과 관료집단에서 성과주의를 강화하려는 노력이 많았지만, 거의 확실한 사실은 결국에는 중국이 정치 사회 관련 아이디어를 두고 치열한 경쟁을 받아들임으로써 이

득을 얻을 것이라는 점이다.

그런데 중앙집권적 국가운영방식의 문제, 특히 중국이라는 땅덩어리를 고려할 때, 오히려 정부가 민주주의 체제 하에 있을 때보다 여론을 더더욱 의식해야 한다. 또한 다양한 이해집단들의 상충되는 요구를 균형 있게 충족시키는 법을 찾아내야 한다. 물론 관심과 지원을 얻기 위한 경쟁이 치열하고 다양한 이해관계로 얽힌 복잡한 사회에서는 여간 어려운 일이 아니다.

중국에 당면한 도전과제

국가의 규모가 많은 이득으로 돌아오는 경우가 있지만, 규모만으로는 충분하지 않다. 경제 사회적 이익을 두고 경쟁이 치열해지는 상황에서 그 충돌을 국가가 줄여나가는 영리한 정책 결정이 또한 필요하다.

실제로 내가 보기에도 중국은 분명히 두 가지 최대 도전과제를 안고 있다. 제도적 개발을 관리하고 세계 각국의 반응에 대처할 방법을 찾는 일이다.

중국의 제도적 발전에 관해서라면, 기술도 답이 될 수 없고, 장기적으로 봐도 독재체제에서도 해법을 찾을 수 없다. 그보다 중국은 정부와 기업 간의 일상적인 이해충돌과 같은 합법적인 이익경쟁을 조정할 제도적 장치를 도입할 필요가 있다.

중국은 한 세대의 실험자들을 배출하고 있다. 그들은 기꺼이 모든 것을 시험하고 그 결과를 확인한다. 그들은 그로 인해 예측이 불가능하지만 엄청난 보상이 돌아온다는 것을 알고 있다. 또한 그들은 위험을 감수하는 사람들이다.

대표적 인물인 잭마는 전 국민이 이용할 수 있는 금융 서비스를 목표로 중국의 지배적인 금융 산업에 도전장을 내밀었다. 또한 물류 배달망을 확장하고 스마트 TV 사업에 투자하고 있다. 마찬가지로, 중국의 몇몇 인터넷 동영상업체들은 콘텐츠에 투자하거나 생산을 확대하면서 중국의 거대 국영 방송국들의 오랜 독점체제를 위협하고 있다.

대부분의 창업가들은 정치개입을 피하려 하지만 한편으로 영향력을 쌓고 싶어 한다. 가장 성공한 기업들, 말하자면 중국 최대 기업들은 정부 당국과의 복잡하고 까다로운 협상을 모두 피할 순 없다는 사실을 알게 될 것이다.

이유를 하나 들자면, 기업 지도자들, 특히 고령의 기업가들은 대개 자신의 부를 늘릴 뿐 아니라 중국의 상황을 개선하고 싶어 한다. 예컨대 브로드그룹 회장 장유에는 그의 회사가 개발한 조립식 공법이 에너지 사용과 자재 낭비, 환경오염, 교통 혼잡 등을 줄이는 대안이 되길 고대했었다. 스카이 시티 프로젝트를 진행하려 했던 것도 다 그런 이유 때문이었다.

두 번째 위협은 중국과 세계 각국의 관계다. 예전부터 중국 외부 사람들은 중국이 개방을 피할 수 없을 것이라고 주장해왔다. 경제가 성장할수록 외부의 힘에 그와 같은 반응을 할 수 밖에 없다는 얘기다. 하지만 지금의 현실은 그것이 환상에 불과한 목표였다는 사실을 증명한다. 그럼에도 그런 일이 실현된다면, 바로 중국의 창업가들이 그 길의 선두에 설 것이다. 중국이 언론과 집회의 자유를 확대하고, 지구적인 호혜주의에 중점을 두고 미디어 산업을 육성하는 것은 장차 실행해야 할 일이다. 알리바바와 텐센트 같은 기업들이 해외로 진출하려고 한다면, 중국은 페이스북과 트위터에 인터넷을 개방해야 할까?

내 추측이 옳다면, 당장은 아니다. 2014년 4월 화웨이의 전략 마케팅 부문 대표 윌리엄 쉬William Xu는 2015년에 스마트폰 사용자가 80억 명에 달하고 전 세계에 인터넷 기기가 1,000억 개나 연결될 것으로 예상했다. 지금보다 훨씬 더 상호 연결된 세상이 온다는 말이다. 그의 말은 방향성은 맞지만 2018년 기준 전 세계 스마트폰 이용자는 32억 명 수준에 머물러 있다.

아무튼 심각한 반발을 막으려면, 중국과 미국 간에 긴밀한 정책적 협의가 필요하다. 어쩌면, 그보다는 덜 하겠지만, 유럽과도 협력해야 한다. 그러면 중국에는 투자 확대를 계속해야 하는지에 대한 중요한 물음이 주어진다. 현재 중국과 미국은 양자 간 투자협정에 대한 초기 협상 단계에 있다. 협정이 체결되면, WTO 가입 효과에 버금갈 정도로 투자유치에 엄청난 영향을 미칠 것으로 보인다.

그와 같은 이행을 실현하는 것은 하나의 도전이 될 것이다. 그간에 외부 기업과 국가들이 중국 시장 내에서 그들의 방식대로 사업을 영위해나가려고 애썼다. 그렇지만 중국은 그러한 시도를 저지해왔다. 이를테면, 중국 정부는 여전히 '투자 제한 목록'을 유지하려고 한다. 금융, 인터넷, 통신 서비스 등 외국인의 투자를 금지하거나 엄격히 제한하고 있는 것이다. 가까운 미래에 변화가 일어날까? 분명한 것은, 기업가들이 CEF를 비롯한 정부와의 접촉채널을 통해 자유화를 추진하고 확산시키는 선두주자 역할을 할 것이라는 점이다.

그와 관련하여 여러 장벽을 낮추는 일에 불가피하게 저항이 일어나겠지만, 중국 내 외국 자본에 개방을 확대할수록 중국 기업들에게는 손실보다 혜택이 더 많다는 점을 창업가들이 알려나갈 것이다.

또한 중국의 시장개방에 대해 다른 유형의 저항이 일어날 것이다. 중국이 이미 순수 자본수입국에서 자본수출국으로 전환된 상태다. 세계 각자로 진출하는 기업 혹은 자금의 수가 대폭 늘어나는 상황에서 상대국과의 정치적 마찰이 발생할 가능성이 적지 않다. 실제로 상당한 마찰이 일어나고 있으며, 이는 중국 기업 혹은 자금에 대한 극도의 경계감 표출로 나타나고 있다. 미국, 일본, 독일, 호주 등의 정부는 노골적으로 중국 기업의 자국 첨단 기술, 에너지 등에 대한 투자 혹은 M&A를 제한적으로만 허용한다. 이를테면, 미국이 민감하게 바라보는 영역이 있고 그 영역에 대한 대외투자를 두고 국가안보 심사를 실시한다면, 중국은 어떤 반응을 보일까? 중국이 투자체제를 완화하지 않고 오히려 엄격히 통제하리라는 것이 눈에 훤하다. 이에 대한 미국이나 선진국의 불만이 최고조에 달하고 있으며, 중국에 시장경제 지위국을 부여하지 않는 원인이 되고 있다.

시진핑의 정책 방향이 분명해졌듯이, 중국 공산당은 중국을 이끌어가는 주도세력의 역할을 유지할 것이다. 이에 경제적 자유화의 수준에 상관없이 공산당은 거시경제정책 수단에 대한 전적인 권한을 내려놓지 않을 것이다.

예를 들어, 중국은 금융 업종의 자유화를 실현하겠지만, 나름의 방식으로 외국 투자은행들에게는 적용하지 않을 것이다. 또한 중국 정부는 거대 국영은행들을 이끌어가는 역할을 계속 유지할 것이다. 그럼에도 창업 초기의 혁신기업들이 시장에 진출함으로써 금융부문이 적어도 부분적으로 개방되리라 확신한다.

뿐만 아니라 중국 정부는 사회 기반시설의 구축을 지원하고 전체 도시들, 심지어 지역의 모습을 변화시킬 사업을 장려하는 방향으로 매우 중요한 조력자의 역할을 계속 담당할 것이다. 몇 가지 사례를 들자면, 1980년대에 홍콩과 국경을 마주하고 있는 선전이 급부상했으며, 푸동 신구는 1990년대 개발이 시작되어 상하이의 금융, 산업의 중심지가 되었다. 그리고 2000년대 서부 대개발 정책이 실시되어 청두와 충칭 등의 도시들이 내륙의 외진 지역에 위치했음에도 금융의 중심지로 성장하는 길이 열렸다.

기업들의 위험요소

중국의 개별 기업들은 그들 앞에 놓은 숱한 난제와 불확실성을 극복해나가야 한다. 이런 점에서 하이얼의 장루이민이 언급한 이야기에 귀를 기울일 필요가 있다. "우리는 위험을 감수합니다. 우리에겐 돌파구가 있을지 모르고 새로운 유형의 세계 최대 기업이 될지 모릅니다. 그게 아니면 우리는 실패할 수도 있습니다. 우리는 실패한 기업으로 불릴 수도 있습니다. 그럼에도 우리는 개혁하고 탐험하고 있습니다."

중국 사기업들은 소비재 시장을 비롯한 다양한 상품시장에서 경쟁할 수 있을 만큼 유연성과 기업가적 열망을 다 갖추었다. 그런데 한편으로, 그들은 품질보다 성장을 우선시하는 경향이 있다. "중국 창업가들은 다른 나라 창업가들과는 다릅니다." 홍콩의 부동산 금융업체 난펑그룹Nan Fung의 CEO이자 사모펀드업체 블랙스톤그룹Blackstone Group 전 중화권 회장인 안토니 륭Antony Leung이 말했다.[4] "원칙이 정립되지 않은 탁한 환경에서 사업을 운영하고 있다는 사실을 그들은 인정합니다. 또한 그들이 나아가는 길에서 원칙을 정립해야 할 책임이 있다는 것을 그들은 알고 있습니다." 그처럼 정립된 규칙이 별로 없었기에 그들은 창의성을 발휘할 수밖에 없었다(공장, 점포, 또는 호텔을 늘리려고만 했던 게 아니라 새로운 영역에 뛰어들었다). 그런데 결과적으로는 중국 내부의 기업 인프라가 매우 취약할 수 있는 소지가 있다.

창업들 대부분에게 큰 시험이 될 만한 일은 무엇일까? 경기침체가 아닐까? 홍콩에서 미국계 사모투자업체 TPG캐피털TPG Capital의 파트너로 일하는 리키 라우Ricky Lau는 중국 기업가들 대부분이 그간에 확장에만 주력했다고 말한다.[5] "다음 점포, 다음 호텔, 또는 다음 공항을 짓는 일이 전부였습니다." 그는 이렇게 말한다. "다음 점포를 짓는다고 해서 진짜 시험대에 오르는 것이 아닙니다. 기존의 점포를 확대하는 법을 찾는 것이 진짜 시험입니다." 그간에 정부의 성장전략은 그와 같은 경기순환에서 기업들을 지키는 방향으로 맞춰졌다. 하지만 경기침체를 겪은 적이 없다면, 기업들은 자신들의 입지가 얼마나 탄탄하며 회복력이 얼마나 탄탄한지 판단할 수 없다. 또한 그로 인해 대개 실제 경제위기를 헤쳐 나갈 역량을 제대로 갖추지 못하게 된다.

변화무쌍한 비즈니스 환경

중국의 변화무쌍한 비즈니스 환경에서는 세계 다른 국가들의 시장과 달리 어느 기업이 장기적 승자인지 딱 꼬집어 말하기 어렵다. 알리바바와 텐센트, 바이두는 모 중국 인터넷 시장의 최고봉에서 입지를 확실히 잡은 것 같지만, 언제 경쟁업체의 공격을 받을지 모를 일이다. 세 업체는 2010년대를 지나며 각자의 제국을 건설하였는데, 특히 텐센트는 알리바바가 선점한 전자상거래 분야에 도전하고 있으며 일부 분야에서는 앞지르기 시작했다.

그들이 각자의 영역에서 생존할 수 있는 이유를 꼽자면, 중국의 기업가적 기업들이 공통으로 갖춘 탁월한 역량, 즉 변하고 적응하는 비상한 능력 덕분이다. 장유에의 브로드 그룹, 제시카 웡과 프랭크 야오의 판다W 같은 기업들은 하나같이 변화하는 환경에 적응할 수 있는 기업이라는 것을 스스로 보여주었다. 이 책에서 거듭 확인했듯이, 그들은 경제상황뿐 아니라 창업주와 경영자의 사업방식에 잘 적응한다.

레이쥔의 샤오미는 소셜 미디어를 활용하는 전략을 펼쳐 사업을 성장시켰다. 알리바바는 그들만의 역량과 기회를 활용하여 영역을 확장했다. 세 가지 주요 혁신, 즉 브랜드 네임, 다원화, 글로벌화로 하이얼을 성장시킨 장루이민은 현재 인터넷의 난제를 해결할 수 있는,

인터넷 기업으로 변신을 도모하고 있다.

물론 변화라는 것을 거의 모르는 기업들도 있다. 하지만 중국의 비즈니스 환경에서는 늘 유연성을 갖추고 변화를 준비해야 한다. 중국의 비즈니스 환경 자체가 변화무쌍하기 때문이다. 비단 기업들에게만 해당하는 이야기가 아니다. 다른 유형의 조직들도 마찬가지로 변화에 유연하게 대응해야 한다. 이에 정부도 변화하고 있다. 중국 공산당은 1989년 6월 발생한 민주화 운동으로 존폐 위기를 겪은 이래 변화하고 개혁할 수 있는 조직으로 스스로를 재조직했다. 최근 들어 중국 지도부는 다른 무엇보다도 어떻게 해야 여러 조직들, 특히 여당이 오랫동안 정권을 유지할 수 있는지 매우 깊이 연구하고 있다.

성공의 본질

중국 창업가들은 향후 수십 년간 중국이 필요로 하는 역량을 제공하며 국가를 이끌어가는 핵심 원동력으로서 역할을 할 것이다. 그런데 그들의 진취적인 창업가 정신은 비즈니스 이외의 영역으로 번지고 있다. 정부 조직은 말할 것도 없고, 실제로 일반 대중의 마음속에서 진취성과 창의성이 새록새록 일어나고 있다. 과학적 아이디어와 기술적 진보, 혁신이 비롯되는 근원지로 중국이 재탄생하길 꿈꾸는 사람들을 모두의 염원에서 우러나오고 있다.

이런 점에서 나는 미래에 대한 예측을 자제하고 있다. 그래서 21세기 세계가 나아갈 방향을 설정하는 중요한 힘으로서 중국이 부상할 가능성이 있다고 가정을 제시하는 편이다. 또한 그 때문에 중국이 발전하는 데 창업가들이 중요한 역할을 한다고 이야기하곤 한다. 중국 창업가들은 그 과정에서 세상을 다시 만들어나갈 것이다. 그들이 세상을 변화시키려고 해서가 아니라 그런 것이 우리 세상의 상호연결성이기 때문이다. 그래서 중국의 규모를 이야기하는 것이다. 중국의 변화시키지 않고선 그들의 잠재력을 실현할 수 없다. 또한 세상을 변화시키지 않고선 중국을 변화시킬 수 없다. 또한 중국은 자체 자원에 더해 세계 여러 국가의 자원을 필요로 할 것이다. 원료 및 에너지 공급원 같은 물적 자원뿐만 아니라 아이디어와 실례, 지식, 전문기술 등의 정신적 자원이 포함된다. 중국의 장단기적인 역사와 문화에서 비롯된 창업가 정신은 이제 전 세계적인 창업가 정신과 혼합되어 나타날 것으로 보인다.

그 가정이 실현되면, 중국 창업가들은 세계가 직면한 시급한 문제들을 외면하지 못하게 된다. 무엇보다도 사람들이 갈수록 부유해지고 갈수록 많은 것을 소비하는 탓에 발생하는 기후변화와 환경파괴 문제를 마주하게 될 것이다. 또한 그런 문제들을 해결하는 일에 적극적으로 참여해야 할 위치에 서게 될 것이다. 여차한 이유로, 그 창업가들 덕분에, 중국은 향후 수십 년 간 세계가 직면할 심각한 난제들을 해결할 이론과 실례의 중요한 근원지가 될 것으로 보인다.

알다시피, 세계는 상호의존적 구조에 놓여있다. 재난이 일어나지 않는 한, 그런 현상이 앞으로 더더욱 강화될 것이다. 여기서 어떻게, 어떤 관점으로 다른 국가들이 중국을 대하고, 또 중국이 다른 국가들을 대해야 하는가 하는 물음이 제기된다. 중국의 경제성장 속도로 볼 때, 또 중국이 조만간 미국을 따라잡고 세계 최고의 경제 강국이 될 것이라는 점에 비추어볼 때, 미국과 유럽 대부분 국가들의 첫 반응은 중국의 부상을 위협으로 바라본다는 것이다. 새로운 세력이 나름의 어젠다를 갖춘 채 주목을 받고 있다.

미국과 유럽 국가들이 현 세계정세를 평정심을 가지고 바라볼 수 없다는 사실은 이미 분명해졌다. 18세기부터 지금까지 미국과 유럽 국가들이 세계를 주도했다. 하지만 이제 아시아가 두각을 나타내고 있다. 특히 중국이 세계 경제의 중심으로 발전하면서 새로운 사고가 절실히 필요한 시점이 되었다. 미국과 유럽국가들은 그들의 지위에 대한 확신이 떨어지며 초조해 하고 있다. 또한 세계 여러 국가들에게 막강한 영향력을 행사할 수 있다는 생각에서 점차 벗어나고 있다. 이런 태도에서 혁신적이고 새로운 접근법과 실례를 찾을 기회가 생기는 법이다. 이에 세계 각국은 강력한 중국의 부상에 대한 두려움을 제쳐두고 그 변화에 대응할 방법을 모색해야 한다. 제안하자면, 폭넓은 관점에서, 경제 성공에 관한 이야기보다는 다른 것에 초점을 맞춰 중국의 변혁을 바라봐야 한다. 그리고 하나를 더 눈여겨 볼 필요가 있다. 중국 창업가들은 수많은 영역에 광범위한 영향을 미칠 르네상스를 열어가고 있다. 그들 또한 그 활동에서 많은 혜택을 누릴 수 있다.

새로운 전성기를 향해

중국 창업가들이 이끄는 개방, 과학 및 연구개발에 대한 투자, 전국 각지의 시민들이 누리는 새로운 자유 등 이 모든 것의 결과로 중국은 하나의 르네상스에 돌입하여 역사상 최전성기를 누릴 수 있을 것 같다. 618년에서 907년 당 왕조가 그랬던 것처럼 말이다. 중국은 3세기에 걸쳐 경제발전과 세계를 향한 개방, 문화부흥의 황금기를 누렸다. 그런데 이제 중국의 부흥은 훨씬 더 큰 영역으로 확장되고 있다. 세계 삶의 질과 '거버넌스'까지 실현하는 핵심 역할을 한다.

인구 규모와 경제적 영향력, 무엇보다도 창업가들의 열망이 대단한 중국은 세계 최강대국으로서 국제 거버넌스와 기후변화 같은 전 지구적 문제들, 그리고 식품과 에너지, 자원 확보와 관련된 이슈들을 해결할 잠재력이 있다. 그럼에도 우선은 21세기를 주도하는 경제 강국이 되는 숙제를 마무리해야 한다. 어떤 측면에서 보면, 이미 양적으로는 세계 최대 경제 강국이 되었다고 할 수 있겠지만, 질적인 측면에서의 경제발전은 여전히 갈 길이 멀다. 중국의 1인당 소득은 미국의 6분의 1 수준에 불과하며, 그간의 발전과정은 인상 깊지만 개혁적이고 혁신적인 경제원동력으로서의 가능성을 충족하려면 아직 갈 길이 멀다.

지금까지 살펴본 바와 같이 중국의 민영부문은 이미 주요 성장동력으로 기능하고 있다. 이에 중국은 국내에서, 또 세계 각국과의 경제관계에서 경제 자유화를 계속 추진해야 한다. 따라서 시진핑의 판단이 그 실현 여부를 결정하는 중요한 변수가 될 것이다. 특히, 세 가지 핵심 영역에서 개혁을 달성해야 한다. 첫째는 금융 개혁이다. 금리를 자유화하고, 은행들이 단골 고객들보다 자금을 잘 활용할 수 있는 기업들에게 대출을 해주도록 유도해야 한다. 둘째는 산업의 탈규제화를 지속하여 민영기업들이 통신 서비스 같은 부문에 진출할 수 있도록 해야 한다. 셋째는 법률체계를 강화하고 법률운영을 투명하게 해야 한다. 그래서 정부의 간섭 없이 경영활동을 하고 소유권이 보장된다고 창업가들이 확신할 수 있도록 해야 한다. 기업 소유권 외에 그들이 창출하는 지적재산, 부와 관련된 모든 자산에 대한 소유권이 인정되어야 한다.

이 세 가지 개혁이 이루어져야 중국 창업가들이 필요에 따라 다음 단계로 발전하기 위한 장기적인 경제투자를 해나갈 수 있다. 기업들은 변화무쌍한 현지 환경에 기민하게 대처할 수 있는 조직에서 장기 지속 가능한 기업으로 발전해나가야 한다. 또한 연구 및 신제품 개발에 투자를 확대하는 한편, 브랜드와 유통망, 그 밖의 판매 마케팅 필수요소들을 확립해야 한다. 가장 중요하게는, 인력개발, 팀 구축, 역량 확대에 투자해야 할 것이다. 그래야 오늘날의 파괴적 기업들을 지속가능한 세계 기업으로 탈바꿈시킬 수 있다.

중국 기업들과 마찬가지로, 세계 각국과 그 기업들은 새로운 현실에 적응해야 한다. 중국은 더 이상 급속하게 떠오르는 신흥경제국이 아니다. 중국은 이미 세계 최강대국으로 자리를 잡았다. 중국 창업가들은 다국적 기업들이 아무리 노력해도 해결하지 못하는 난제들을 이미 처리하고 있다. 앞으로 수십 년 간 수많은 유형의 난제들이 늘어날 것이다. 그와 같은 새로운 상업적 힘은 혁신적인 상품과 프로세스, 신선한 사고방식을 가져다줄 것이다. 또한 그와 같은 새로운 방식을 채택, 적용하기 위해 기존의 방식을 버리는 경쟁자들은 중국 시장과 글로벌 시장에서 경쟁력을 더더욱 발휘하게 될 것이다. 앞으로 인터넷, 그리고 그와 관련된 디지털 기술로 인해 엔터테인먼트, 통신, 금융, 소매 등 여러 산업들 간 장벽이 낮아지고, 부문의 경계를 넘어 새로운 영역을 개척하려는 기존 및 신규 시장 진출자들 모두에게 개방이 확대될 것이다. 그런 첨단기술을 활용하는 기업들이 장차 도전을 제시할 것이다. 앞으로 우리는 그런 식으로 많은 업종들이 파괴되는 모습을 지켜보게 될 것이다. 그처럼 비즈니스의 파괴와 창조라는 큰 변화의 물결을 중국 창업가들이 이끌어낼 것이다.

감사의 글

고마운 분들이 참 많다. 많은 분들이 너그러이 시간을 할애하여 신선한 아이디어와 전문성으로 지원해준 덕분에 책의 내용이 풍부해졌다. 이 책은 그분들이 투자한 노력의 총결산이자 지혜의 산물이다.

제일 먼저 감사의 마음을 전하고 싶은 분들이 있다. 저마다 지난 20년 이상 기업을 운영해온 분들인데, 내게 몇 번이고 자신의 생각과 아이디어를 들려주었다. 특히 지금까지 살아온 삶과 경험을 서슴없이 공개해준 분들에게 큰 빚을 졌다. 천둥쉥, 펑룬, 천하이빈, 헌터 히, 장시셩, 빅터 쿠, 리키 라우, 데이비드 리, 히 이판, 황누보, 앤터니 룽감청, 마오 전화, 먀오 훙빙, 뉴원원, 케리 왕, 다이앤 왕, 왕징보, 빅터 왕, 왕싱, 왕웨이, 제시카 웡, 쉬렌제, 프랭크 야오, 유강, 정밍, 장루이민 등 모든 분들에게 감사의 마음을 전한다.

CEF의 장훙타오는 이 책이 나올 수 있도록 귀중한 도움을 주셨다. 클린턴 다인스와 셰인 테드자라티는 외국 기업들이 중국 기업가적 기업들의 부상을 어떻게 바라보는지 날카로운 통찰로 진단해주었다.

출판 저작권 중개업체인 리바인그린버그의 짐 러빈Jim Levine은 한

번 더 대단한 일을 해주었다. 내 원고 초안을 펭귄출판사에 전달해주었다. 나탈리 호바체프스키^{Natalie Horbachevsky}, 테일러 플레밍^{Taylor Fleming}, 한나 키니스키^{Hannah Kinisky} 같은 일류 편집자들 덕분에 원고가 제 모습을 갖추고 지금의 완성된 책으로 탄생하게 됐다.

가오펑 전략자문^{Gao Feng Advisory}의 동료들은 이 책이 나오기까지 수개월 동안 아낌없이 지원해주었다. 내가 작업을 처음 시작했을 때 인내와 너그러움으로 지켜봐줘서 고마움을 어떤 말로 표현해야 할지 모르겠다. 바로 그 기업가적인 모험에 뛰어들었을 때이다.

이 책의 원고를 구상하는 동안 아트 클라이너^{Art Kleiner} 덕분에 아이디어와 콘텐츠를 제대로 다듬고 조합할 수 있었다. 시몬 카트리지^{Simon Cartledge}는 편집자로서 매우 중요한 역할을 했다. 책의 구성을 짜고 최종 원고를 다듬기까지 그의 손을 거치지 않은 것이 없을 정도다. 또한 원고를 검토하며 소중한 의견을 준 론 해덕^{Ron Haddock}과 위르겐 링백^{Jürgen Ringbeck}에게 고마움을 전한다. 그의 끊임없는 지적 덕분에 원고를 잘 뜯어고쳐 그럴싸한 책으로 완성할 수 있었다.

20여 년 전 내게 중국 관련 컨설팅 일을 소개해주기도 했고 오랜 세월 내게 성실한 조언자 역할을 해준 밥 칭^{Bob Ching}에게 은혜를 갚고 싶다.

마지막으로, 없어서는 안 될 지원을 해주고 끊임없이 영감을 불러 일으켜준 우리 아내 그레이스^{Grace}에게 깊은 감사를 전한다.

감수 후기

김상철 G&C팩토리 대표

중국이 개혁·개방의 기치를 든 지 어느덧 40년을 맞이하고 있다. 실로 격정의 세월이었고, 경천동지(驚天動地)라는 말 그대로 세상을 놀라게 했다. 사회주의 이념에 시장경제가 접목될 수 있다는 '중국식 사회주의Red Capitalism'가 비록 완벽하지는 않더라도 절반 이상의 성공을 거두고 있다는 점은 어느 누구도 부인하기가 어려울 것 같다. 질적으로는 아직 갈 길이 바쁘지만 양적 규모로는 세계 제2위의 경제대국으로 우뚝 섰다. 미국과 정면으로 맞설 수 있는 위치까지 치고 올라왔다. 밖으로는 왜 아메리칸 스탠다드American Standard만 글로벌 스탠다드냐고 대들면서 차이니스 스탠다드Chinaese Standard를 끼워 넣으려고 안간힘을 쓰고 있다. 안으로는 사회주의 철학을 근간으로 하는 국유기업 중심의 '공유제 경제'에 시장 원리를 따르는 '비(非) 공유제 경제'의 조화로운 접목을 추구한다. 공유경제가 중국에서 가장 활발하게 뜨는 이유도 이러한 배경에서 기인한다.

그러나 지나간 중국의 40년을 되돌아보면 고도경제 성장의 이면에 국유기업보다는 민영기업의 출현과 역할이 결정적인 기여를 하였다. 1980년대 초부터 10년을 주기로 새로운 형태의 민영기업이 지속적으로 등장하여 끊임없이 성장의 동력을 이끌어낸 것이다. 중국 경제의 과거와 현재, 심지어 미래까지도 민영기업의 성공 향방에 달려 있다고 해도 과언이 아니다. 세수의 50%, 고정자산 혹은 해외 직접투자의 60%, 첨단기술기업의 70%, 일자리의 80%, 신규 일자리 창출의 90%를 만들어내고 있는 것이 바로 이들이다. 반면 중국 경제가 거대해지고 글로벌화 되면서 국유기업의 도덕적 해이, 경영효율 저하 등 문제점이 속출하고 있다. 질적 성장을 위한 경제 패러다임을 전환해 나가는 과정에서 국유기업의 개혁은 더 이상 미룰 수 없는 시대적 과제가 되고 있다. 급기야 국유기업에 민간자본을 수혈하는 방법을 통해 '혼합 소유제'라는 개념의 기업 유형이 새롭게 태동하고 있기도 하다.

지난 40년의 중국 경제의 변화를 하나의 기적이라고 한다면 민영기업의 발전은 '기적 속의 기적Another miracle in miracles'이라고도 평가한다. 좀 더 세밀하게 들여다보면 이들에게 나타나고 있는 공통된 특징들이 있다. 자부심과 야망, 그리고 수천 년 동안 면면히 이어져 온 공통의 문화유산인 상도를 간직하고 있다는 점이다. 기회의 포착과 실사구시를 통해 무엇을 할 것인가 하는 전략과 어떻게 할 것인가 하는 실행 능력이 출중하다. 그들은 개방적이면서도, 시장을 창조해 나가는 방법과 기술에 대한 열정도 남다르다. 이러한 긍정적인 요소들이 상호 작용을 하면서 거대한 물줄기를 만든다. 대부분 1세대로 현장을 진두지휘하는 열정이 조금도 식지 않고 있다. 중국이라는 큰 내

수 시장에서의 성공을 발판으로 이제는 세계 시장을 호령하는 절대 강자로 부상하고 있는 모습을 보면 경이롭기까지 하다.

저자인 에드워드 체는 20여 년 동안 중국에 체류하면서 중국 민영기업의 발전 과정을 현장에서 생생하게 목격한 산증인이다. 그의 예리한 지적과 날렵한 진단이 한국의 독자들에게 중국과 중국의 민영기업을 이해하는데 크게 도움을 줄 것으로 믿어 의심치 않는다. 원고를 감수하는 중에 최대 민영기업인 알리바바의 마윈(잭마) 회장이 공식 은퇴를 발표했다. 확인된 바는 없지만 중국 당국의 압력이 작용했다는 소문이 들린다. 성공한 중국 민영기업들의 위상이 하늘을 찌르고 있는 이면에는 '붉은 자본주의Red Capitalism'이라는 현실이 엄연히 존재한다. 절대 권력을 결코 능가할 수 없다는 것을 보여주는 단적인 사례로 민영기업의 오너들을 잔뜩 긴장시키고 있다. 중국 경제의 미래에 민영기업의 존재 가치는 누구도 부인할 수 없지만 그들의 파워가 무한정으로 커지는 데에 대한 경계와 더불어 냉엄한 현실에 적응하려는 노력을 계속해나갈 것이다. 또 하나의 도전을 위한 전환기적 시점이다.

작가의 말

1) 다양한 유형의 중국 기업들에 관해 논의하기 위해 다음을 참고하라. Yingqiu Liu, "Development of Private Entrepreneurship in China: Process, Problems, and Countermeasures," presented at the Global Forum "Entrepreneurship in Asia: 4th U.S.-Japan Dialogue," April 16, 2003. 관련 웹사이트(http://www.mansfieldfdn.org)에서도 확인할 수 있다.

2) 자회사의 주식을 보유한 업체들, 중국 기업들의 해외 운영에 의해 중국에 설립된 업체들도 제외됐다. 이런 유형의 기업들은 모두 경제적 생산량과 종업원 수에 있어서 제외해도 될 만했다.

3) 하나의 예외가 있다. 벤처투자자인 카이푸 리는 오래 전부터 그의 중국식 이름을 뒤집어서 사용해왔고, 영어로 이름 카이푸 뒤에 성을 붙인다.

들어가는 글

1) 관련 웹사이트는 다음과 같다. 하이얼 웹사이트(http://www.haier.net/en/about_haier/), "About Haier", http://files.shareholder.com/downloads/ABEA-5DXEK8/3625408430x0x730959/153D9242-5CBF-4CCA-B5BD-00867FAF764C/Whirlpool_2013AR_spreads_.pdf, Electrolux Annual Report 2013(https://www.electroluxgroup.com/en/electrolux-annual-report-2013-18535/).

2) 2013년 8월 11일 경영학회(Academy of Management) 73차 연례회의에서 장루이민 회장이

'Haier's Business Model: Innovation in the Internet Era'라는 제목으로 강연했다.

3) 하이얼은 산요를 100억 엔(약 1억 3,000만 달러)에, 피셔앤페이켈을 5억 8,500만 달러에 인수했다. 다음 기사를 참고하라. Juro Osawa, "Panasonic to Sell Sanyo Units," Wall Street Journal, July 28, 2011. 다음에서도 확인할 수 있다. Rebecca Howard, "Haier Obtains More Than 90% of Fisher&Paykel Shares, Wall Street Journal, November 5, 2012(https://www.wsj.com/articles/SB10001424052970204349404578101793819992784).

4) 2014년 6월14일 베이징에서 했던 인터뷰에서의 말이다.

5) '포천 글로벌 500'은 홈페이지에서 확인할 수 있다(http://fortune.com/global500/).

6) 마틴 자크(Martine Jacques)가 2009년 저서 《When China Rules The World: The Rise of the Middle Kingdom and the End of the Western World》(London: Allen Lane)에서 그런 식으로 표현했다. 그 어조를 따른 사람들 중 세 사람만 소개하면 다음과 같다. Aaron L. Friedberg, 《A Contest for Supremacy: China, America, and the Struggle for Mastery in Asia》(W. W. Norton: New York, 2011), Ivan Tselichtchev, 《China Versus the West: The Global Power Shift of the 21st Century》(John Wiley: Singapore, 2012), Juan Pablo Cardenal and Heriberto Araujo, 《China's Silent Army: The Pioneers, Traders, Fixers and Workers Who Are Remaking the World in Beijing's Image》(New York: Crown, 2013).

7) Bloomberg News, "China's Gome Posts Narrower-Than-Estimated Loss," March 26, 2013. 관련 웹사이트(http://www.bloomberg.com/news/2013-03-25/china-s-gome-posts-annual-loss-amid-online-business-expansion.html).

8) '작가의 말'에서 언급했듯이, 중국 민영부문의 규모를 정확히 측정하는 것은 여간 어려운 일이 아니다. 워싱턴 소재 피터슨 국제경제연구소(Peterson Institute for International Economics) 선임연구원 니콜라스 라디(Nicholas Lardy) 같은 중국 경제통들도 3분의 1 또는 4분의 3이라고 다양한 수치를 내놓는다. 이와 관련하여 다음을 참고하라. "Writing China: Nicholas Lardy, 'Markets Over Mao'(http://blogs.wsj.com/chinarealtime/2014/09/02/writing-china-nick-lardy-combats-conventional-wisdom-in-markets-over-mao/)"

9) Arthur Kroeber, "Beijing's Misguided Antitrust Game", Gavekal Dragonomics China Research, August 13, 2014.

10) 연간 생산가치 2,000만 위안, 약 325만 달러가 넘는 제조업체들에 관한 자료다. 대부분이 비국영업체인 영세 제조업체 수백만 개의 생산량을 제외시켰기에 민영부문이 공업생산량에서 차지하는 비율을 낮게 평가한 것이 거의 확실하다.

11) Nicholas R. Lardy, 《Markets Over Mao: The Rise of Private Business in China》, Peterson Institute for International Economics, Washington D.C., 2014, page 84.

12) 위챗 관련 자료는 다음을 참고하라. "Number of Monthly Active WeChat Users from 2nd Quarter 2010 to 2nd Quarter 2014(in Millions)", 통계포털사이트 스테이티스타(http://www.statista.com/statistics/255778/number-of-active-wechat-messenger-accounts). 왓츠앱 관련 자료는 다음을 참고하라. Amit Chowdhry, "WhatsApp Hits 500 Million Users", Forbes, April 22, 2014(http://www.forbes.com/sites/amitchowdhry/2014/04/22/whatsapp-hits-500-million-users/).

13) Li Hui and Major Tian, "Smackdown! Alibaba vs Amazon vs Ebay", CKGSB Knowledge, September 19, 2014(http://knowledge.ckgsb.edu.cn/2014/09/19/ecommerce/smackdown-alibaba-vs-amazon-vs-ebay/). 2014년 1분기 타오바오와 티몰의 거래규모는 2013년 같은 기간에 비해 46% 성장했다. 다음을 참고하라. M. Rochan, "Alibaba Picks NYSE over Nasdaq for Mega US IPO", International Business Times, 27 June, 2014(http://www.ibtimes.co.uk/e-commerce-giant-alibaba-picks-nyse-over-nasdaq-mega-us-ipo-1454375).

14) Wang Zhuqiong, "Chinese Shoppers Less Loyal to Brands", China Daily, 6 July, 2012(http://www.chinadaily.com.cn/a/201207/06/WS5a2a07f7a3101a51ddf8e4d1.html), Kwong Man-ki, "China's Fickle Motorists Confound Carmakers", South China Morning Post, 18 September, 2014(http://www.scmp.com/business/china-business/article/1594871/chinas-fickle-motorists-confound-carmakers).

15) 2013년 5월 스미스필드 인수가 처음으로 발표되었던 당시에 상호는 쌍후이인터내셔널(Shuanghui International)이었다. 쌍후이인터내셔널은 2014년 1월 다시 상호를 변경했다.

16) p13, 스미스필드의 최고경영자인 래리 포프Larry Pope는 지인들의 반응에 충격을 받았다. 래리 포프 지인들의 반응은 다음 기사를 참고하라. AP, "Smithfield CEO Surprised by Reaction to China Sale", 8 March, 2014(https://www.heraldcourier.com/news/business/business_news/smithfield-ceo-surprised-by-reaction-to-china-sale/article_5b2264aa-a72d-11e3-84af-001a4bcf6878.html).

1장 가능성의 땅

1) 애플, 구글, 마이크로소프트에 이어 4위였다. 다음을 참고하라. "What Is Alibaba?(http://projects.wsj.com/alibaba/?from=groupmessage&isappinstalled=0)"

2) 블룸버그 빌리어네어(Bloomberg Billionaires)에서 2014년 10월 31일 잭마의 순자산을 기준으로 했다. 관련 웹사이트(http://www.bloomberg.com/billionaires/)를 참고하라.

3) 알리바바가 타오바오 결제 시스템을 구축한 과정을 자세히 알고 싶다면, 다음을 참고하라.

Matthew Forney and Laila F. Khawaja's "UnionPay: Breaking the Monopoly", Gavekal Dragonomics in Profile report, April 2014.

4) 2013년 알리페이의 거래금액은 5,190억 달러에 달했다. 다음을 참고하라. Paul Mozur, "Payment Service Alipay Holds Key to Alibaba's Growth", Wall Street Journal, 7 May, 2014(http://online.wsj.com/articles/SB10001424052702303678404579535840686151748).

5) Duncan Clark, "The Alibaba IPO Readies for Lift Off", Forbes, 9 May, 2014(http://www.forbes.com/sites/duncanclark/2014/05/09/chocks-away-for-the-alibaba-ipo/).

6) 이후 골드만삭스가 지분을 매각한 반면, 소프트뱅크는 지분을 유지하여 알리바바의 기업공개 이후 580억 달러 이상의 현금 수익을 얻었다. 다음을 참고하라. Bruce Einhorn, "Masayoshi Son's $58 Billion Payday on Alibaba", Bloomberg Businessweek, 7 May, 2014(http://www.businessweek.com/articles/2014-05-07/masayoshi-sons-58-billion-payday).

7) Lulu Yilun Chen, "Alibaba Earnings Surge Boosts Valuation Ahead of IPO", Bloomberg, 16 April, 2014(http://www.bloomberg.com/news/2014-04-15/alibaba-profit-grows-ahead-of-initial-public-offering.html).

8) "Alibaba's Small Business Lending Moves Ahead", Wall Street Journal, 5 July, 2013(https://www.wsj.com/articles/SB10001424127887324260204578587451309343978).

9) 중국의 중앙은행 중화인민은행(People's Bank of China)은 은행의 요구불예금(Demand deposit)과 정기성예금(Time deposit)에 대한 연간 이자를 각각 1% 미만, 최대 3% 이상으로 제한하고 있다. 고금리 단기금융상품에 투자할 수 있도록 설계된 위어바오는 연간 수익률이 6%를 넘어선다.

10) Gabriel Wildau, "China Banks Strike Back Against Threat from Internet Finance", Reuters, 23 February, 2014(http://uk.reuters.com/article/2014/02/23/uk-china-banks-online-idUKBREA1M12I20140223).

11) "The Alibaba IPO Readies for Lift Off", Forbes, 9 May, 2014(http://www.forbes.com/sites/duncanclark/2014/05/09/chocks-away-for-the-alibaba-ipo/).

12) 2014년 2월 26일 항저우에서 정밍과의 인터뷰.

13) 2013년 12월 5일 베이징에서 펑룬과의 인터뷰.

14) Edward Tse, "China's Five Surprises", strategy+business, Winter 2005.

15) 블룸버그 억만장자 리스트에 따르면, 종칭허우의 순자산은 2014년 7월 30일 기준으로 115억 달러였다. 관련 웹사이트(www.bloomberg.com/billionaires/.)를 참고하라.

16) 2014년 4월 12일 베이징에서 왕싱과의 인터뷰를 참고하라. "Alibaba-Backed Buying Site Meituan Considering U.S. IPO", Bloomberg News, 12 May, 2014(http://www.bloomberg.com/news/2014-05-12/alibaba-backed-buying-site-meituan-eyes-u-s-ipo-as-sales-triple.html).

17) "Huawei's Founder Rejects Possibility of Stock Market Listing", Financial Times, 2 May, 2014(https://www.ft.com/content/c67364e2-d1f9-11e3-8ff4-00144feabdc0).

18) 2014년 2월 12일 베이징에서 천둥솅과의 인터뷰.

19) 2014년 6월 14일 베이징에서 장루이민과의 인터뷰.

20) Jack Ma, "Jack Ma on Taking Back China's Blue Skies", HBR Blog Network, 11 November, 2013(http://blogs.hbr.org/2013/11/jack-ma-on-taking-back-chinas-blue-skies/).

21) Jack Ma, "Jack Ma on Taking Back China's Blue Skies", HBR Blog Network, 11 November, 2013(http://blogs.hbr.org/2013/11/jack-ma-on-taking-back-chinas-blue-skies/).

22) 관련 논의를 위해 다음을 참고하라. David Graeber, Debt: The First 5,000 Years(New York: Melville House, 2011), pages 259-260.

2장 압도적인 성장

1) 2014년 샤오미 매출목표에 관한 정보는 다음을 참고하라. Josh Horwitz, "Xiaomi Is Well on Track to Sell 60 Million Smartphones in 2014", TechInAsia, 8 October, 2014(https://www.techinasia.com/xiaomi-is-well-on-track-to-sell-60-million-smartphones-in-2014/).

2) "Xiaomi Said to Seek Funding at About $50 Billion Valuation", Bloomberg News, 4 November, 2014(https://www.bloomberg.com/news/articles/2014-11-03/xiaomi-said-to-seek-funding-at-valuation-of-about-50-billion).

3) Michael Kan, "China's Xiaomi Takes Crowdsourced Phone Development Model Abroad", TechHive, 8 May, 2013(http://www.techhive.com/article/2038184/chinas-xiaomi-takes-crowdsourced-phone-development-model-abroad.html).

4) Edward Tse, The China Strategy(New York: Basic Books, 2010), pages 27 – 28.

5) 관광산업의 전망과 관련하여 다음을 참고하라. Lily Kuo, "Five Trends That Could Make China the World's Largest Consumer Market by 2015", Quartz.com, 19 March, 2013(http://qz.com/64610/five-trends-that-could-make-china-the-worlds-largest-consumer-market-by-2015). 항공산업의 전망과 관련하여 다음을 참고하라. Tom Mitchell, "Boeing Tips China to Overtake US as Biggest Aviation Market", Financial Times, 4 September, 2014(https://www.ft.com/content/57d76fa2-3418-11e4-8832-00144feabdc0).

6) Thomas Gatley, "Accelerating into Affluence", China Economic Quarterly, Volume 17, Issue 1, March 2013, pages 46-50.

7) 치후는 2014년 8월 기준 모바일 애플리케이션 시장에서 선두자리를 유지했다. 다음을 참고하라. "Qihoo 360 Technology(QIHU) Tops Q2 EPS by 4c; Guides Q3 Revenues Above the Street," StreetInsider, August 2014(http://www.streetinsider.com/Earnings/Qihoo+360+Technology+%28QIHU%29+Tops+Q2+EPS+by+4c%3B+Guides+Q3+Revenues+Above+the+Street/9778306.html).

8) 블룸버그 빌리어네어 목록(Bloomberg Billionaire Index)에 따르면, 포니마의 자산은 2014년 9월 11일 기준 155억 달러였다. 포니마의 현재 순자산을 확인하려면 웹사이트(http://www.bloom bergcom/billionaires/.)를 참고하라.

9) 내스퍼의 지분인수는 매우 높은 수익성으로 성공적인 투자임을 증명했다. 이후 내스퍼는 투자를 약 35%까지 줄었음에도 불구하고 그 가치는 2015년 중반 550억 달러를 훌쩍 넘어섰다.

3장 시장의 지배자들

1) Regina M. Abrami, William C. Kirby, and F. Warren McFarlan, "Why China Can't Innovate", Harvard Business Review, March 2014.

2) Newley Purnell, "Southeast Asia E-Commerce Set to Boom", WSJ.D, 10 July, 2014(http://blogs.wsj.com/digits/2014/0710/southeast-asia-e-commerce-set-to-boom/).

3) Ansuya Harjani, "This Is How Fast China's Workforce Is Shrinking", CNBC, 20 January, 2014(http://www.cnbc.com/id/101349829).

4) Theodore Kinni, "The Thought Leader Interview: Rita Gunther McGrath", Strategy+business, Volume 74, Spring 2014.

5) Li Tao-cheng, "SF Express Chain Stores Stir Up China's E-Commerce Market", WantChinaTimes, 3 June, 2014.

6) "National Science Foundation Science and Engineering Indicators 2014(http://www.universityworldnews.com/article.php?story=20140227152409830)".

7) David J. Lynch, "Grads Remake China Workforce as High-end Threat to U.S.", Bloomberg, 17 April, 2014(http://www.bloomberg.com/news/2014-04-15/grads-remake-china-workforce-as-high-end-threat-to-u-s-.html).

8) Xinhua News Agency, "Chinese Innovations to Benefit the World: Bill Gates", 7 April, 2014(http://europe.chinadaily.com.cn/business/2013-04/07/content_16381055.htm).

9) "Industrial Robot Statistics", International Federation of Robotics, 2014(http://www.ifr.org/industrial-robots/statistics/).

10) Christina Larson, "China Expected to Be the Top Market for Industrial Robots by 2016", Bloomberg Businessweek, 15 Novemner, 2013(http://www.businessweek.com/articles/2013-11-15/china-expected-to-be-top-market-for-industrial-robots-by-2016).

11) "China Developing World's Largest 3D Printer, Prints 6m Metal Parts in One Piece", 3ders.org, 7 February, 2014(https://www.3ders.org/articles/20140207-china-developing-world-largest-3d-printer--prints-6m-metal-parts-in-one-piece.html).

12) "Intel Capital Announces Invest-ments of US$28 Million from China Smart Device Innovation Fund", 21 October, 2014(http://www.intelcapital.com/news/news.html?id=267#/).

4장 글로벌 차이나

1) KPMG, "China Outlook 2015(https://home.kpmg.com/cn/en/home/insights/2015/01/china-outlook-2015.html)"

2) Daniel H. Rosen and Thilo Hanneman, "New Realities in the US-China Investment Relationship", Rhodium Group/U.S. Chamber of Commerce, April 2014(http://rhg.com/wp-content/uploads/2014/04/RHG_New-Realities_29April2014.pdf).

3) "China: China's Largest Personal Computer Maker, Lenovo Group Ltd, Buys Control of IBM's PC-Making Business", ITN Source, 8 August, 2004(http://www.itnsource.com/shotlist//rtv/2004/12/08/412080012/?s= business)

4) Mark Hachman, "Lenovo Widens Lead as PC Market Decline Slows", PCWorld.com, 10 January, 2014(http:/ www.pcworld.com/article/2086561/lenovo-widens-lead-as-pc-market-decline-slows.html)

5) Liu Chang, "Wanxiang Finds Success in US", China Daily, 28 August, 7. 2014(http://usa.chinadaily.com.cn/2014-07/28/content_17944873.htm), "A123 Systems Announces Non-Binding Memorandum of Understanding with Wanxiang Group Corporation for Strategic Investment"

6) 중국의 주요 자동차업체들에 관해서는 Colum Murphy, "Ford's SUVs Propel Its China Gains", Wall Street Journal, 3 April, 2014(http://online.wsj.com/articles/SB10001424052702303546204579437444002456878).

7) "2012 New Car Market Tops Two Million Units, a Four-Year High", SMMT, 7 January, 2013(http://www.smmt.co.uk/2013/01/2012-new-car-market-tops-two-million-units-hitting-four-year-

high/), "2013 Passenger Vehicle Sales by Brand", ChinaAutoWeb, 15 January, 2014(http://chinaautoweb.com/2014/01/2013-passenger-vehicle-sales-by-brand/).

8) 체리자동차는 안후이 지방 정부를 필두로 창설되었다. 또한 하이얼과 마찬가지로 엄밀히 말해 지방 정부 소유의 기업이다. 그럼에도 체리는 처음부터 민영기업처럼 운영되었다. 실제로 2003년 자동차제조 허가를 받기 전인 창립 4주년까지 회사 경영은 이론상 불법적이었다.

9) Michael Kan, "Tencent to Focus WeChat on Markets Where Competition Isn't Entrenched", PCWorld, 19 March, 2014(http://www.pcworld.com/article/2110260/tencent-to-focus-wechat-on-markets-where-competition-isnt-entrenched.html)

10) Eli Schwartz, "Baidu Expanded into Brazil: Why It's a Great Decision and What It Means for the Future", Search Engine Journal, 24 August, 2014(http://www.searchenginejournal.com/baidu-expanded-brazil-great-decision-means-future/114011/).

5장 변화하는 중국

1) 중국에서는 왕웨이지아(Wang Weijia)로 더 잘 알려져 있다.

2) 중국 최대 민영 택배기업 SF익스프레스의 설립자 왕웨이(Wang Wei)와 혼동해선 안 된다.

3) 중국에서는 티엔 위안(Tian Yuan)으로 알려져 있다.

4) CEF의 초기 회원 명단을 확인하려면, Harvard Business School case study, "The China Entrepreneurs Forum" by William C. Kirby, G. A. Donovan, and Tracy Yuen Manty(개정판), 12 May, 2012, pages 10 - 12.

5) 중국 내 고액순자산보유자의 수, 그들의 재산에 관해 궁금하다면, 다음을 참고하라(http://www.bain.com/about/press/press-releases/chinese-high-net-worth-individuals-shift-wealth-management-focus-from-growing-to-preserving-assets.aspx, http://export.gov/china/build/groups/public/@eg_cn/documents/webcontent/eg_cn_036898.pdf, http://www.prweb.com/releases/2013/11/prweb11353349.htm).

6) "China TV and Online Videos Report 2013: Almost Half Don't Watch TV Any More", China Internet Watch, 22 October, 2013(http://www.chinainternetwatch.com/4254/china-tv-online-videos-report-2013).

7) 유튜브의 총수입과 관련해서는 비즈니스인사이더 편집장인 제이 애로(Jay Yarrow)의 기사, "YouTube's Revenue Revealed, and It's Much Worse Than Expected", 7 July, 2014(http://www.businessinsider.com/youtubes-2013-revenue-2014-7). 중국 온라인 동영상 시장의 가치가 2배

로 상승한다는 전망은 중국 인터넷 컨설팅업체 아이리서치(Iresearch)가 발표한 내용(http://www.
bloomberg.com/news/2014-03-26/tencent-stake-purchase-report-fuels-youku-most-in-month.html)
이다.

8) Kaylene Hong, "China's Youku Tudou Now Serves 500 Million Users per Month, Half of
YouTube's Reach", thenextweb.com, 20 August, 2014(http://thenextweb.com/asia/2014/08/20/
chinas-youku-tudou-now-serves-500-million-users-per-month-half-of-youtubes-reach/).

9) 유쿠투도우는 2012년 4억 2,700만 달러였던 매출이 급격히 떨어져 2013년 총 1억 달러에 가까
운 손실을 보았다. 이후 2014년 1분기에 3,600만 달러, 2분기에 2,700만 달러나 손실을 기록했
다. PR Newswire, "Youku Tudou Announces First Quarter 2014 Unaudited Financial
Results(http://www.prnewswire.com/news-releases/youku-tudou-announces-first-quarter-2014-unaudi
ted-financial-results-260330571.html)", "Youku Tudou Announces Second Quarter 2014
Unaudited Financial Results(http://www.prnewswire.com/news-releases/youku-tudou-announces-
second-quarter-2014-unaudited-financial-results-271911851.html)"

10) "iResearch: Youku 3rd Most Popular App in China", Media Research Asia, 31 March,
2014(http://www.mediaresearchasia.com/view.php?type=press&id=3449).

11) Eric Jhonsa, "Youku Slumps amid Video Traffic Worries", Seekingalpha.com, 4 April,
2014(http://seekingalpha.com/news/1661153-youku-slumps-amid-video-traffic-worries).

12) Patrick Frater, "Youku Tudou CEO Victor Koo Talks Streaming Company's Cross-
Platform Plans", Variety.com, 5 September, 2014(http://variety.com/2014/digital/news/youku-
tudou-executive-victor-koo-interview-1201296375/).

13) "China Employs Two Million Microblog Monitors State Media Say", BBC, 4 October,
2013(http://www.bbc.com/news/world-asia-china-24396957).

14) Paul Carsten and Gerry Shih, "Xiaomi to Buy Stake in Youku Tudou as Part of Online
Video Push", Reuters, 12 November, 2014(http://www.reuters.com/article/2014/11/12/us-
youku-tudou-xiaomi-idUSKCN0IW0KY20141112).

15) 그 후 그는 2014년 초 보석으로 석방되었다. 언론에 보도되었던 당시 재판 일정은 정해지지 않
았었다.

16) Kiran Moodley, "China Just Went Through a 'Lost Decade': Entrepreneurs", CNBC, 22
April, 2013(http://www.globalpost.com/dispatch/news/regions/asia-pacific/china/130422/economic-
growth-entrepreneurs).

6장 올바른 대처

1) 쉬렌제는 또한 홍콩에서 광둥어 이름인 쉬츠렌(許自連, Hui Lin Chit)로 알려져 있다. 알다시피, 중국에서는 쉬렌제로 불리며, 명함에 이 이름을 즐겨 사용한다. 그래서 그의 이름을 언급할 때는 주로 같은 방식을 따랐다.

2) "European Firms Are Adapting to a New Sober Reality in China by Revising Down Expectations and Investment Plans", Roland Berger Strategy Consultants, 2 June, 2014(http://www.rolandberger.com/press_releases/514-press_archive2014_sc_content/European_firms_adapting_to_sober_reality_in_China.html)

3) KPMG, "Innovated in China: New Frontier for Global R& D," August 2013(http://www.kpmg.com/DE/de/Documents/China-360-Issue11-201308-new-frontier-for-global-R-and-D-2013-KPMG.pdf).

4) 다음 사이트(http://honeywell.com/About/Pages/global-presence.aspx)를 참고하라. 하니웰의 중국 R&D 투자 및 제품개발에 관해 더 알고 싶다면, Edward Tse, The China Strategy(New York: Basic Books, 2010), pages 137-38.

5) 내스퍼는 애초에 텐센트의 지분을 46.5%나 인수했다. 이후 지분의 가치가 34%로 하락했다.

6) 싱가폴 국영 투자회사 테마섹(Temasek), 러시아 투자회사 DST도 또한 알리바바의 소수 지분을 보유하고 있다. Sarah Miskin, "Show Me the Money: Alibaba's Top Shareholders", Financial Times, 7 May, 2014.

7) "Hershey Completes Initial Purchase of Shanghai Golden Monkey Food Joint Stock Co., Ltd.", Business Wire, 5 September, 2014(http://www.businesswire.com/news/home/20140925006102/en/Hershey-Completes -Initial-Purchase-Shanghai-Golden-Monkey#.VH72GckIHEw).

8) 이 책을 쓰던 당시 푸싱은 클럽메드의 지분을 18%까지 확대했으며, 이탈리아 투자가 안드레아 보노미(Andrea Bonomi)의 사모펀드 인베스트인더스트리얼(Investindustrial)과 경영권 분쟁에 휩싸였지만, 결국 인수 경쟁에서 승리하여 경영권의 대부분을 차지하게 되었다. Adam Thomson and Patti Waldmeir, "Fosun Restarts Club Med Takeover Battle with Higher Bid", Financial Times, 12 September, 2014(http://www.ft.com/intl/cms/s/0/b7eaaa24-3a5f-11e4-bd08-00144feabdc0.html#axzz3JHvttDgd).

7장 중국의 현재와 미래

1) Nicholas R. Lardy, Markets over Mao: The Rise of Private Business in China, Peterson Institute for International Economics, Washington D.C., 2014, page 133.

2) 브로드그룹의 웹사이트(http://en.broad.com/video.html?3)에서 확인할 수 있다.

3) Katie Simmons, "China's Government May Be Communist, but Its People Embrace Capitalism", Pew Research Center, 14 October, 2014(http://www.pewresearch.org/fact-tank/2014/10/10/chinas-government-may-be-communist-but-its-people-embrace-capitalism/).

4) 2013년 11월 13일 인터뷰.

5) 2013년 12월 9일 인터뷰.

중국은 어떻게 세계를 흔들고 있는가

2018년 12월 5일 초판 1쇄 인쇄
2018년 12월 26일 초판 1쇄 발행

지은이 | 에드워드 체
옮긴이 | 방영호
감수 | 김상철
발행인 | 이원주
책임편집 | 신수엽
책임마케팅 | 홍태형

발행처 | (주)시공사
출판등록 | 1989년 5월 10일(제3-248호)

주소 | 서울시 서초구 사임당로 82(우편번호 06641)
전화 | 편집 (02)2046-2850 · 마케팅 (02)2046-2846
팩스 | 편집 · 마케팅(02)585-1755
홈페이지 | www.sigongsa.com

ISBN 978-89-527-9510-6 03320

알키는 ㈜시공사의 브랜드입니다.

이 도서의 국립중앙도서관 출판예정도서목록(CIP)은 서지정보유통지원시스템 홈페이지(http://seoji.nl.go.kr)와 국가자료공동목록시스템(http://www.nl.go.kr/kolisnet)에서 이용하실 수 있습니다.(CIP제어번호: CIP2018038059)